财务精英都是Excel控

CPA手把手教你高效编制财务报表

范宏伟◎著

中国铁道出版社有限公司
CHINA RAILWAY PUBLISHING HOUSE CO., LTD.

图书在版编目（CIP）数据

财务精英都是Excel控 ：CPA手把手教你高效编制财务报表/
范宏伟著. — 北京 ：中国铁道出版社有限公司，2020.5
ISBN 978-7-113-26652-3

Ⅰ.①财… Ⅱ.①范… Ⅲ.①表处理软件-应用-财务会计
Ⅳ.①F234.4-39

中国版本图书馆CIP数据核字(2020)第024115号

书　　名：财务精英都是Excel控：CPA手把手教你高效编制财务报表
CAIWU JINGYING DOUSHI EXCEL KONG:CPA SHOUBASHOU JIAONI GAOXIAO BIANZHI CAIWUBAOBIAO

作　　者：范宏伟

责任编辑：王淑艳　　编辑部电话：（010）51873022　　邮箱：wangsy20008@126.com
封面设计：末末美书
责任校对：王　杰
责任印制：赵星辰

出版发行：中国铁道出版社有限公司（100054，北京市西城区右安门西街8号）
网　　址：http://www.tdpress.com
印　　刷：三河市兴达印务有限公司
版　　次：2020年5月第1版　2020年5月第1次印刷
开　　本：787 mm×1092 mm 1/16　印张：15　字数：327千
书　　号：ISBN 978-7-113-26652-3
定　　价：58.00元

序 一

创作本书的目的

作为一名财务老兵，希望把我从月薪 5000 元到日薪 5000 元的全部工作经验分享给热爱学习的财务同行，希望更多的财务同行能早日实现财务的自由。如果说 Excel 软件是财务工作者的一把刀，我这本书相当于一本“刀谱”，或者说“武功秘籍”。但要想练成绝世的武功，还要刻苦学习，反复操练。这个时间至少是一年吧，罗马不是一天建成的，学习的过程一定要循序渐进。

本书特点

1. 简单

本书是介绍怎样用 Excel 来处理财务数据，但是考虑到大部分财务人员的计算机应用水平，所以取材方面不用窗体、VBA、SQL 等技术，只用简单的表格作为数据库，使用常见的函数和透视表整理数据，达到高效处理数据的目的。

2. 实用

出于应用的目的，以项目应用为导向，每个小节解决一个小问题，每一章解决一个大的问题，全书解决一个用 Excel 把序时账、余额表加工成财务报表的问题。如果学员肯花时间一步一步地把序时账加工成财务报表，在这个过程中会学会很多常用的函数、透视表的操作、高级筛选的操作、快捷键的操作。这些操作如果能触类旁通，应用到财务工作的其他场景，办公效率会成倍的提升。

书中的编制现金流量表是我最得意的部分，这种现金流量表编法是我在工作的压力下忽然灵光乍现想出来的，后来发现“四大”会计师事务所的现金流模板的思路和我一致，但是没有我这个简明。如果把我这个表格系统整体学会，现金流量表基本是自动生成的，而且可以保证一分不差，一分也不用挤。

3. 详细

我学 Excel 的时候是看的 20 世纪 90 年代的一本书，因为年代久远也记不清是哪位作者写的了，后面也看了很多其他作者写的书。发现一般写得比较泛泛，也可以说通用性强。

但碰到具体问题的时候并没有给一个明确的方案。比如说函数的应用，实务中很多函数是组合起来使用，才能达到满意的效果。但一般书中的公式只是列出来一长串字符，没有详细讲解函数组合的用途，很多时候费很大力气录进去还是会报错，或无法运行。

我在本书中介绍的函数考虑到这个问题，事实上我自己编写的函数组合功能实现之后，为什么这样组合？时间一长我自己一样不明白了，写这本书的时候我也要根据功能需要逐步分解公式，才能把自己写的公式看懂。就好比在编程过程中在每一步骤加注解，我在本书的编写过程中特别注意把函数组合中的每一个函数的作用，甚至函数中参数的作用都做了详细的描述。对于有些对函数比较熟悉的人来说可以掠过。对函数不熟悉的人来说，不要觉得一个函数描述了很多，就觉得难度很高。请塌下心来，把每一步都看明白，学会了所有的细节，才能根据自己的应用场景编出合适的函数组合。所以在学习过程中，一定要把每一个细节学明白，一定要把知识转化为自己的技能才叫学会，千万不要囫囵吞枣。

使用说明

1. 数据库概念

很多表格的使用者喜欢把自己的表格弄得很美观，一张表内会有很多的合并单元格，这是一种很不好的习惯，一张表内有了合并单元格，这张表就没办法用数据透视表的办法整理数据，用函数也会不太好用。我引进了财务软件的思路，把数据表和展示用的表分开，数据全部放在余额表和序时账里面，需要向外提供报表和各种统计表格的时候用公式和透视表从序时账里面取出想要的数据，展示的数据可以设计得美观大方，而数据表因为不需要展示，甚至没必要调整格式，但数据表一定不要合并单元格，而且严格按数据库的格式填写。

2. 借正贷负的概念

我自己的这套系统成形之前所做的试算平衡表是仿照中兴华会计师事务所的模板做的，一般会计师事务所的试算平衡表未审数都是手工填上去的，偏偏我希望未审数能直接用序时账生成。开始的时候也是各种不好用，先上个图。

这是国内八大所之一瑞华会计师事务所的资产期末试算平衡表，瑞华的思路就是大而全，审计助理不负责生产数据，只做数据的搬运工。仅试算平衡表就有 8 个，分别是资产、负债和权益、利润、现金流 4 个试算平衡表，每个项目又分期初、期末、本期、上期 4 个，各个表之间用公式钩稽起来，用起来很头疼。而我的报表系统试算平衡表只有一个就都包含了，而且表中的字段没那么多，用到的科目显示，用不到的不显示，用习惯了很简明。

有一年我做税审，先审万达百货，当时他们用的是用友 NC，我记得那个长长的财务室坐满了财务人员，大概有二十几个，一年的纸质记账凭证存放的文件柜占了满满一面墙。然后下一个项目是个外资企业，一样多的凭证，两个财务人员，当时把我惊呆了，人家用的 SAP，分录都是自动生成的，财务把 SAP 账套导出来的是个所有科目的明细账，期初余额、借方发生额、贷方发生额都在一列上，见下图。

凭证日期	凭证编号		本币金额	本币		以本币 2 计的金额	本币2	文本
2012.12.27	500000671		8,955.75	CNY		1,434.44	USD	******
2013.01.05	1800014000	-	123.16	CNY	-	19.77	USD	******
2013.01.06	1800014001	-	29,725.40	CNY	-	4,770.93	USD	******
2013.01.09	800002268	-	51,000.00	CNY	-	8,192.64	USD	******
2013.01.09	800002277	-	76,200.00	CNY	-	12,240.77	USD	******
2013.01.09	800002278	-	3,363.86	CNY	-	540.37	USD	******
2013.01.09	800002279	-	1,594.00	CNY	-	256.06	USD	******
2013.01.09	800002303	-	1,598.77	CNY	-	256.83	USD	******
2013.01.10	800002271	-	112,975.95	CNY	-	18,124.73	USD	******
2013.01.10	800002280	-	4,890.00	CNY	-	784.50	USD	******
2013.01.15	800002267	-	8,955.75	CNY	-	1,439.01	USD	******
2013.01.16	800002281	-	20,342.50	CNY	-	3,273.92	USD	******
2013.01.16	800002282	-	800.00	CNY	-	128.75	USD	******
2013.01.16	800002283	-	3,716.37	CNY	-	598.11	USD	******
2013.01.16	800002284	-	1,546.40	CNY	-	248.88	USD	******
2013.01.16	800002285	-	260.00	CNY	-	41.84	USD	******
2013.01.16	800002286	-	253.00	CNY	-	40.72	USD	******
2013.01.16	800002287	-	1,069.00	CNY	-	172.04	USD	******
2013.01.16	800002293	-	16,406.26	CNY	-	2,640.42	USD	******
2013.01.16	800002297	-	1,035.00	CNY	-	166.57	USD	******
2013.01.16	800002313	-	4,003.00	CNY	-	644.24	USD	******

还好我 Excel 水平不错，用公式把一列数分成借方期初、贷方期初、借方发生额、贷

方发生额。后来又发现人家账根本不结转，就在那一列数上记，比如银行存款支出100，就记 –100，费用100，一正一负刚好是0，所有账都记完了，这一列数的合计数也是0，哎呀！我忽然有点明白了，这很简单啊，不再用借、贷这两个文本去标记方向，直接用一个“–”号全部搞定，也不用结转。

然后我的报表系统就加入了“借正贷负”的概念，也把期末结转分录全部不用了。说了半天，大家肯定云里雾里，我下面举个“例子”说明“借正贷负”的好处。

银行存款属于资产类科目，是借方余额，如果想求取银行存款的期末余额我需要判断银行存款是资产类科目还是负债类科目，如果是资产类科目，我需要列公式：期末借方余额 = 期初借方余额 + 本期借方 – 本期贷方。

如果是应付账款呢？我判断是负债类科目，那么期末余额应该在贷方，是期初贷方 + 本期贷方 – 本期借方，那么应付账款也有可能是借方余额呢？这时候我该怎么处理呢？当时我一直没想到一个简明的办法，审计过这个SAP的账目之后我明白了，我不管你的科目是借方性质还是贷方性质，我只看负号，有负号就是贷方，没有就是借方，这样期初数只需要一列，而且这一列的和是0，本来我想把本期发生额也整成一列，但考虑到我还是在中国做审计，必须适应中国会计的习惯，所以发生额还是分借方和贷方，只是把期初余额和期末余额都变成了一列，这样看到结果就知道款项的性质。比如其他应收款明细科目经过期初 + 借 – 贷 =–100，有负号，期末负值重分类直接分到其他应付款就OK了，这样一来，报表也好编，也简洁。

审计这家外企对我以后的职业生涯帮助特别大。通过这家公司，我会用了“借正贷负”、不结转，还有不打印记账凭证，每月把原始凭证按顺序装订好，依顺序编号，把会计分录打印一个表附在后面。总之，审一个公司学会这么多真的很不错，而且都是能偷懒，能提高效率的好方法。

这也是我一直很喜欢干审计的原因，能接触到很多不同的东西，通过学习吸收能不断提升自己。

本书内容

本书共12章，分为3部分。

第一部分：讲述用Excel编制资产负债表、利润表。

第二部分：讲述用Excel编制现金流量表。

第三部分：基础操作，主要包括Excel公式和函数相关的基础知识，这部分是对前面两部分会用到的函数做一个基本介绍；包括数据透视表的基本操作、高级筛选的基本操作，也可以作为附录使用。

读者对象

财务总监、财务经理、财务分析人员、财务报表编制者、审计人员等需要用表格处理数据的人员，最好具有 Excel 基本操作经验和财务基础。

作者简介

范宏伟，中兴财光华会计师事务所（特殊普通合伙）高级经理、北京芯愿景软件技术股份有限公司独立董事。有注册会计师、律师资格、税务师、资产评估师、程序员等多项资质。

每年担任多家房地产公司、央企、业内知名私募基金集团及下属子公司的年度审计。经常做一些投资机构的尽职调查工作，涉及税收筹划、交易结构搭建、IPO 咨询、新三板咨询、发债咨询等，项目经验丰富。有相关需求的读者朋友可以加我微信或给我写邮件，微信手机同号 13716743613；邮箱 qq 同号 108472264@qq.com。

关于表格的版本

这本书我是用 Excel 2010 为基础讲的，2003 版以及最新的 2016 版甚至 WPS，这些函数的功能透视表的功能基本一致，只是窗口操作上略有区别。

关于视频

本书同步录制视频，以二维码的形式加在相关章节中。读者可以边看书边对照视频学习，快速掌握 Excel 编制财报的精髓。

中兴财光华会计师事务所（特殊普通合伙）高级经理
北京芯愿景软件技术股份有限公司 独立董事
范宏伟

序 二

Excel是最常用的办公软件，市场上的参考书浩如烟海，针对财务人员的也是多如牛毛，然而具体到用Excel编制财务报表描述得如此细致，每一步操作都有丰富截图的图书我是第一次看到。

这本书我看了之后有两点收获。

第一个收获是范老师的以项目为导向的学习方法。这本书不讲基础理论，很实务。从第一章开始就讲怎样整理财务数据，比如第一章整理余额表。因为财务软件导出的余额表有汇总，科目小计、总计，如果不整理就用数据透视表透视数据，汇总时会存在数据重复汇总的错误；如果手工把余额表汇总数据都去掉，既费时间，也容易出错。范老师教的方法整理余额表的时候，其中有一列是怎么把余额表的汇总数据筛选出去的标示列，一个简单的函数就解决了问题。这在工作中非常的实用。如果我们也采取这种以项目为导向的学习方法，肯定能大幅度提高学习和工作效率。

第二个收获是反向的思考方法。范老师独创的现金流量编制方法，按照范老师的描述是灵光乍现，在美女主管的压力下忽然就想出来了。其实没那么神秘，就是先把结果拿出来，然后思考用什么方法可以达到这个结果。现金流量表的当期现金流量一般都是货币资金的期末数减期初数，然后现金流量是由哪个会计科目构成的，哪个科目对应现金流量表的哪个项目，在反向的过程中，范老师发现资产负债表是平的，构成资产负债表对应的会计科目必然是平的，现金流量的项目对应的也是会计科目，如果把这些会计科目对应到现金流量表的项目上，现金流量表不是很容易就能做对了么？所以他用Excel做了一个模板，很容易的就把现金流量表做对了。因为他这个模板本来就是审计的时候看账、做报表用的，加了现金流量表模板之后没有增大工作量，但是现金流量能比较轻松地做出来，所以他自称几分钟能搞定现金流量表，其实没那么快。重点是学会他这个反向思考的方法。

范老师在我们审计这行是个奇葩的存在，半路出家，和年轻人一起考注册会计师、刷底稿，没几年的工夫竟然也练得弓马纯熟。Excel在财务与审计的应用中俨然成为一个大神，我相信这次他把工作中的心得体会，还有一些技巧和盘托出，肯定能给在工作中还有迷茫的读者一定帮助，我们既要学习他的技巧，更要学习他的学习方法。

最后预祝范老师的新书给更多的读者以启迪，方法永远比问题多。

金财控股公司董事长　　张金宝

目 录

第一部分 编制资产负债表、利润表

第二部分 编制现金流量表

第一部分

编制资产负债表、利润表

开宗明义，做会计的肯定绕不过这两张表，把这两张表的钩稽关系搞清楚就可以成为一个初级会计了。

会计的基本原理我不再赘述，但是这本书如果想看懂还是需要一些会计基础的。

比如借贷记账法，“有借必有贷，借贷必相等”，会计的六要素，等等。如果这个都不懂，请先学习《即学即用：菜鸟学会计（图解案例版）》。

第1章

消除异类，把不标准的会计科目标准化

会计科目通俗点说就是给各个会计对象起一个好听的名字，便于把经济活动用会计语言描述和归类。虽然可以根据本企业的实际情况自行增设、分拆、合并会计科目，但是一级会计科目，业内大部分企业是基本相同的，所以会计科目的名字尽量采用标准的名字。

1.1 《企业会计准则》是怎么规定的

根据财政部《企业会计准则应用指南——会计科目和主要账务处理》的规定：企业应当按照《企业会计准则及其应用指南》规定，设置会计科目进行账务处理，在不违反统一规定的前提下，可以根据本企业的实际情况自行增设、分拆、合并会计科目。不存在的交易或者事项，可以不设置相关的会计科目。本指南中的会计科目编号，供企业填制会计凭证、登记会计账簿、查阅会计账目、采用会计软件系统参考，企业也可以根据本规定，结合本企业的实际情况自行确定会计科目编号。

上文的意思是关于会计科目设置，财政部只提供一份参考意见，企业和会计软件公司可以自行设置。在实际工作中企业设置的会计科目也是各式各样，我们如果遇到与标准的会计科目表差异比较大的账套，必须要手工整理一套会计科目代码表。

1.1.1 标准的会计科目代码表

企业具体会计科目的设置一般从会计要素出发，将会计科目分为资产、负债、共同、所有者权益、成本、损益六大类，这六大类涵盖我国所有企业的交易或事项。企业常用的会计科目的设置见表 1-1。

表 1-1　标准的会计科目代码表

顺序号	编号	会计科目名称	会计科目适用范围说明
一、资产类			
1	1001	库存现金	
2	1002	银行存款	
3	1003	存放中央银行款项	银行专用
4	1011	存放同业	银行专用
5	1012	其他货币资金	
6	1021	结算备付金	证券专用
7	1031	存出保证金	金融共用
8	1051	拆出资金	金融共用
9	1101	交易性金融资产	
10	1111	买入返售金融资产	金融共用
11	1121	应收票据	
12	1122	应收账款	
13		合同资产	

1 2 3 4 5 6 7 8 9 10 11 12

续上表

顺序号	编号	会计科目名称	会计科目适用范围说明
14		合同资产减值准备	
15	1123	预付账款	
16	1131	应收股利	
17	1132	应收利息	
18	1201	应收代位追偿款	保险专用
19	1211	应收分保账款	保险专用
20	1212	应收分保合同准备金	保险专用
21	1221	其他应收款	
22	1231	坏账准备	
23	1301	贴现资产	银行专用
24	1302	拆出资金	银行和保险共用
25	1303	贷款	银行和保险共用
26	1304	贷款损失准备	
27	1311	代理兑付证券	银行和证券共用
28	1321	代理业务资产	
29	1401	材料采购	
30	1402	在途物资	
31	1403	原材料	
32	1404	材料成本差异	
33	1405	库存商品	
34	1406	发出商品	
35	1407	商品进销差价	
36	1408	委托加工物资	
37	1411	周转材料	
38	1421	消耗性生物资产	农业专用
39	1431	贵金属	银行专用
40	1441	抵债资产	金融共用
41	1451	损余物资	保险专用
42	1461	融资租赁资产	
43	1471	存货跌价准备	
44	1501	债权投资	
45	1502	债权投资减值准备	
46	1503	其他债权投资	
47	1511	长期股权投资	
48	1512	长期股权投资减值准备	

续上表

顺序号	编号	会计科目名称	会计科目适用范围说明
49	1521	投资性房地产	
50	1531	长期应收款	
51	1532	未实现融资收益	
52	1541	存出资本保证金	
53	1601	固定资产	
54	1602	累计折旧	
55	1603	固定资产减值准备	
56	1604	在建工程	
57	1605	工程物资	
58	1606	固定资产清理	
59	1611	未担保余值	租赁专用
60	1621	生产性生物资产	农业专用
61	1622	生产性生物资产累计折旧	农业专用
62	1623	公益性生物资产	农业专用
63	1631	油气资产	石油天然气开采专用
64	1632	累计折耗	石油天然气开采专用
65	1701	无形资产	
67	1702	累计摊销	
68	1703	无形资产减值准备	
69	1711	商誉	
70	1801	长期待摊费用	
71	1811	递延所得税资产	
72	1821	独立账户资产	
73	1901	待处理财产损溢	
二、负债类			
74	2001	短期借款	
75	2002	存入保证金	金融共用
76	2003	拆入资金	金融共用
77	2004	向中央银行借款	银行专用
78	2011	吸收存款	银行专用
79	2012	同业存放	银行专用
80	2021	贴现负债	银行专用
81	2101	交易性金融负债	
82	2111	卖出回购金融资产款	金融共用
83	2201	应付票据	

续上表

顺序号	编号	会计科目名称	会计科目适用范围说明
84	2202	应付账款	
85		合同负债	
86	2203	预收账款	
87	2211	应付职工薪酬	
88	2221	应交税费	
89	2231	应付利息	
90	2232	应付股利	
91	2241	其他应付款	
92	2251	应付保单红利	保险专用
93	2261	应付分保账款	
94	2311	代理买卖证券款	证券专用
95	2312	代理承销证券款	证券和银行共用
96	2313	代理兑付证券款	证券和银行共用
97	2314	代理业务负债	
98	2401	递延收益	
99	2501	长期借款	
100	2502	应付债券	
101	2601	未到期责任准备金	
102	2602	保险责任准备金	金保险专用
103	2611	保户储金	金保险专用
104	2621	独立账户负债	金保险专用
105	2701	长期应付款	金保险专用
106	2702	未确认融资费用	
107	2711	专项应付款	
108	2801	预计负债	
109	2901	递延所得税负债	
三、共同类			
110	3001	清算资金往来	银行专用
111	3002	货币兑换	金融共用
112	3101	衍生工具	
113	3201	套期工具	
114	3202	被套期项目	
四、所有者权益类			
115	4001	实收资本	
116	4002	资本公积	

续上表

顺序号	编号	会计科目名称	会计科目适用范围说明
117	4101	盈余公积	
118	4102	一般风险准备	金融共用
119	4103	本年利润	
120	4104	利润分配	
121	4201	库存股	
五、成本类			
122	5001	生产成本	
123	5101	制造费用	
124	5201	劳务成本	
125	5301	研发支出	
126	5401	工程施工	建造承包商专用
127	5402	工程结算	
128	5403	机械作业	
129		合同取得成本	
130		合同取得成本减值准备	
131		合同履约成本	
132		合同履约成本减值准备	
六、损益类			
133	6001	主营业务收入	
134	6011	利息收入	金融共用
135	6021	手续费及佣金收入	金融共用
136	6031	保费收入	保险专用
137	6041	租赁收入	租赁专用
138	6051	其他业务收入	
139	6061	汇兑损益	金融专用
140	6101	公允价值变动损益	
141	6111	投资收益	
142	6115	资产处置收益	
143	6201	摊回保险责任准备金	保险专用
144	6202	摊回赔付支出	保险专用
145	6203	摊回分保费用	保险专用
146	6301	营业外收入	
147	6401	主营业务成本	
148	6402	其他业务成本	
149	6403	税金及附加	

续上表

顺序号	编号	会计科目名称	会计科目适用范围说明
150	6411	利息支出	金融共用
151	6421	手续费及佣金支出	金融共用
152	6501	提取未到期责任准备金	保险专用
153	6502	提取保险责任准备金	保险专用
154	6511	赔付支出	保险专用
155	6531	退保金	保险专用
156	6541	分出保费	保险专用
157	6542	分保费用	保险专用
158	6601	销售费用	
159	6602	管理费用	
160	6603	财务费用	
161	6604	勘探费用	
162	6701	资产减值损失	
163		信用减值损失	
164		其他收益	
165	6711	营业外支出	
166	6801	所得税	
167	6901	以前年度损益调整	

1.1.2 非标准的会计科目代码表

如果遇到非标准的会计科目代码表时，则需要用账套中的科目余额表自行汇总出会计科目代码表，粘贴到 Excel 表设定公式的数列中，详细操作请看后面的内容。

1.2 将会计科目导入 Excel 表中

新建一个工作簿，将工作簿命名为“会计真账实操 TB”，如图 1-1 所示。

图 1-1 会计真账实操 TB

1. 插入一个新的工作表

（1）在打开的工作簿中任意一个表上单击右键“插入（快捷键：Shift 键 +F11 键）”，如图 1-2 所示，然后选择工作表，按“确定”键。

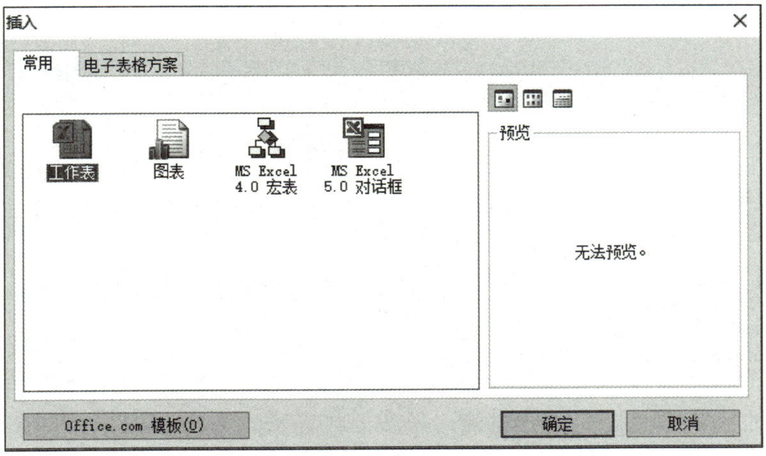

图 1-2　插入新的工作表

（2）工作簿内会生成一个新工作表，如 Sheet2 或 Sheet3 或 Sheet4 或 Sheet5 等任意表单。

2. 将工作表 Sheet2[①]重命名为“会计科目”

在工作表 Sheet2 标签上右键重命名为“会计科目”，然后，回车。如果出现报错信息，如图 1-3 所示，说明这个表中已经存在“会计科目”这个名字的工作表了，工作表不能重名，所以示例文件我把它命名为“会计科目 2”。

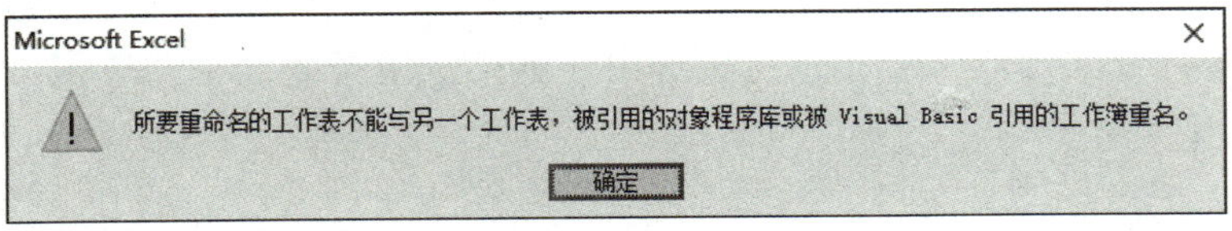

图 1-3　重命名报错信息

完成命名后的工作簿，如图 1-4 所示。

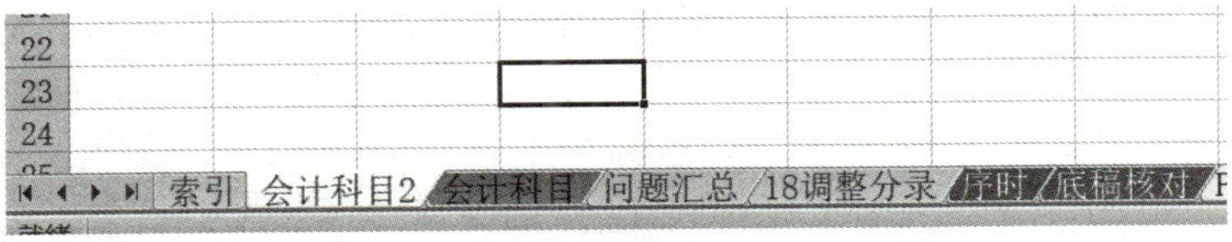

图 1-4　工作表重命名 - 会计科目 2

3. 把准备好的会计科目表贴入到会计科目 2 工作表中，见表 1-2。

表 1-2　部分会计科目表

E	F	G
代码	一级科目	报表科目
1001	库存现金	货币资金
1002	银行存款	货币资金
1003	存放中央银行款项	存放中央银行款项
1011	存放同业	存放同业
1012	其他货币资金	货币资金

表 1-2　部分会计科目表（续）

1101	短期投资	以公允价值计量且其变动计入当期损益的金融资产
1102	短期投资跌价准备	以公允价值计量且其变动计入当期损益的金融资产
1021	结算备付金	结算备付金
1031	存出保证金	存出保证金
1101	交易性金融资产	以公允价值计量且其变动计入当期损益的金融资产
1111	买入返售金融资产	买入返售金融资产
1122	应收账款	应收票据及应收账款
1121	应收票据	应收票据及应收账款
1123	预付款项	预付款项

鼠标移到上图 E 列和 F 列分界处，变成一个左右对称的小箭头，如图 1-5 所示。

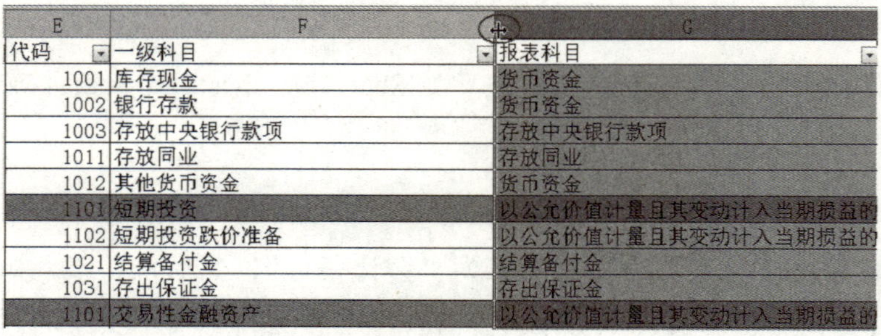

E	F	G
代码	一级科目	报表科目
1001	库存现金	货币资金
1002	银行存款	货币资金
1003	存放中央银行款项	存放中央银行款项
1011	存放同业	存放同业
1012	其他货币资金	货币资金
1101	短期投资	以公允价值计量且其变动计入当期损益的
1102	短期投资跌价准备	以公允价值计量且其变动计入当期损益的
1021	结算备付金	结算备付金
1031	存出保证金	存出保证金
1101	交易性金融资产	以公允价值计量且其变动计入当期损益的

图 1-5　分界处左右对称小箭头

双击左键，把列宽调整到合适的宽度，也可以按住左键，把列宽拉到合适的位置。如果觉得列宽太宽不好看，也可以选中一列，选中开始菜单，单击“自动换行”，如图 1-6、图 1-7 所示。

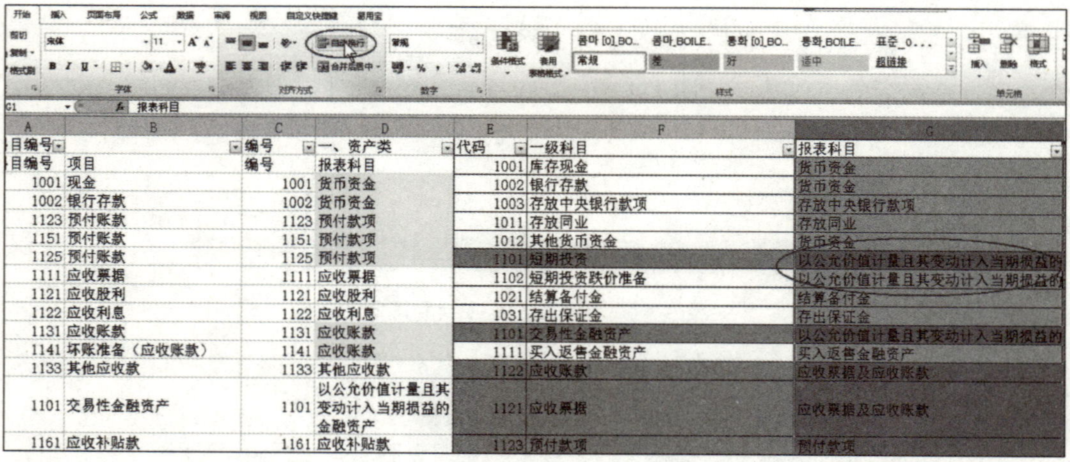

A	B	C	D	E	F	G
目编号		编号	一、资产类	代码	一级科目	报表科目
目编号	项目	编号	报表科目	1001	库存现金	货币资金
1001	现金	1001	货币资金	1002	银行存款	货币资金
1002	银行存款	1002	货币资金	1003	存放中央银行款项	存放中央银行款项
1123	预付账款	1123	预付款项	1011	存放同业	存放同业
1151	预付账款	1151	预付款项	1012	其他货币资金	货币资金
1125	预付账款	1125	预付款项	1101	短期投资	以公允价值计量且其变动计入当期损益的
1111	应收票据	1111	应收票据	1102	短期投资跌价准备	以公允价值计量且其变动计入当期损益的
1121	应收股利	1121	应收股利	1021	结算备付金	结算备付金
1122	应收利息	1122	应收利息	1031	存出保证金	存出保证金
1131	应收账款	1131	应收账款	1101	交易性金融资产	以公允价值计量且其变动计入当期损益的
1141	坏账准备（应收账款）	1141	应收账款	1111	买入返售金融资产	买入返售金融资产
1133	其他应收款	1133	其他应收款	1122	应收账款	应收票据及应收账款
1101	交易性金融资产	1101	以公允价值计量且其变动计入当期损益的金融资产	1121	应收票据	应收票据及应收账款
1161	应收补贴款	1161	应收补贴款	1123	预付款项	预付款项

图 1-6　自动换行菜单

4. 完成会计科目表

贴好后要注意会计科目表的报表科目列要和准备报出的财务报表披露的科目一

致，如果不一致，可以把财务报表相关科目复制、粘贴，注意去掉字符两边的空格。

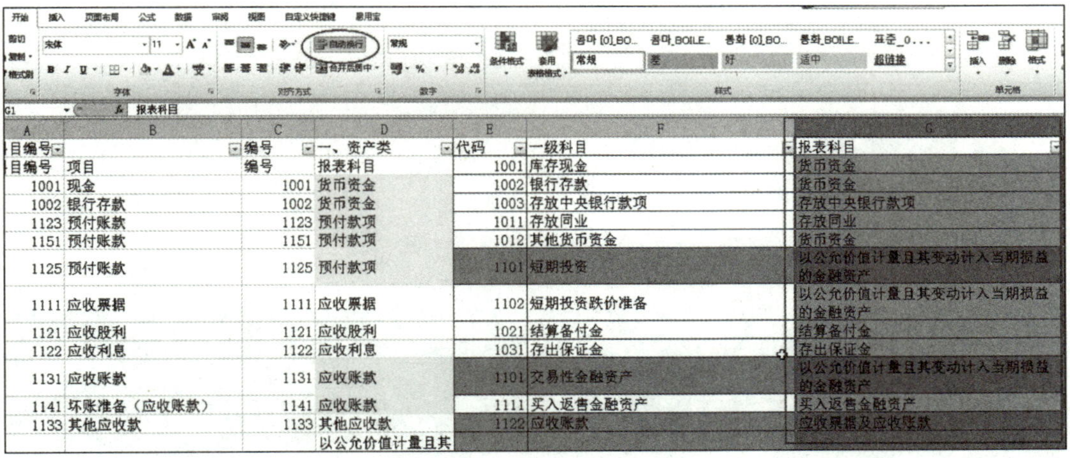

目编号		编号	一、资产类	代码	一级科目	报表科目
目编号	项目	编号	报表科目	1001	库存现金	货币资金
1001	现金	1001	货币资金	1002	银行存款	货币资金
1002	银行存款	1002	货币资金	1003	存放中央银行款项	存放中央银行款项
1123	预付账款	1123	预付款项	1011	存放同业	存放同业
1151	预付账款	1151	预付款项	1012	其他货币资金	货币资金
1125	预付账款	1125	预付款项	1101	短期投资	以公允价值计量且其变动计入当期损益的金融资产
1111	应收票据	1111	应收票据	1102	短期投资跌价准备	以公允价值计量且其变动计入当期损益的金融资产
1121	应收股利	1121	应收股利	1021	结算备付金	结算备付金
1122	应收利息	1122	应收利息	1031	存出保证金	存出保证金
1131	应收账款	1131	应收账款	1101	交易性金融资产	以公允价值计量且其变动计入当期损益的金融资产
1141	坏账准备（应收账款）	1141	应收账款	1111	买入返售金融资产	买入返售金融资产
1133	其他应收款	1133	其他应收款	1122	应收账款	应收票据及应收账款
			以公允价值计量且其			

图 1-7　自动换行结果

①：这个表名称是随机的，有可能是Sheet1、Sheet2、Sheet3……

第 2 章

整理余额表：只要期初数

会计一般根据余额表来核对报表数据的准确性，再编制资产负债表和现金流量表。因此“万里长征”的第一步就是整理余额表。通过对它的加工处理，构成序时账里的一部分。那么，我们就来学习如何整理余额表吧。

整理余额表讲解视频

2.1 新建科目余额表

编辑财务报表的数据自然是从财务软件中导出来的，怎么操作呢？需要这么几步：

取得原始数据	取得从财务软件中导出的到末级的科目余额表，一定要到末级
复制粘贴原始数据	找到期初余额表，将原始数据复制粘贴到期初余额表。原始数据的列名和列次序如果与期初余额表不同，需要先将原始数据的列名和列次序调整的与期初余额表一致后，再复制粘贴
整理期初余额表	将期初余额表按照已经确定的格式整理好，确保我们想要的期初余额数值已经取出来
生成透视表	生成透视表

2.1.1 从财务软件中导出到末级科目的余额表

表 2-1 是从用友导出的科目余额表，注意一定要导出到末级科目的余额表。

表 2-1　科目余额表 - 用友导出

	A	B	C	D	E	F	G	H	I	J	K
1	会计年度	会计期间	科目编码	科目名称	外币名称	期初借方	期初贷方	本期发生借方	本期发生贷方	期末借方	期末贷方
2	2018	月份：2018.01-2018.12	1001	库存现金		¥5,249.06	¥0.00	¥6,000.00	¥6,480.00	¥4,769.06	¥0.00
3	2018	月份：2018.01-2018.12	1002	银行存款		¥803,201.27	¥0.00	¥23,393,619.27	¥23,763,915.26	¥432,905.28	¥0.00
4	2018	月份：2018.01-2018.12	100201	工行四元桥支行		¥803,201.27	¥0.00	¥23,183,579.42	¥23,562,129.26	¥424,651.43	¥0.00
5	2018	月份：2018.01-2018.12	100202	中国银行总行		¥0.00	¥0.00	¥210,039.85	¥201,786.00	¥8,253.85	¥0.00
6	2018	月份：2018.01-2018.12	1122	应收账款		¥600,021.52	¥0.00	¥12,336,457.00	¥12,123,309.03	¥813,169.49	¥0.00
7	2018	月份：2018.01-2018.12	112201	其他		¥167,627.28	¥0.00	¥0.00	¥167,627.28	¥0.00	¥0.00
8	2018	月份：2018.01-2018.12	112203	京东网站		¥65,686.28	¥0.00	¥60,195.60	¥120,492.88	¥5,389.00	¥0.00
9	2018	月份：2018.01-2018.12	112204	天猫商城		¥0.00	¥0.00	¥2,066.90	¥3,801.06	¥0.00	¥1,734.16
10	2018	月份：2018.01-2018.12	112206	招金颐和		¥0.00	¥0.00	¥234,250.00	¥147,312.00	¥86,938.00	¥0.00
11	2018	月份：2018.01-2018.12	112207	中国邮政集团公司常州市分公司		¥63,162.00	¥0.00	¥0.00	¥63,162.00	¥0.00	¥0.00
12	2018	月份：2018.01-2018.12	112208	支付宝		¥0.00	¥10,940.65	¥474,153.30	¥711,044.67	¥0.00	¥247,832.02
13	2018	月份：2018.01-2018.12	112210	微信		¥0.00	¥3,131.96	¥4,239.07	¥3,257.47	¥0.00	¥2,150.36
14	2018	月份：2018.01-2018.12	112211	牡丹江邮政		¥0.00	¥0.00	¥324,000.00	¥324,000.00	¥0.00	¥0.00
15	2018	月份：2018.01-2018.12	112212	哈尔滨邮政		¥0.00	¥0.00	¥85,050.00	¥85,050.00	¥0.00	¥0.00
16	2018	月份：2018.01-2018.12	112214	大连邮政		¥114,894.00	¥0.00	¥1,324,586.60	¥1,319,073.90	¥120,406.70	¥0.00
17	2018	月份：2018.01-2018.12	112215	微视宝		¥1,771.00	¥0.00	¥85,782.62	¥89,749.62	¥0.00	¥2,196.00

2.1.2 复制数据到期初余额工作表中

选中工作表的全部内容，复制粘贴到命名为 aaa 的期初余额表中，如果源数据表列的排列顺序与期初余额工作表的列顺序不同，需要把源数据表列的排列顺序整理的和期初余额表工作的列顺序一致。

2.2 整理余额表添加 10 个辅助列

辅助列如图 2-1 所示。

N	O	P	Q	R	S	T	U	V	W
连接1	连接2	连接3	期初	筛选	四位代码	分类	一级科目	审计调整	报表项目
			90, 377. 25	是	1001	资产	库存现金		货币资金
			845, 557. 56	否	1002	资产	银行存款		货币资金
			845, 557. 56	是	1002	资产	银行存款		货币资金

图 2-1　辅助列

2.2.1　备用列

连接 1、连接 2、连接 3 是备用列，暂时不设置公式。

2.2.2　期初列设置

期初列是把余额表的期初数整理成一列，因为国内的财务软件一般期初数会分为借方期初余额和贷方期初余额，比如资产类会计账户一般都是借方余额，但固定资产的累计折旧会计账户是贷方余额，这样在后面设计公式的时候容易造成混乱，所以在这里将期初余额整理为按正负号区分账户性质的一列。

由于具体对应的财务软件不同，又可分为以下两种情况。

（1）借方余额与贷方余额各占一列，如图 2-2 所示。

C	D	E	F	G	H	I	J	K
科目编码	科目名称	外币名称	期初借方	期初贷方	本期发生借方	本期发生贷方	期末借方	期末贷方
1001	库存现金		¥5,249.06	¥0.00	¥6,000.00	¥6,480.00	¥4,769.06	¥0.00
1002	银行存款		¥803,201.27	¥0.00	¥23,393,619.27	¥23,763,915.26	¥432,905.28	¥0.00
100201	工行四元桥支行		¥803,201.27	¥0.00	¥23,183,579.42	¥23,562,129.26	¥424,651.43	¥0.00
100202	中国银行总行		¥0.00	¥0.00	¥210,039.85	¥201,786.00	¥8,253.85	¥0.00
1122	应收账款		¥600,021.52	¥0.00	¥12,336,457.00	¥12,123,309.03	¥813,169.49	¥0.00
112201	其他		¥167,627.28	¥0.00	¥0.00	¥167,627.28	¥0.00	¥0.00
112203	京东网站		¥65,686.28	¥0.00	¥60,195.60	¥120,492.88	¥5,389.00	¥0.00
112204	天猫商城		¥0.00	¥0.00	¥2,066.90	¥3,801.06	¥0.00	¥1,734.16
112206	招金颐和		¥0.00	¥0.00	¥234,250.00	¥147,312.00	¥86,938.00	¥0.00
112207	中国邮政集团公司常州市分公司		¥63,162.00	¥0.00	¥0.00	¥63,162.00	¥0.00	¥0.00
112208	支付宝		¥0.00	¥10,940.65	¥474,153.30	¥711,044.67	¥0.00	¥247,832.02
112210	微信		¥0.00	¥3,131.96	¥4,239.07	¥3,257.47	¥0.00	¥2,150.36
112211	牡丹江邮政		¥0.00	¥0.00	¥324,000.00	¥324,000.00	¥0.00	¥0.00
112212	哈尔滨邮政		¥0.00	¥0.00	¥85,050.00	¥85,050.00	¥0.00	¥0.00

图 2-2　借方余额与贷方余额各占一列

图 2-2 的情况在期初列第三行 Q3 单元格（图 2-1）输入公式 =F3-G3，按回车键，这样就会把 F3 单元格和 G3 单元格的数值整理到了 Q3 单元格。鼠标左键选中 Q3 单元格，光标移动到单元格右下角变成一个黑色的十字，按住鼠标左键垂直向下拖动，拖动到余额表有数值的最后一行，这样 F 列和 G 列的数值就变成只有一列根据正负号区分账户性质的一列期初数据了。

（2）期初数是一列，但是用一列标示会计账户的借贷方向，如图 2-3 所示。

图 2-3 的情况在期初列第三行（Q3 单元格）输入公式 =IF(E3=" 借 ",F3,-F3) 按回车键，把 F3 单元格的数值就整理到了 Q3 单元格。鼠标左键选中 Q3 单元格，光标移动到单元

格右下角变成一个黑色的“十”字，按住鼠标左键垂直向下拖动，拖动到余额表有数值的最后一行，这样 F 列的数值和 E 列的借、贷方信息的两列数据整理成只有一列根据正负号区分账户性质的期初数据了。如果担心公式会报错，还可以在 IF 公式前面加一个 IFERROR 函数，防止报错。公式实例：=IFERROR(IF(E3=" 借 ",F3,-F3),"")。

	A	B	C	D	E	F
1	会计年度	会计期间	科目编码	科目名称	方向	期初余额
2	2015	月份：2015.01-2015.12	1001	库存现金	借	90,377.25
3	2015	月份：2015.01-2015.12	1002	银行存款	借	845,557.56
4	2015	月份：2015.01-2015.12	100201	工行四元桥支行	借	845,557.56
5	2015	月份：2015.01-2015.12	1122	应收账款	借	11,784.30
6	2015	月份：2015.01-2015.12	112201	其他	借	1,560.00
7	2015	月份：2015.01-2015.12	112203	网站销售	借	10,224.30
8	2015	月份：2015.01-2015.12	2203	预收账款	贷	48,400.49
9	2015	月份：2015.01-2015.12	220302	其他	贷	48,400.49
10	2015	月份：2015.01-2015.12	2211	应付职工薪酬	贷	34,608.90

图 2-3 借方、贷方余额占一列

2.2.3 筛选列的设置

设置筛选列的目的是有时候取得的原始余额表账户的数据会有很多汇总行，后面用透视表汇总数据的时候需要将这些汇总行筛选出去。所以这里要用到 COUNTIF 函数，判断 C 列的科目代码是不是唯一的，如果是，就标示为“是”，否则标示为“否”。公式实例：=IF(COUNTIF($C$3:$C$899,C3&"*")=1," 是 "," 否 ")。其中 $C$3:$C$899 一定要用鼠标选中公式中 C3:C9 反复按 F4 键，让 C3:C9 变成 $C$3:$C$899，这个叫绝对引用，这样后面拖动公式的时候 $C$3:$C$899 不会随着拖动变动。

具体操作如下：

在筛选列第三行（R3 单元格）输入公式 =IF(COUNTIF($C$3:$C$899,C3&"*")=1," 是 "," 否 ")，按下回车键。如果 C3 单元格中的值在 $C$3:$C$899 中是唯一的，就返回文本“是”，否则就返回文本“否”，这个“是、否”也可以是“1、0”，也可以是“Y、N”，根据自己习惯设置就可以。R3 单元格公式设置成功之后，是用鼠标左键选中 R3 单元格，光标移动到单元格右下角变成一个黑色的“十”字，按住鼠标左键垂直向下拖动，拖动到余额表有数值的最后一行。

N	O	P	Q	R
连接1	连接2	连接3	期初	筛选
			90,377.25	是
			845,557.56	否
			845,557.56	是
			11,784.30	否
			1,560.00	是
			10,224.30	是
			20,238.14	否

图 2-4 筛选列

拖动完的效果，如图 2-4 所示。

2.2.4　四位代码列的设置

本列整理会计科目代码，国内的会计科目代码设置的非常混乱，并没有一个统一的标准，这里只是取会计科目代码前四位，用它来对应会计科目表中的一级科目和报表科目。

S3 中的公式 =VALUE(LEFT(C3,4)) 这里用到两个函数：LEFT(C3,4) 函数的意思是将 C3 单元格中的文本字符从左面开始取前四位；VALUE 函数的意思是把文本转换成数值。

具体操作如下：

在四位代码列第三行（S3 单元格）输入公式 =VALUE(LEFT(C3,4))，按下回车键，返回科目代码 1001。S3 单元格公式设置成功之后，还是按下鼠标左键选中 S3 单元格，光标移动到单元格右下角变成一个黑色的“十”字，按住鼠标左键垂直向下拖动，拖动到余额表有数值的最后一行。

拖动完的效果，如图 2-5 所示。

M	N	O	P	Q	R	S
期末贷方	连接1	连接2	连接3	期初	筛选	四位代码
				90,377.25	是	1001
				845,557.56	否	1002
				845,557.56	是	1002
				11,784.30	否	1122
				1,560.00	是	1122
				10,224.30	是	1122
				20,238.14	否	1123

图 2-5　四位代码列

2.2.5　分类列的设置

本列根据科目代码将会计账户分为资产、负债、权益、损益四类。

函数讲解：这里用了一个 IF 函数，科目代码列的数值通过多层嵌套的方式将会计科目分类。=IF(LEFT(S3)="1"," 资产 ",IF(LEFT(S3)="2"," 负债 ",IF(LEFT(S3)="4"," 权益 ",IF(LEFT(S3)="5"," 资产 ",IF(LEFT(S3)="6"," 损益 ",""))))), LEFT(S3) 函数的意思是将 S3 单元格中的文本字符从左面开始取前一位，如果 LEFT(S3)=1 或 5, 那这个会计账户就分类为资产；如果 LEFT(S3)=2, 那这个会计账户就分类为负债；如果 LEFT(S3)=4，那这个会计账户就分类为权益；如果 LEFT(S3)=6，那这个会计账户就分类为损益。注意这个组合公式的设计对应的会计科目是采用的《企业会计准则》，如果采用《企业会计制度》的财务软件，需要手动做出修改。

具体操作如下：

《企业会计制度》的修改：如果 LEFT(S3)=1 或 4, 那么这个会计账户就分类为资产；如果 LEFT(S3)=2, 那这个会计账户就分类为负债；如果 LEFT(S3)=3，那么这个会计账户就分类为权益；如果 LEFT(S3)=5，那么这个会计账户就分类为损益。

在分类列第三行（T3 单元格）输入公式 =IF(LEFT(S3)="1"," 资产 ",IF(LEFT(S3)="2"," 负债 ",IF(LEFT(S3)="4"," 权益 ",IF(LEFT(S3)="5"," 资产 ",IF(LEFT(S3)="6"," 损益 ",""))))), 按回车键返回分类项目资产。T3 单元格公式设置成功之后，还是鼠标左键选中 T3 单元格，光标移动到单元格右下角变成一个黑色的十字，按住鼠标左键垂直向下拖动，拖动到余额表有数值的最后一行。

拖动完的效果，如图 2-6 所示。

N	O	P	Q	R	S	T
连接1	连接2	连接3	期初	筛选	四位代码	分类
			90,377.25	是	1001	资产
			845,557.56	否	1002	资产
			845,557.56	是	1002	资产
			11,784.30	否	1122	资产
			1,560.00	是	1122	资产
			10,224.30	是	1122	资产
			20,238.14	否	1123	资产

图 2-6　分类列

2.2.6　一级科目列的设置

本列根据四位代码列为数据标示标准的会计科目。

函数讲解：这里主要用了一个 VLOOKUP 函数，=VLOOKUP(S3, 会计科目 !$E$2:$G$200,2,0), 公式的含义是根据 S3 单元格的数值，到会计科目这个表的 $E$2:$G$200 区域的首列，找到和 S3 单元格完全相同的数值，然后返回完全相同的那个数值所在行的第二列的单元格的值。

这个公式有几个需要注意的地方：第一，$E$2:$G$200 也必须绝对引用；第二，S3 单元格的数值在 $E$2:$G$200 数据区域必须处于首列，并且是唯一的，如果不是唯一的，只会返回第一个找到的数值；第三，如果找不到，该公式会报错 #VALUE! 或 #N/A。如果不愿报错，可以在公式前面加一个 IFERROR 函数，防止报错。公式实例：=IFERROR(VLOOKUP(S3, 会计科目 !$E$2:$G$200,2,0),"")

在一级代码列第三行（U3 单元格）输入公式 =IFERROR(VLOOKUP(S3, 会计科目 !$E$2:$G$200,2,0),""), 回车返回一级科目。U3 单元格公式设置成功之后，鼠标左键选中 U3 单元格，光标移动到单元格右下角变成一个黑色的“十”字，按住鼠标左键垂直向下拖动，拖动到余额表有数值的最后一行。

拖动完的效果，如图 2-7 所示。

O	P	Q	R	S	T	U
连接2	连接3	期初	筛选	四位代码	分类	一级科目
		90,377.25	是	1001	资产	库存现金
		845,557.56	否	1002	资产	银行存款
		845,557.56	是	1002	资产	银行存款
		11,784.30	否	1122	资产	应收账款
		1,560.00	是	1122	资产	应收账款
		10,224.30	是	1122	资产	应收账款
		20,238.14	否	1123	资产	预付款项

图 2-7　一级科目列

2.2.7　审计调整列的设置

此列用于输入需要对原始余额表需要调整的数据，我会在下一本书《财务精英都是 Excel 控：CPA 手把手教你高效编制现金流量表》中讲述 Excel 在审计中的具体应用中展开讲述，在会计真账实操中用不到这一列的数据。

2.2.8　报表科目列的设置

本列根据四位代码列为数据标示标准的报表会计科目。

函数讲解：本列用的函数和一级科目列的函数讲解完全一致。公式 =IFERROR (VLOOKUP(S3, 会计科目 !$E$2:$G$200,3,0),"")，不同之处是返回 $E$2:$G$200 数据区域第三列的数值。

在报表科目列第三行（W3 单元格）输入公式 =IFERROR(VLOOKUP(S3, 会计科目 !$E$2:$G$200,3,0),""), 按下回车键返回报表科目。W3 单元格公式设置成功之后，鼠标左键选中 W3 单元格，光标移动到单元格右下角变成一个黑色的“十”字，按住鼠标左键垂直向下拖动，拖动到余额表有数值的最后一行。

拖动完的效果，如图 2-8 所示。

Q	R	S	T	U	V	W
期初	筛选	四位代码	分类	一级科目	审计调	报表科目
90,377.25	是	1001	资产	库存现金		货币资金
845,557.56	否	1002	资产	银行存款		货币资金
845,557.56	是	1002	资产	银行存款		货币资金
11,784.30	否	1122	资产	应收账款		应收票据及应收账款
1,560.00	是	1122	资产	应收账款		应收票据及应收账款
10,224.30	是	1122	资产	应收账款		应收票据及应收账款
20,238.14	否	1123	资产	预付款项		预付款项

图 2-8　报表项目列

2.3 生成余额表的透视表

这里是本书第一次使用透视表，本书的核心运算就是采用透视表，所以这里怎样生成的透视表，我会把流程讲得详细一些。

2.3.1 选中期初余额表

打开 TB 表，选中期初余额表，用鼠标左键选中期初余额表中的任意一个单元格，我们准备把期初余额表中的数据汇总成为一个透视表，如图 2-9 所示。

A	B	C	D	E	F	G
会计年度	日期	科目编码	科目名称	外币名称	期初借方	期初贷方
2015	月份：2015.01-2015.12	1001	库存现金		90,377.25	-
2015	月份：2015.01-2015.12	1002	银行存款		845,557.56	-
2015	月份：2015.01-2015.12	100201	工行四元桥支行		845,557.56	-
2015	月份：2015.01-2015.12	1122	应收账款		11,784.30	-
2015	月份：2015.01-2015.12	112201	其他		1,560.00	-
2015	月份：2015.01-2015.12	112203	网站销售		10,224.30	-
2015	月份：2015.01-2015.12	1123	预付账款		20,238.14	-
2015	月份：2015.01-2015.12	112302	京东代收款结算		238.14	-
2015	月份：2015.01-2015.12	112303	房租		20,000.00	-
2015	月份：2015.01-2015.12	112304	京东年费		-	-
2015	月份：2015.01-2015.12	112305	邮品		-	-
2015	月份：2015.01-2015.12	112306	审计费		-	-
2015	月份：2015.01-2015.12	1221	其他应收款		63,535.71	-
2015	月份：2015.01-2015.12	122101	其他		5,294.62	-
2015	月份：2015.01-2015.12	122102	薪酬		8,241.09	-
2015	月份：2015.01-2015.12	122103	京东商城保证金		50,000.00	-
2015	月份：2015.01-2015.12	122108	招金		-	-
2015	月份：2015.01-2015.12	122109	丝路通		-	-
2015	月份：2015.01-2015.12	1405	库存商品		50,987.67	-
2015	月份：2015.01-2015.12	140501	邮票		12,187.50	-
2015	月份：2015.01-2015.12	140502	邮品		31,290.57	-
2015	月份：2015.01-2015.12	140503	其他		7,509.60	-
2015	月份：2015.01-2015.12	140504	工艺品		-	-
2015	月份：2015.01-2015.12	140505	办公用品		-	-
2015	月份：2015.01-2015.12	1511	长期股权投资		-	-
2015	月份：2015.01-2015.12	151101	宁夏丝路通		-	-
2015	月份：2015.01-2015.12	1601	固定资产		39,425.00	-
2015	月份：2015.01-2015.12	1602	累计折旧		-	37,299.60
2015	月份：2015.01-2015.12	资产小计			1,121,905.63	37,299.60
2015	月份：2015.01-2015.12	2202	应付账款		-	-
2015	月份：2015.01-2015.12	220203	吉茶		-	-
2015	月份：2015.01-2015.12	220204	中世		-	-
2015	月份：2015.01-2015.12	2203	预收账款		-	48,400.49
2015	月份：2015.01-2015.12	220302	其他		-	48,400.49
2015	月份：2015.01-2015.12	2211	应付职工薪酬		34,608.90	-
2015	月份：2015.01-2015.12	221101	薪酬		-	4,172.12
2015	月份：2015.01-2015.12	221102	工会经费		-	-
2015	月份：2015.01-2015.12	221104	社保		38,781.02	-
2015	月份：2015.01-2015.12	2221	应交税费		-	5,336.49
2015	月份：2015.01-2015.12	222101	增值税1		-	4,557.32
2015	月份：2015.01-2015.12	222102	城市维护建设税		-	319.01
2015	月份：2015.01-2015.12	222103	教育费附加		-	136.72
2015	月份：2015.01-2015.12	222104	地方教育附加		-	91.15

索引 / 会计科目 / 余额表B1 / 期初余额表 / tb备份 / 序时账 / TB / TB2 / BS / BS2 / PL / CF / 序时 / 股1 / 股2

图 2-9　选中期初余额表

注意：第一行列名这一行一定不能有空格，如果有空格一定要补齐，否则无法生成透视表。

例如，图2-10的错误情形。

A	B	C	D	E	F	G	L
会计年度	日期	科目编码	科目名称		期初借方	期初贷方	期末借方
2015	月份：2015.01-2015.12	1001	库存现金		90,377.25	-	5,249.06
2015	月份：2015.01-2015.12	1002	银行存款		845,557.56	-	102,541.26
2015	月份：2015.01-2015.12	100201	工行四元桥支行		845,557.56	-	102,541.26
2015	月份：2015.01-2015.12	1122	应收账款		11,784.30	-	994,255.51
2015	月份：2015.01-2015.12	112201	其他		1,560.00	-	937,791.00
2015	月份：2015.01-2015.12	112203	网站销售		10,224.30	-	56,464.51
2015	月份：2015.01-2015.12	1123	预付账款		20,238.14	-	92,240.50
2015	月份：2015.01-2015.12	112302	京东代收款结算		238.14	-	1,377.50
2015	月份：2015.01-2015.12	112303	房租		20,000.00	-	-
2015	月份：2015.01-2015.12	112304	京东年费		-	-	-
2015	月份：2015.01-2015.12	112305	邮品		-	-	90,863.00

图2-10　列名存在空格的情形

2.3.2　插入透视表

选中"菜单丨插入丨插入数据透视表"，鼠标左键单击，如图2-11所示。

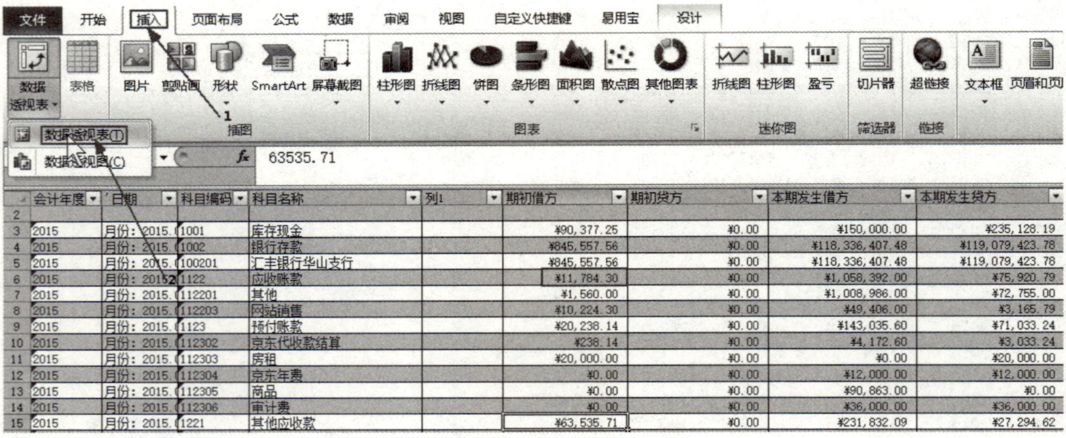

	会计年度	日期	科目编码	科目名称	列1	期初借方	期初贷方	本期发生借方	本期发生贷方
2									
3	2015	月份：2015.(	1001	库存现金		¥90,377.25	¥0.00	¥150,000.00	¥235,128.19
4	2015	月份：2015.(	1002	银行存款		¥845,557.56	¥0.00	¥118,336,407.48	¥119,079,423.78
5	2015	月份：2015.(	100201	汇丰银行华山支行		¥845,557.56	¥0.00	¥118,336,407.48	¥119,079,423.78
6	2015	月份：2015	1122	应收账款		¥11,784.30	¥0.00	¥1,058,392.00	¥75,920.79
7	2015	月份：2015.(	112201	其他		¥1,560.00	¥0.00	¥1,008,986.00	¥72,755.00
8	2015	月份：2015.(	112203	网站销售		¥10,224.30	¥0.00	¥49,406.00	¥3,165.79
9	2015	月份：2015.(	1123	预付账款		¥20,238.14	¥0.00	¥143,035.60	¥71,033.24
10	2015	月份：2015.(	112302	京东代收款结算		¥238.14	¥0.00	¥4,172.60	¥3,033.24
11	2015	月份：2015.(	112303	房租		¥20,000.00	¥0.00	¥0.00	¥20,000.00
12	2015	月份：2015.(	112304	京东年费		¥0.00	¥0.00	¥12,000.00	¥12,000.00
13	2015	月份：2015.(	112305	商品		¥0.00	¥0.00	¥90,863.00	¥0.00
14	2015	月份：2015.(	112306	审计费		¥0.00	¥0.00	¥36,000.00	¥36,000.00
15	2015	月份：2015.(	1221	其他应收款		¥63,535.71	¥0.00	¥231,832.09	¥27,294.62

图2-11　插入数据透视表

单击后会出现一个对话框，如图2-12、图2-13所示。

第一个选项是选择数据区域，默认选中期初余额表中的所有数据，期初余额表!$A$1:$W$123，如果考虑到以后还会在期初余额表中增加数据，可以将W$123更改为W$2700，改成多少根据预计将来数据的多少确定。

第二个选项是指定数据透视表的位置，是新建一个工作表还是在这个期初余额表中的某个位置建立一个新的工作表。默认是新建一个工作表放置这个新的透视表。

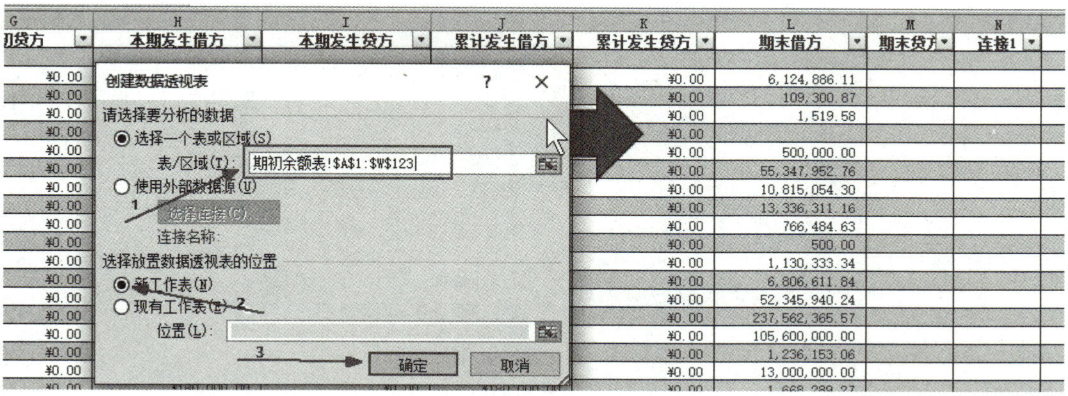

图 2-12　创建数据透视表弹出框

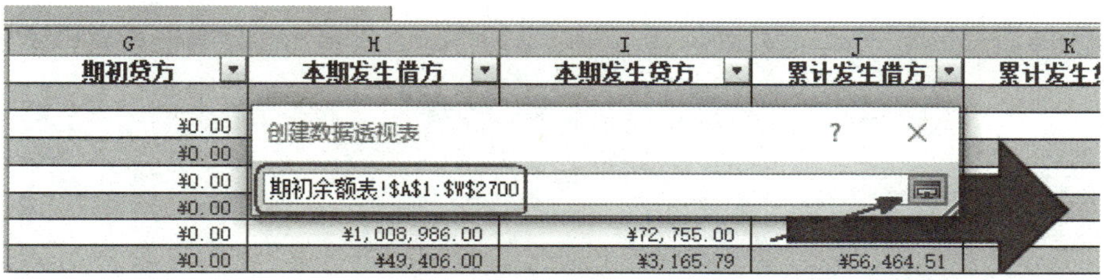

图 2-13　创建数据透视表区域及确定钮

两个选项都选定之后按“确定”按钮，结果如图 2-14 所示。

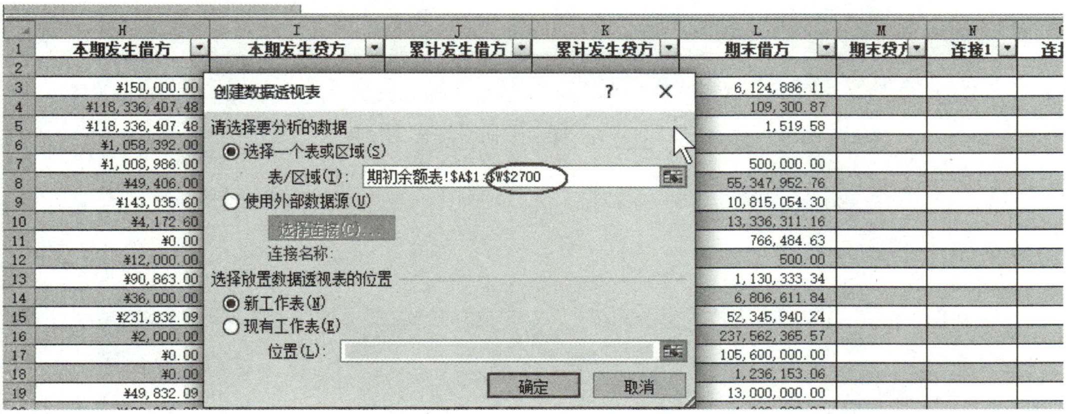

图 2-14　创建数据透视表 - 字段名缺失

因为存在列名是空的，所以报错了。这就需要把列名补全，重新生成透视表。

将前面的生成透视表的过程重新做一遍：选中期初余额表中的 D12 单元格，选中菜单 | 插入 | 插入数据透视表，鼠标左键单击，如果第一个选项选中的区域不符合应该选择的区域，可以手动修改为期初余额表 !$A$1:$W$2700 单击确认按钮。结果如图 2-15 所示。

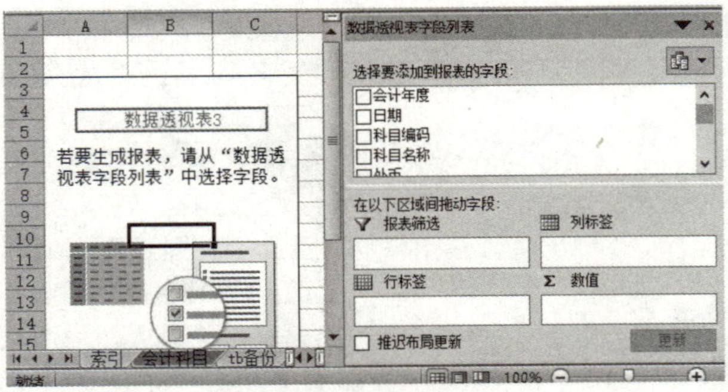

图 2-15　创建数据透视表结果

2.3.3　拖选行标签字段

怎样拖选行标签字段，如图 2-16 所示。

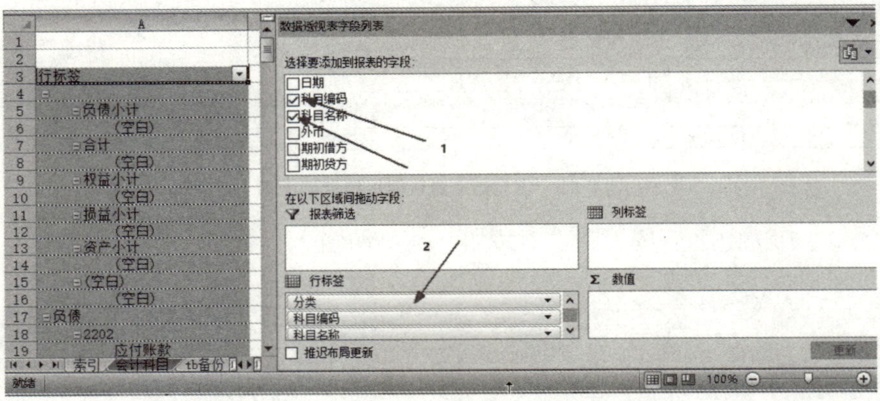

图 2-16　分类拖到行标签

将“分类”“科目编码”“科目名称”3 个字段用鼠标拖动到行标签处。拖动之后的效果如图 2-17 所示。

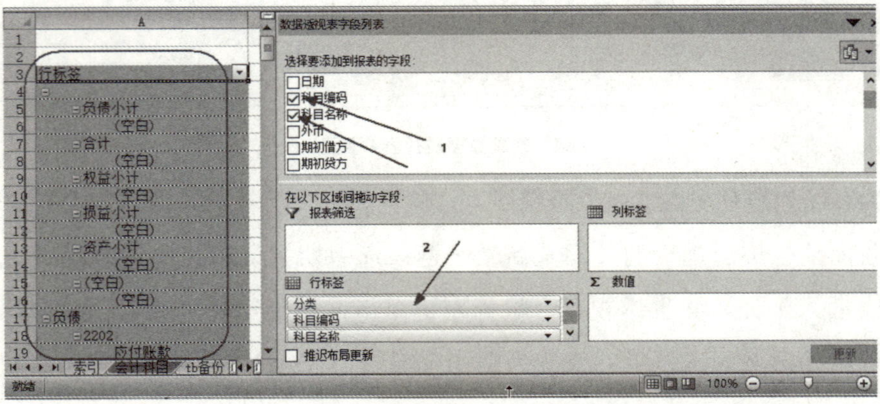

图 2-17　“分类”“科目编码”“科目名称”拖到行标签结果

2.3.4　拖选数值

制作这个余额表的目的是取得期初数据，所以这里我只拖选一列期初数据，如图 2-18 所示。

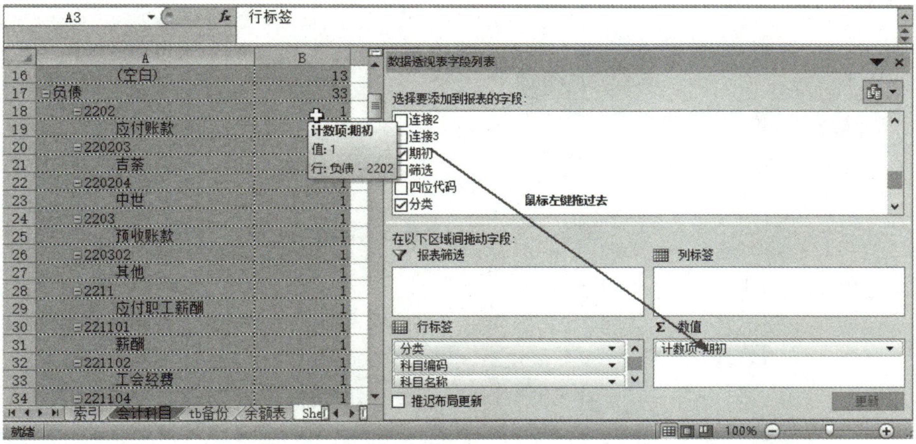

图 2-18　期初拖到数值栏

2.3.5　数据透视表工具栏

1~4 步把数据透视表的字段数值都抓取过来了，但是显然这个数据表还没法看，下面我们整理美化数据透视表，首先讲解数据表工具栏。

用鼠标左键选中透视表任意单元格后，工作表菜单栏会多出两组菜单，选中设计组，如图 2-19 所示。

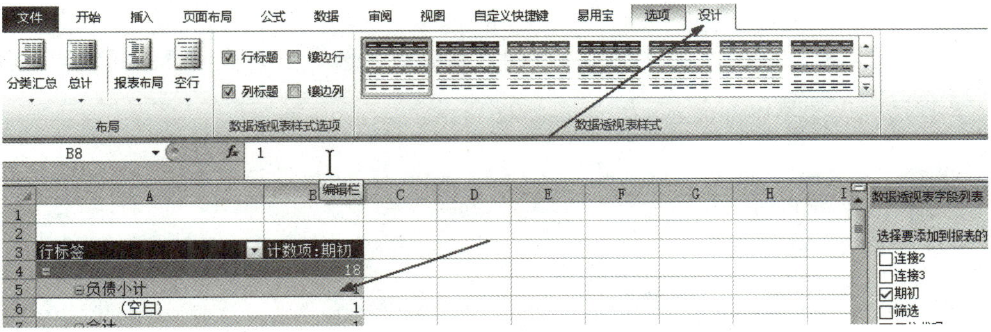

图 2-19　数据透视表选项、设计菜单

在报表布局中选择以表格形式显示，如图 2-20 所示。

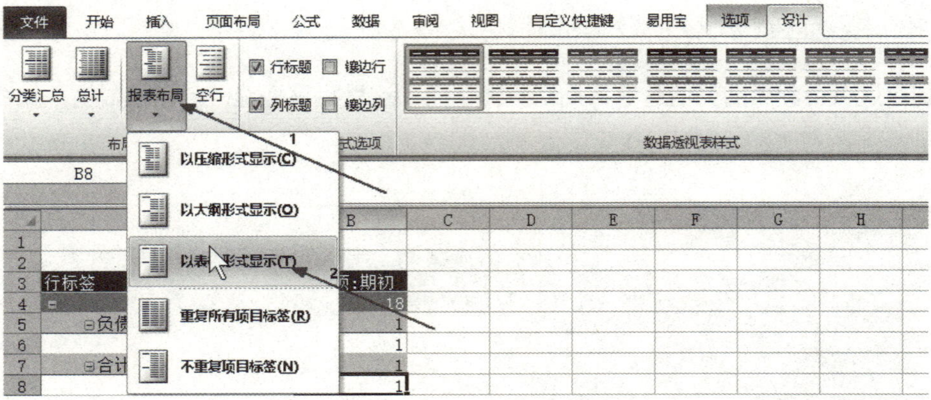

图 2-20　选择以表格形式显示

选中之后，结果如图 2-21 所示。

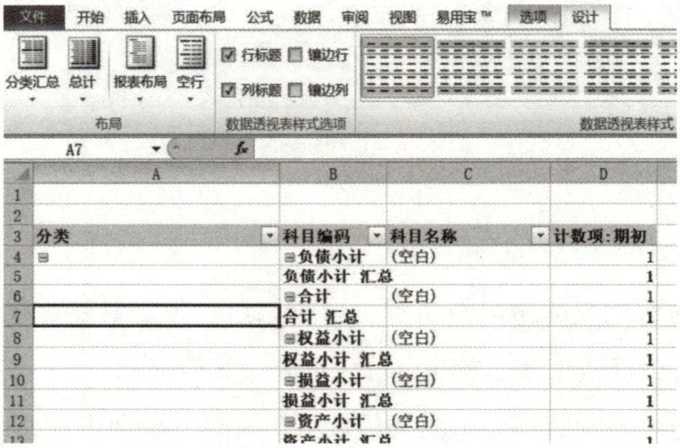

图 2-21　以表格形式显示结果

依然很丑，我们继续给她“美容”。

“美容”之前，强调显示数据透视表的工具菜单。选中数据透视表的任何一个单元格，数据透视表的菜单都会显示，如图 2-22 所示。

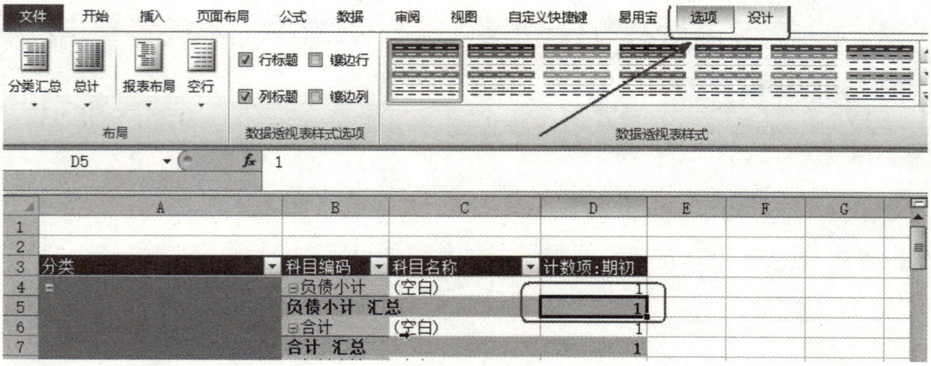

图 2-22　数据透视表选项、设计菜单

但是如果活动单元格未在数据透视表上，而是在工作表的其他位置，数据透视表的工具栏是不显示的，如图 2-23 所示。

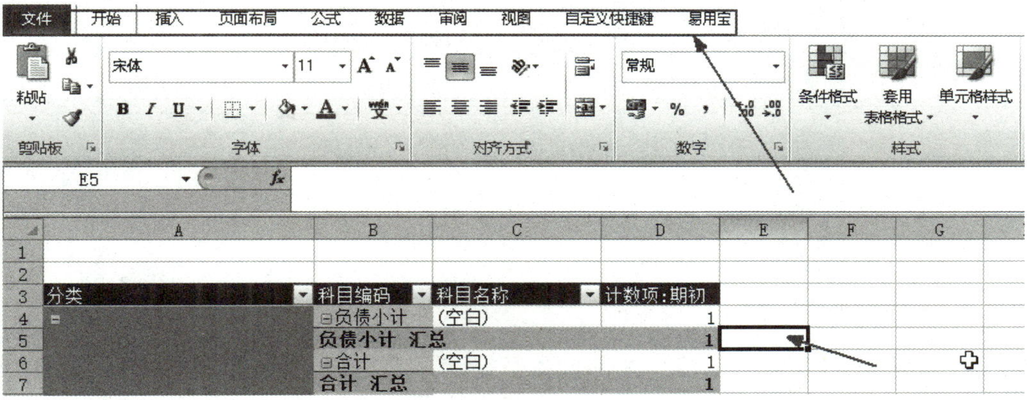

图 2-23　未显示数据透视表选项、设计菜单

数据透视表的菜单失踪了，我一开始做数据透视表的时候经常问“度娘”，工具栏去哪了，“度娘”也说不清，但不知什么时候工具栏又回来了，后来用熟了才知道选中透视表，透视表的工具栏才会出现。

2.3.6　数据透视表的整理美化

（1）把不需要分类汇总的列取消分类汇总。

因为数据透视表默认会用前方的列为后方的列分类汇总，但是一些并列的字段没必要互相分类汇总。比如会计科目和科目代码就没有必要再汇总了，所以要手工把这些分类汇总取消掉，如图 2-24 所示。

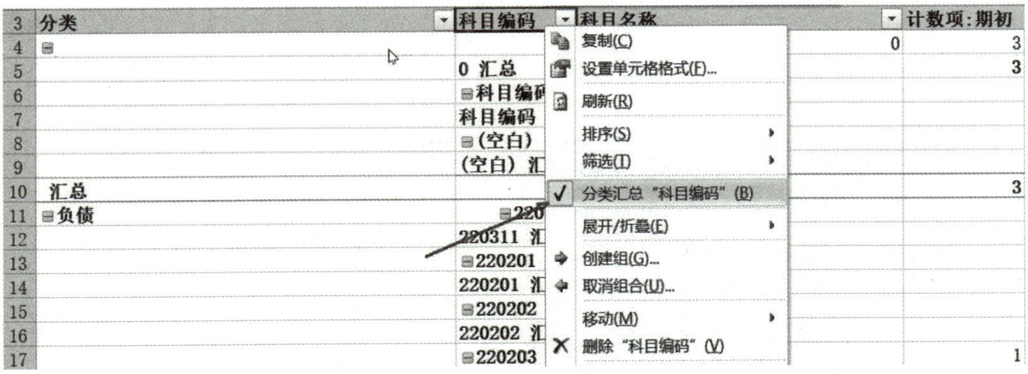

图 2-24　选择科目编码、名称分类汇总勾选

把图 2-24 对勾取消，数据透视表的长度就会显著变短，如图 2-25 所示。

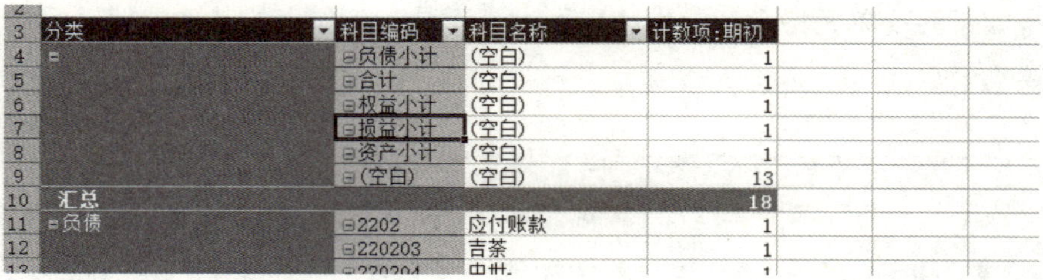

图 2-25　取消科目编码分类汇总勾选结果

这样看着就好看多了，如果数据透视表有很多行标签字段，一定要把不需要汇总的取消掉。

（2）整理数值列。

这个透视表只有一列数值，大部分数字还都是 1，因为透视表默认的值汇总依据是计数，所以我们要把它修改为求和，才能正确显示数据列的合计值。

所以选中数据列的任意单元格，右键打开快捷菜单，选择“值汇总依据（M）”，按箭头向下选择“求和”，如图 2-26 所示。

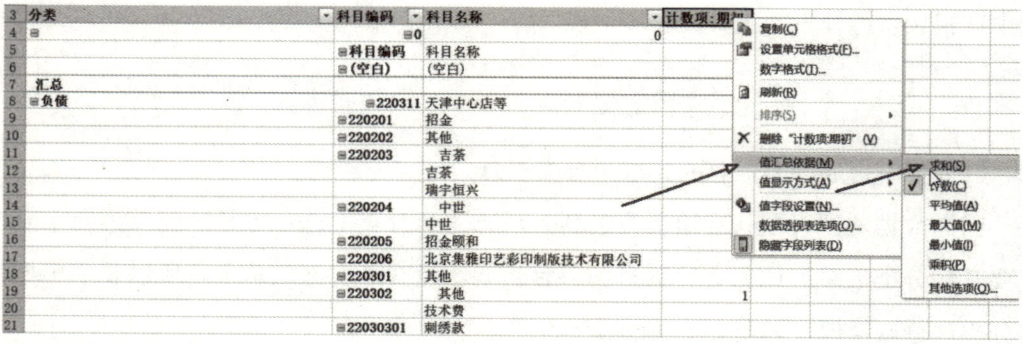

图 2-26　选择值汇总中求和选项

将值汇总依据修改为求和之后的效果，如图 2-27 所示。

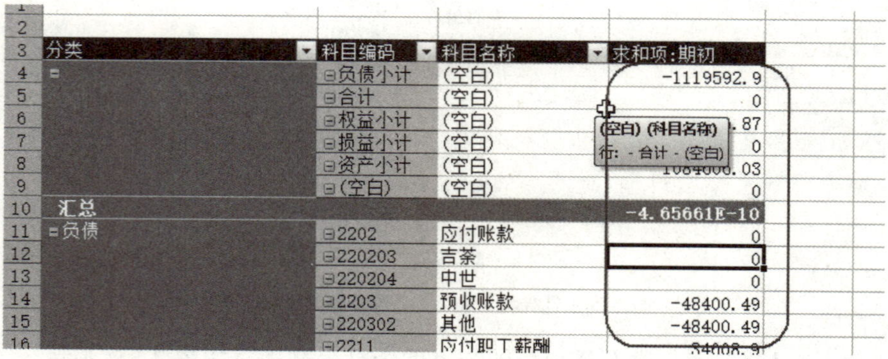

图 2-27　选择值汇总中求和选项结果

（3）把资产类科目移动到前面。

一般资产负债表都是按照资产、负债、权益、损益的顺序排序，所以我们把资产类科目移动到前面来。在 A 列找到资产。先左键单击选中资产，然后在资产上右键打开快捷菜单，选择“移动 | 将资产移到开头”，如图 2-28 所示。

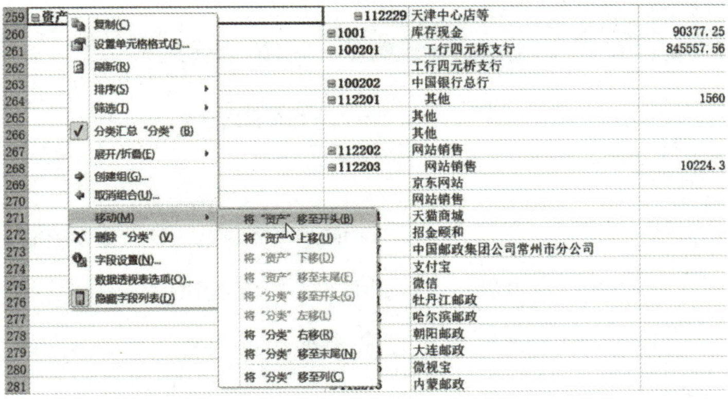

图 2-28　选择资产类科目移动到开头

单击左键，效果如图 2-29 所示。

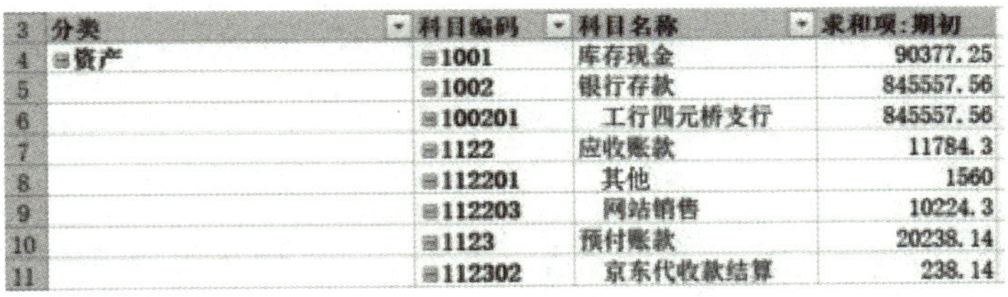

	分类	科目编码	科目名称	求和项:期初
3	分类	科目编码	科目名称	求和项:期初
4	⊟资产	⊟1001	库存现金	90377.25
5		⊟1002	银行存款	845557.56
6		⊟100201	工行四元桥支行	845557.56
7		⊟1122	应收账款	11784.3
8		⊟112201	其他	1560
9		⊟112203	网站销售	10224.3
10		⊟1123	预付账款	20238.14
11		⊟112302	京东代收款结算	238.14

图 2-29　点选资产类科目移到开头的结果

（4）筛选分类列的空白条目。

单击“分类”右侧的箭头，打开一个下拉菜单，在菜单中把除资产、负债、权益、损益之外的勾选框的对勾都取消，如图 2-30 所示。

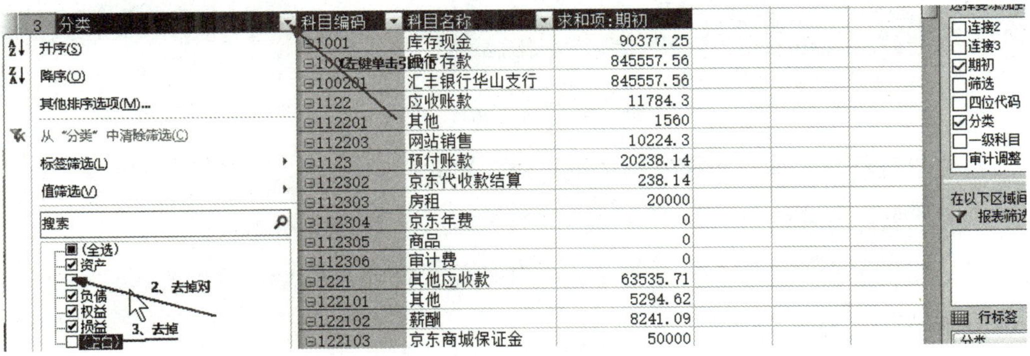

图 2-30　依次取消分类列的空白条目

操作完成后的结果，如图2-31所示。

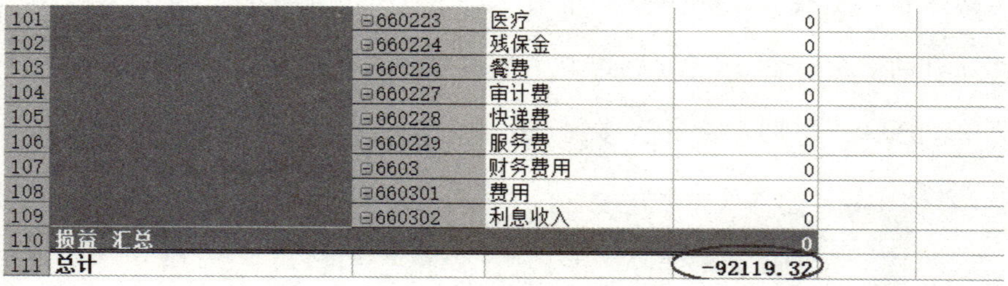

图2-31 取消分类列的空白条目后结果

（5）整理数据列。

根据会计学的基本原理，有借必有贷，借贷必相等。所有会计科目的借方余额的合计数一定等于贷方余额的合计数。因为咱们这个表把借方余额和贷方余额放在了一列上面，为了区分借贷方向，把所有贷方余额都加了负号，这样所有会计科目的借方余额的合计数与贷方余额的合计数相加应该是0，所以这个表的总计应该是0才正确。现在不是0，为什么呢？

因为透视表是汇总表，会自动汇总所有的数据，但是有一些不该汇总的数据也汇总过来了，这时候我们需要加辅助列，把不需要的数据筛选掉。

在期初余额表有一列筛选列就是起到这个作用的，下面我们把筛选列的字段拖到筛选框中。

第一步找到“筛选”字段，光标变成“十”字状，如图2-32所示。

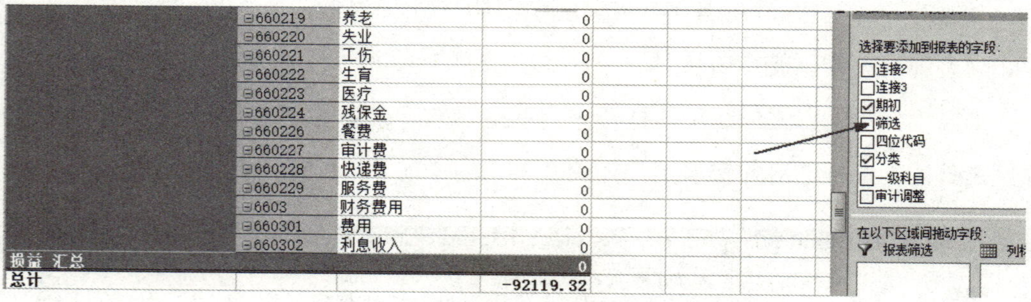

图2-32 选定“筛选”字段

按住左键不放，拖动到报表筛选框里面，如图2-33所示。

这时候数据透视表多了一个可以筛选的头部，如图2-34所示。

鼠标左键单击筛选箭头，选择是，把其他勾选框的对勾都去掉，按确定按钮，如图2-35所示。

这时候合计数变成这个字符串，如图2-36所示：但还不是0，这是因为咱们前面

1
2
3
4
5
6
7
8
9
10
11
12

的数据表存在尾差。

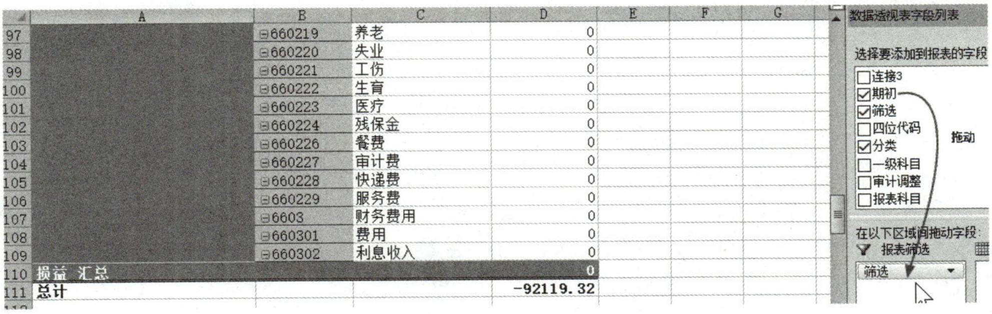

图 2-33　拖动筛选到报表筛选框

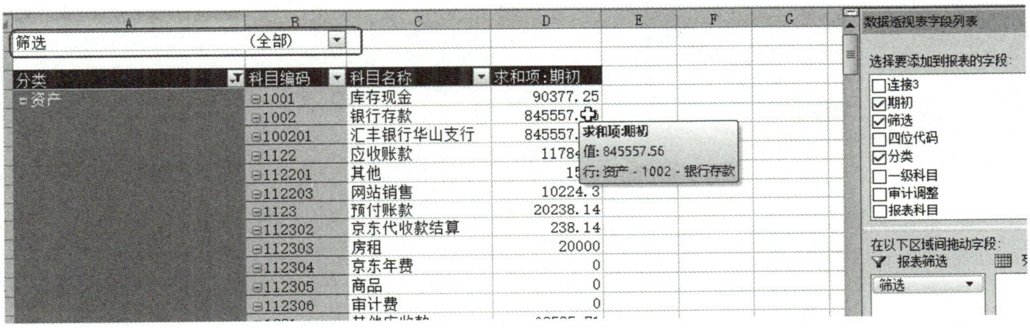

图 2-34　拖动筛选到报表筛选框的结果

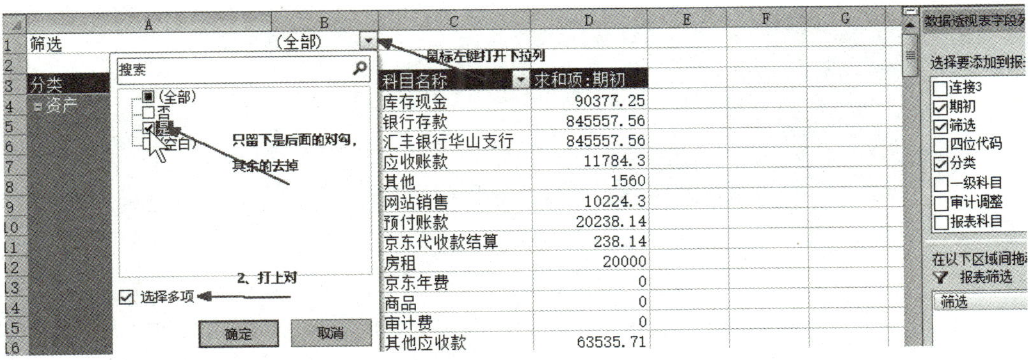

图 2-35　选择筛选中“是”选项

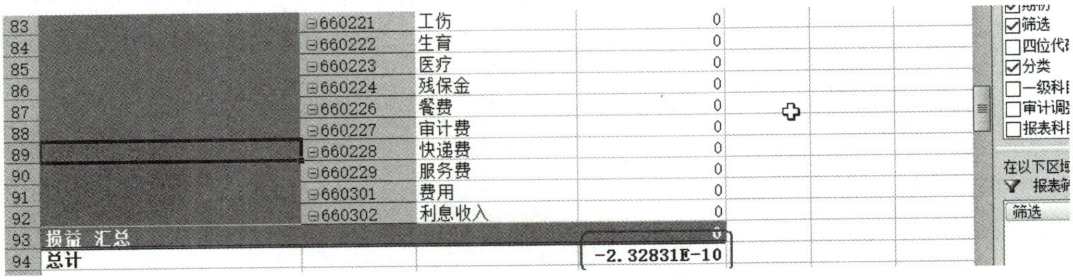

图 2-36　选择筛选中“是”选项确定后的结果

1 2 3 4 5 6 7 8 9 10 11 12

（6）调整数据格式。

在键盘上按快捷键“Ctrl+1”，调出图 2-37 这个对话框，选择数字菜单，选择数值，勾选使用千位分隔符，按确定。

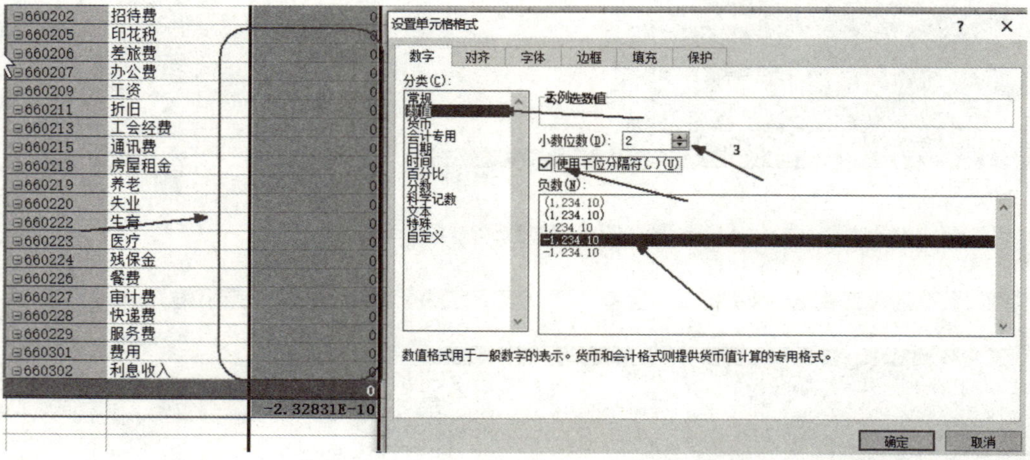

图 2-37　设置单元格格式

再次选中所有的数值，在开始菜单中选择 Arial Narrow 字体，这是一个瘦体数字格式，选择这个字体后面遇到较大数值的时候防止列宽不够。

调整后的结果结果如图 2-38 所示。

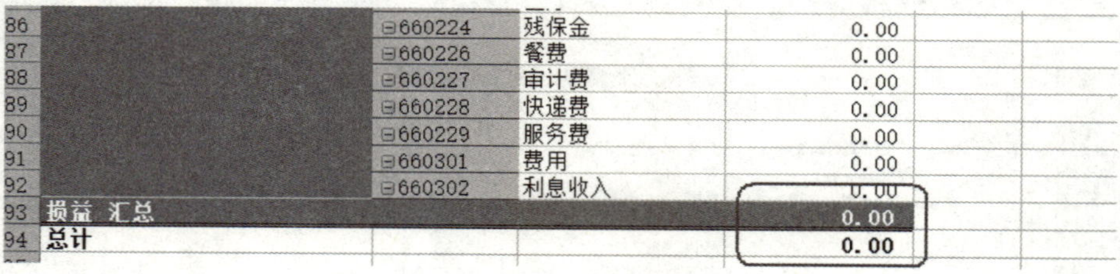

图 2-38　设置单元格格式后的结果

总计值是 0，这个表就做成功了。

（7）调整表格格式。

鼠标左键选中透视表任意单元格，在数据透视表工具中选择“设计”，选择数据透视表样式右下角的下拉箭头，如图 2-39 所示。

挑选一个自己喜欢的样子，如图 2-40 所示，按确定，这个透视表就做好了。

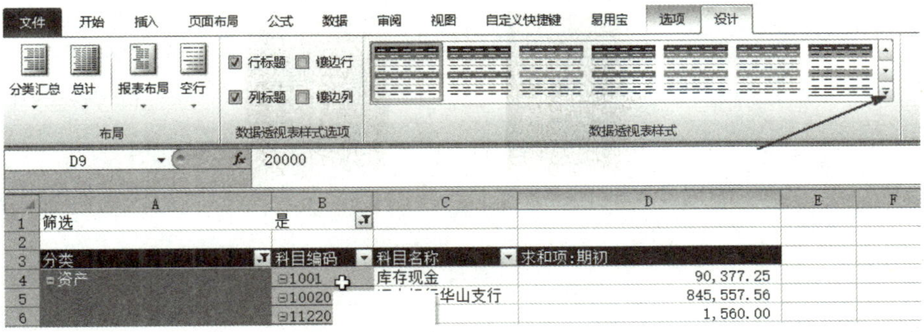

图 2-39　选择设计菜单 - 下拉箭头

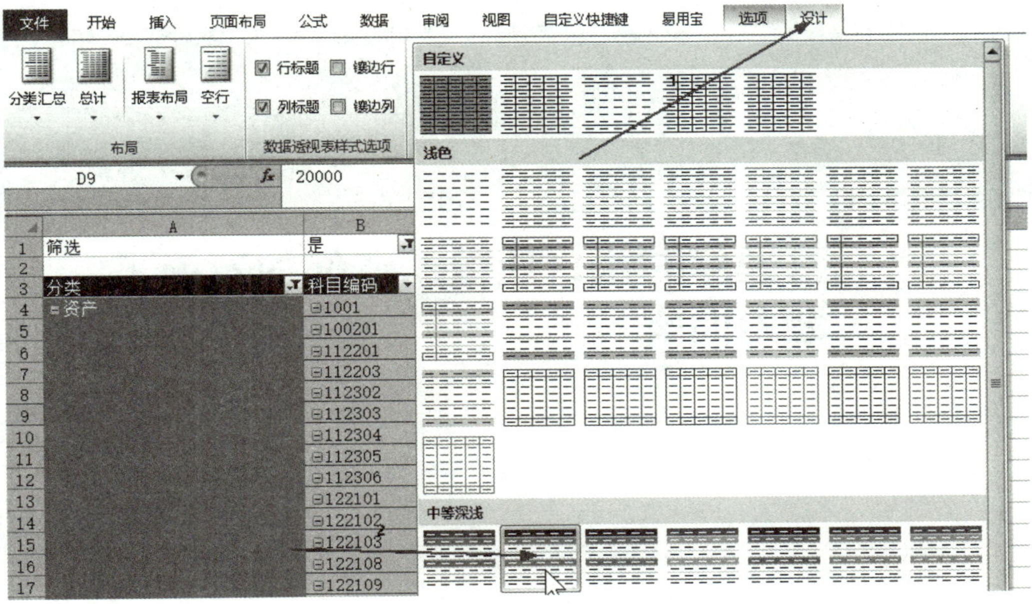

图 2-40　选择中等深浅的样式

第 3 章

整理序时账：让数据在你的刀锋下迎刃而解

本章是这本书的核心部分，用透视表将数据汇总，最后生成报表。看着好像很厉害的样子，但是基础其实是整理这张表，所有的数据都在这张表上，所有的诀窍也都在这张表上。这个表看着很乱，其实构思很巧妙，如果理解了这个思路，以后在面对复杂数据的时候就会像庖丁解牛一样，让数据在你的刀锋下迎刃而解。

3.1 整理原始数据

目前市场上常见的财务软件是用友和金蝶，但是遇到特殊的财务软件的概率也不是很小，比如 SAP、ORSCLE，一旦遇到这种特殊的软件导出的序时账，整理起来确实很费功夫，但是只要整理一次，相当于就形成一个模板，下次再遇到这种软件只要找出模板，效率就会显著提升。

3.1.1 普通用友财务软件序时账的整理

图 3-1 是一个普通用友财务软件导出的序时账，这个序时账和我做的序时账模板的列排列是完全一样的，基本上不需要整理。A 列的日期格式可以在原始序时账里面调整一下，也可将来去序时账模板里面调整。现在我们在原始序时账里面调整一下。

	A	B	C	D	E	F	G	H	I
1	日期	凭证号数	科目编码	科目名称	摘要	方向	数量	外币	金额
2	2015.01.31	记-0001	660219	养老	养老 公司	借	0	¥0.00	¥1,853.60
3	2015.01.31	记-0001	660220	失业	失业 公司	借	0	¥0.00	¥92.68
4	2015.01.31	记-0001	660221	工伤	工伤 公司	借	0	¥0.00	¥69.52
5	2015.01.31	记-0001	660222	生育	生育 公司	借	0	¥0.00	¥111.24
6	2015.01.31	记-0001	660223	医疗	医疗 公司	借	0	¥0.00	¥1,390.40
7	2015.01.31	记-0001	224103	养老	养老 个人	借	0	¥0.00	¥741.44
8	2015.01.31	记-0001	224104	失业	失业 个人	借	0	¥0.00	¥9.26
9	2015.01.31	记-0001	224105	医疗	医疗 个人	借	0	¥0.00	¥290.08
10	2015.01.31	记-0001	100201	工行四元桥	社保	贷	0	¥0.00	¥4,558.22
11	2015.01.31	记-0002	221101	薪酬	发12月工资	借	0	¥0.00	¥4,172.12

图 3-1　序时账 - 用友软件版

因为“日期”列的日期数据年、月、日是用点分割的，后面用公式获取年、月、日的时候会无法识别，所以现在就把它转换为用“/”或“-”分割的日期格式。

（1）选中“日期”列，如图 3-2 所示。

	↓	B	C	D	E	F	G	H	I
1	日期	凭证号数	科目编码	科目名称	摘要	方向	数量	外币	金额
2	2015.01.31	记-0001	660219	养老	养老 公司	借	0	¥0.00	¥1,853.60
3	2015.01.31	记-0001	660220	失业	失业 公司	借	0	¥0.00	¥92.68
4	2015.01.31	记-0001	660221	工伤	工伤 公司	借	0	¥0.00	¥69.52
5	2015.01.31	记-0001	660222	生育	生育 公司	借	0	¥0.00	¥111.24
6	2015.01.31	记-0001	660223	医疗	医疗 公司	借	0	¥0.00	¥1,390.40
7	2015.01.31	记-0001	224103	养老	养老 个人	借	0	¥0.00	¥741.44
8	2015.01.31	记-0001	224104	失业	失业 个人	借	0	¥0.00	¥9.26
9	2015.01.31	记-0001	224105	医疗	医疗 个人	借	0	¥0.00	¥290.08
10	2015.01.31	记-0001	100201	工行四元桥支行	社保	贷	0	¥0.00	¥4,558.22
11	2015.01.31	记-0002	221101	薪酬	发12月工资	借	0	¥0.00	¥4,172.12
12	2015.01.31	记-0002	221101	薪酬	保险	借	0	¥0.00	¥1,040.78
13	2015.01.31	记-0002	100201	工行四元桥支行	工资	贷	0	¥0.00	¥4,151.96
14	2015.01.31	记-0002	222105	个人所得税	个税	贷	0	¥0.00	¥20.16

图 3-2　选中日期列

（2）选择菜单栏“数据”，然后再选择“分列”，如图 3-3 所示。

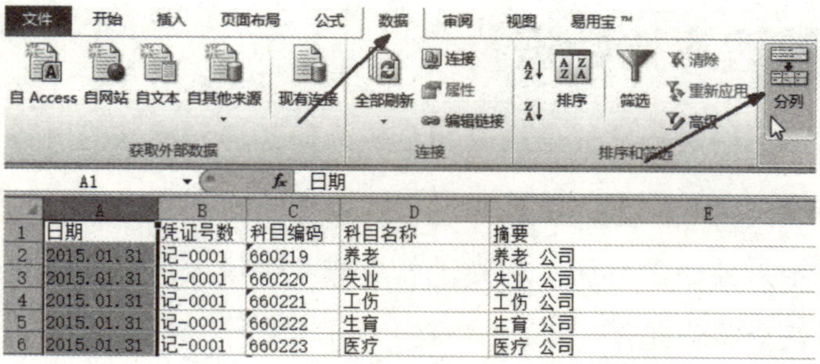

图 3-3　选择菜单栏数据 - 分列

（3）弹出“文本分列向导”，分 3 步操作，如图 3-4 所示。

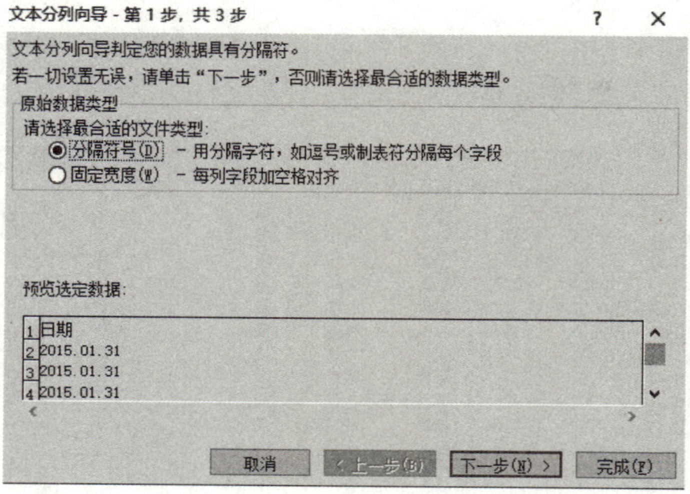

图 3-4　文本分列向导 - 第 1 步

（4）最后列数据格式，选择“日期”，如图 3-5 所示。

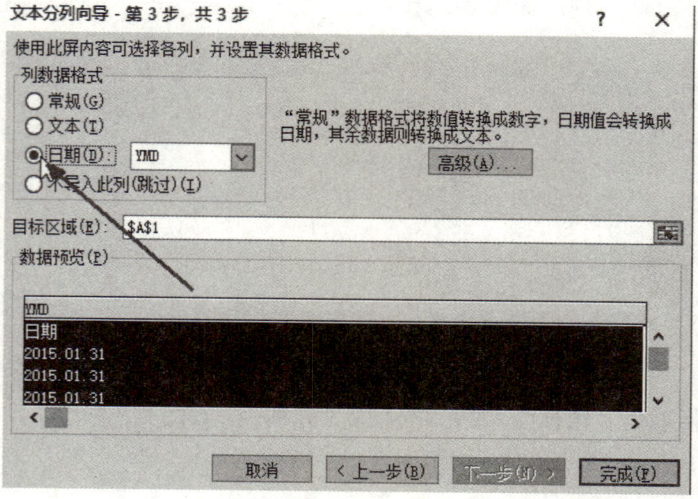

图 3-5　文本分列向导 - 第 3 步

（5）完成日期列的数据格式就变成Excel日期函数，可以读取数据格式了，如图3-6所示。

	A	B	C	D	E	F	G	H	I
1	日期	凭证号数	科目编码	科目名称	摘要	方向	数量	外币	金额
2	2015/1/31	记-0001	660219	养老	养老 公司	借	0	¥0.00	¥1,853.60
3	2015/1/31	记-0001	660220	失业	失业 公司	借	0	¥0.00	¥92.68
4	2015/1/31	记-0001	660221	工伤	工伤 公司	借	0	¥0.00	¥69.52
5	2015/1/31	记-0001	660222	生育	生育 公司	借	0	¥0.00	¥111.24
6	2015/1/31	记-0001	660223	医疗	医疗 公司	借	0	¥0.00	¥1,390.40
7	2015/1/31	记-0001	224103	养老	养老 个人	借	0	¥0.00	¥741.44
8	2015/1/31	记-0001	224104	失业	失业 个人	借	0	¥0.00	¥9.26
9	2015/1/31	记-0001	224105	医疗	医疗 个人	借	0	¥0.00	¥290.08
10	2015/1/31	记-0001	100201	工行四元桥支行	社保	贷	0	¥0.00	¥4,558.22
11	2015/1/31	记-0002	221101	薪酬	发12月工资	借	0	¥0.00	¥4,172.12

图 3-6　完成日期列数据格式转换

3.1.2　金蝶软件的序时账原始数据整理

因为每位朋友遇到的财务软件不同，所以具体整理序时账的时候也可以不用把本书整体学习一遍，只需要学习用到的内容即可。

	A	B	C	D	E	F	G	H	I	J
1	日期	凭证字号	摘要	科目代码	科目名称	币别	汇率	原币金额	借方金额	贷方金额
2	2018-01-05	西-1	缴纳12月社保	540122	主营业务成本 - 社保（公司）	RMB		8089.83	8089.83	0
3			缴纳12月社保	218109	其他应付款 - 社保（个人）	RMB		2226	2226	0
4			缴纳12月社保	100201	银行存款 - 工行基本户	RMB		10315.83	0	10315.83
5	2018-01-15	西-2	支付财务室一年网费	550202	管理费用 - 办公费	RMB		1700	1700	0
6			支付财务室一年网费	100201	银行存款 - 工行基本户	RMB		1700	0	1700
7	2018-01-15	西-3	缴纳1至3月房租	130105	待摊费用 - 房租	RMB		468000	468000	0
8			缴纳1至3月房租	100201	银行存款 - 工行基本户	RMB		468000	0	468000
9	2018-01-15	西-4	缴纳10—12月增值税	217101	应交税金 - 应交增值税	RMB		15272.55	15272.55	0
10			缴纳城建税	217102	应交税金 - 应交城市维护建设税	RMB		1069.08	1069.08	0
11			缴纳10—12月教育费附	217103	应交税金 - 应交教育费附加	RMB		458.18	458.18	0

图 3-7　序时账 - 金蝶软件版

图3-7就是一个金蝶软件导出的序时账，与用友的最大不同是日期列和凭证字号列的数据是不连续的，这样的数据结构因为有空值，所以无法确定该列数据的凭证号和日期，所以必须要把数据填全。

有一年我带一个刚毕业的实习生，我让他整理数据，把日期填全，但是因为忙没有手把手教他。结果第二天和我说，范老师您交给我的工作量太大了，我昨天干了一通宵，也没弄完。我问他你怎么弄的啊，他说复制粘贴啊，我说几万行数据你复制粘贴怎么可能弄完呢？

下面我把这个小诀窍演示一下，几万行数据的填充其实分分钟就能搞定。

（1）选中两列含有空格的列，光标放到列号上，变成一个黑色的箭头，按鼠标左键选中整列，如图3-8所示。

（2）按F5键，鼠标左键单击“定位”条件，如图3-9所示。

（3）在出现的对话框中选择“空值”，按“确定”按钮，如图3-10所示。

（4）这两列的空值会被全部选中，如图3-11所示。

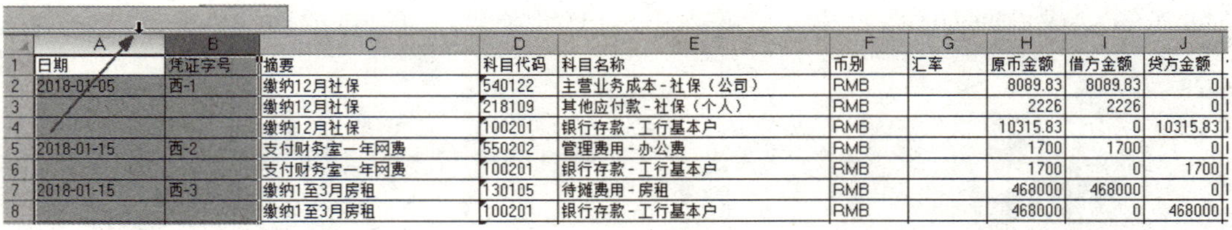

	A	B	C	D	E	F	G	H	I	J
1	日期	凭证字号	摘要	科目代码	科目名称	币别	汇率	原币金额	借方金额	贷方金额
2	2018-01-05	西-1	缴纳12月社保	540122	主营业务成本-社保（公司）	RMB		8089.83	8089.83	0
3			缴纳12月社保	218109	其他应付款-社保（个人）	RMB		2226	2226	0
4			缴纳12月社保	100201	银行存款-工行基本户	RMB		10315.83	0	10315.83
5	2018-01-15	西-2	支付财务室一年网费	550202	管理费用-办公费	RMB		1700	1700	0
6			支付财务室一年网费	100201	银行存款-工行基本户	RMB		1700	0	1700
7	2018-01-15	西-3	缴纳1至3月房租	130105	待摊费用-房租	RMB		468000	468000	0
8			缴纳1至3月房租	100201	银行存款-工行基本户	RMB		468000	0	468000

图 3-8 选中 A、B 列

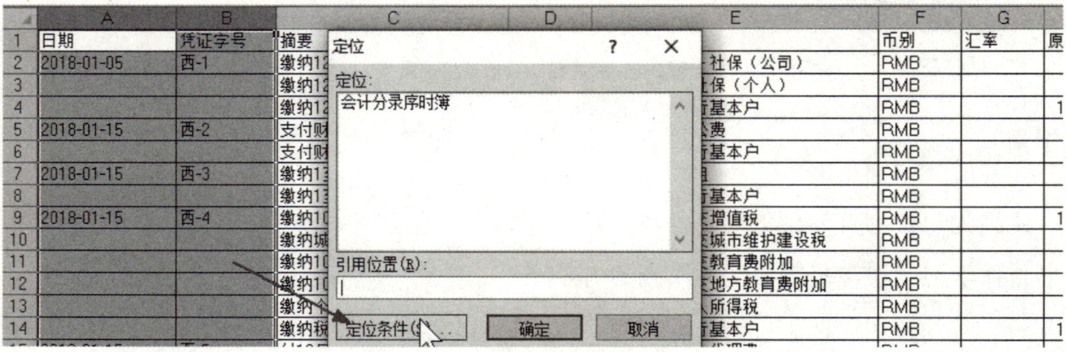

图 3-9 F5 调出定位对话框

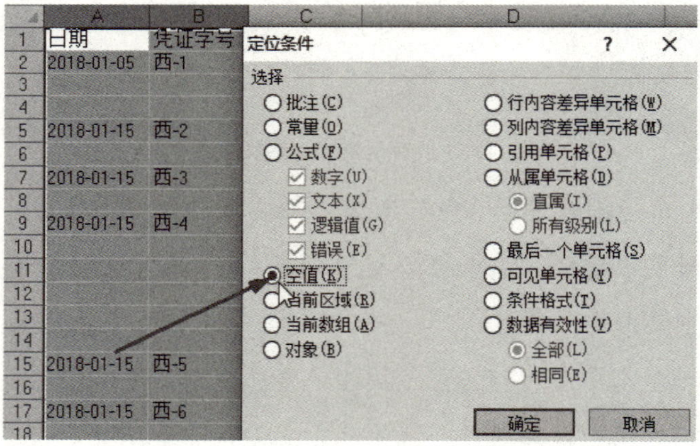

图 3-10 定位条件对话框中选择空值

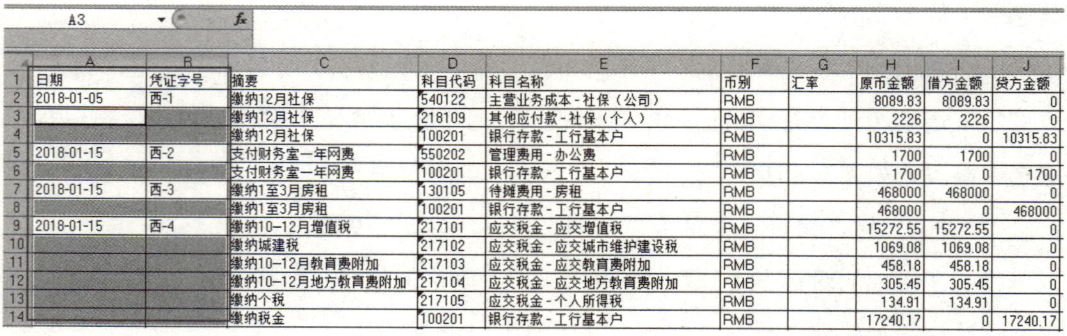

	A	B	C	D	E	F	G	H	I	J
1	日期	凭证字号	摘要	科目代码	科目名称	币别	汇率	原币金额	借方金额	贷方金额
2	2018-01-05	西-1	缴纳12月社保	540122	主营业务成本-社保（公司）	RMB		8089.83	8089.83	0
3			缴纳12月社保	218109	其他应付款-社保（个人）	RMB		2226	2226	0
4			缴纳12月社保	100201	银行存款-工行基本户	RMB		10315.83	0	10315.83
5	2018-01-15	西-2	支付财务室一年网费	550202	管理费用-办公费	RMB		1700	1700	0
6			支付财务室一年网费	100201	银行存款-工行基本户	RMB		1700	0	1700
7	2018-01-15	西-3	缴纳1至3月房租	130105	待摊费用-房租	RMB		468000	468000	0
8			缴纳1至3月房租	100201	银行存款-工行基本户	RMB		468000	0	468000
9	2018-01-15	西-4	缴纳10—12月增值税	217101	应交税金-应交增值税	RMB		15272.55	15272.55	0
10			缴纳城建税	217102	应交税金-应交城市维护建设税	RMB		1069.08	1069.08	0
11			缴纳10—12月教育费附加	217103	应交税金-应交教育费附加	RMB		458.18	458.18	0
12			缴纳10—12月地方教育费附加	217104	应交税金-应交地方教育费附加	RMB		305.45	305.45	0
13			缴纳个税	217105	应交税金-个人所得税	RMB		134.91	134.91	0
14			缴纳税金	100201	银行存款-工行基本户	RMB		17240.17	0	17240.17

图 3-11 选中 A、B 列中全部空值

（5）在默认的活动单元格 A3 中输入“=A2”，如图 3-12 所示。

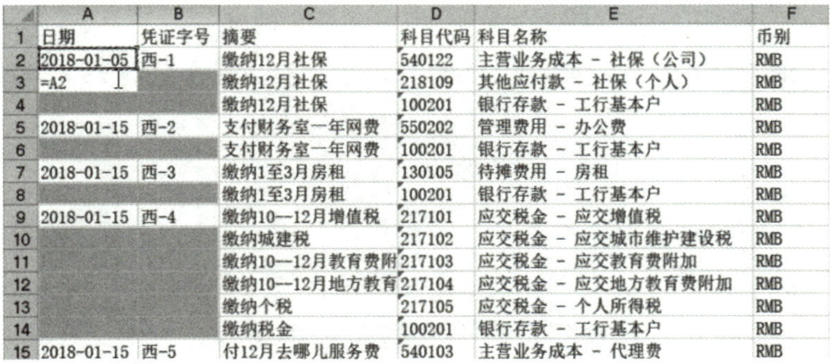

	A	B	C	D	E	F
1	日期	凭证字号	摘要	科目代码	科目名称	币别
2	2018-01-05	西-1	缴纳12月社保	540122	主营业务成本 - 社保（公司）	RMB
3	=A2		缴纳12月社保	218109	其他应付款 - 社保（个人）	RMB
4			缴纳12月社保	100201	银行存款 - 工行基本户	RMB
5	2018-01-15	西-2	支付财务室一年网费	550202	管理费用 - 办公费	RMB
6			支付财务室一年网费	100201	银行存款 - 工行基本户	RMB
7	2018-01-15	西-3	缴纳1至3月房租	130105	待摊费用 - 房租	RMB
8			缴纳1至3月房租	100201	银行存款 - 工行基本户	RMB
9	2018-01-15	西-4	缴纳10--12月增值税	217101	应交税金 - 应交增值税	RMB
10			缴纳城建税	217102	应交税金 - 应交城市维护建设税	RMB
11			缴纳10--12月教育费附	217103	应交税金 - 应交教育费附加	RMB
12			缴纳10--12月地方教育	217104	应交税金 - 应交地方教育费附加	RMB
13			缴纳个税	217105	应交税金 - 个人所得税	RMB
14			缴纳税金	100201	银行存款 - 工行基本户	RMB
15	2018-01-15	西-5	付12月去哪儿服务费	540103	主营业务成本 - 代理费	RMB

图 3-12　A3 中输入“=A2”

（6）先按住 Ctrl 键，然后按 Enter 键，结果如图 3-13 所示。

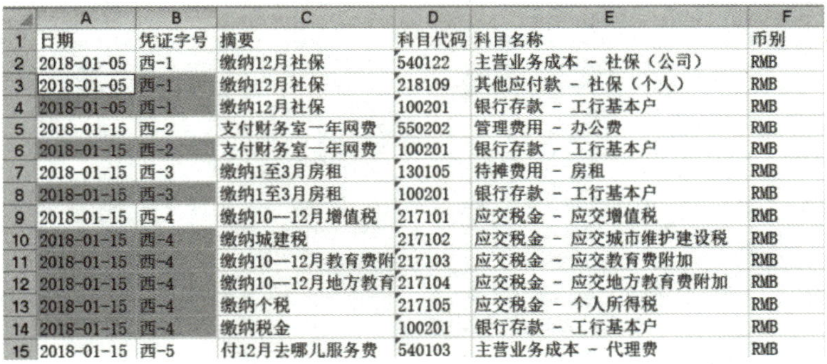

	A	B	C	D	E	F
1	日期	凭证字号	摘要	科目代码	科目名称	币别
2	2018-01-05	西-1	缴纳12月社保	540122	主营业务成本 - 社保（公司）	RMB
3	2018-01-05	西-1	缴纳12月社保	218109	其他应付款 - 社保（个人）	RMB
4	2018-01-05	西-1	缴纳12月社保	100201	银行存款 - 工行基本户	RMB
5	2018-01-15	西-2	支付财务室一年网费	550202	管理费用 - 办公费	RMB
6	2018-01-15	西-2	支付财务室一年网费	100201	银行存款 - 工行基本户	RMB
7	2018-01-15	西-3	缴纳1至3月房租	130105	待摊费用 - 房租	RMB
8	2018-01-15	西-3	缴纳1至3月房租	100201	银行存款 - 工行基本户	RMB
9	2018-01-15	西-4	缴纳10--12月增值税	217101	应交税金 - 应交增值税	RMB
10	2018-01-15	西-4	缴纳城建税	217102	应交税金 - 应交城市维护建设税	RMB
11	2018-01-15	西-4	缴纳10--12月教育费附	217103	应交税金 - 应交教育费附加	RMB
12	2018-01-15	西-4	缴纳10--12月地方教育	217104	应交税金 - 应交地方教育费附加	RMB
13	2018-01-15	西-4	缴纳个税	217105	应交税金 - 个人所得税	RMB
14	2018-01-15	西-4	缴纳税金	100201	银行存款 - 工行基本户	RMB
15	2018-01-15	西-5	付12月去哪儿服务费	540103	主营业务成本 - 代理费	RMB

图 3-13　A、B 列全部空值补齐

以上 6 步是遇到金蝶软件会碰到的特殊问题。下面我们在把列的顺序整理一下，让原始数据的列顺序和咱们模板的列顺序相同。

金蝶导出的序时账的摘要在科目代码前面，而咱们的模板摘要在科目名称后面，这时候我们需要把摘要挪一下。

（7）选中“摘要”这列，右键选剪切，如图 3-14 所示。

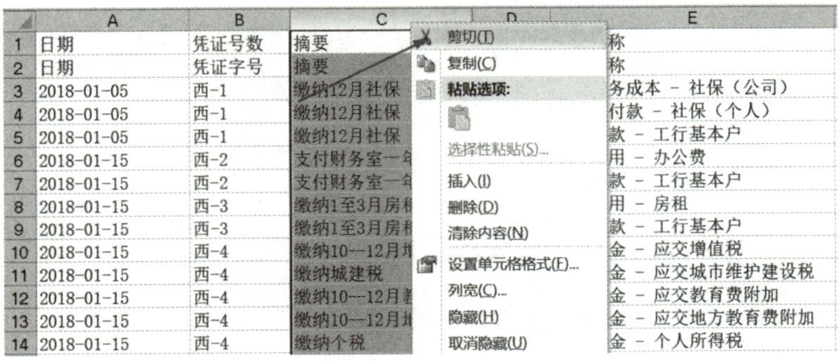

图 3-14　摘要剪切选择

（8）选中科目名称列后面的 F 列，右键打开快捷菜单，鼠标左键选择“插入剪切”的单元格，如图 3-15 所示。

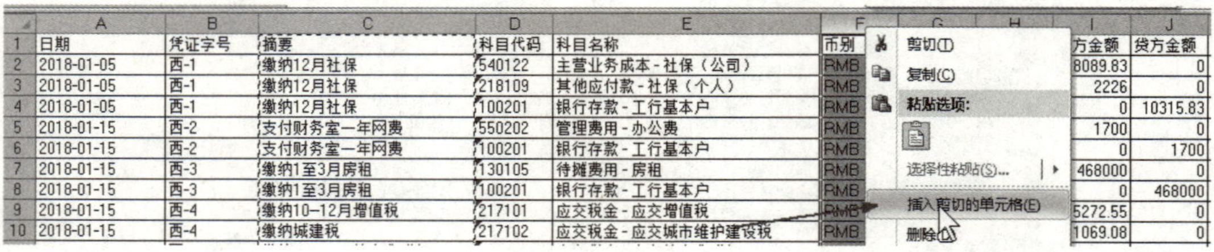

图 3-15 选择插入剪切的单元格选项

（9）完成，如图 3-16 所示。

	A	B	C	D	E	H	I	J
1	日期	凭证字号	科目代码	科目名称	摘要	原币金额	借方金额	贷方金额
2	2018-01-05	西-1	540122	主营业务成本 - 社保（公司）	缴纳12月社保	8089.83	8089.83	0
3	2018-01-05	西-1	218109	其他应付款 - 社保（个人）	缴纳12月社保	2226	2226	0
4	2018-01-05	西-1	100201	银行存款 - 工行基本户	缴纳12月社保	10315.83	0	10315.83
5	2018-01-15	西-2	550202	管理费用 - 办公费	支付财务室一年网费	1700	1700	0
6	2018-01-15	西-2	100201	银行存款 - 工行基本户	支付财务室一年网费	1700	0	1700
7	2018-01-15	西-3	130105	待摊费用 - 房租	缴纳1至3月房租	468000	468000	0
8	2018-01-15	西-3	100201	银行存款 - 工行基本户	缴纳1至3月房租	468000	0	468000
9	2018-01-15	西-4	217101	应交税金 - 应交增值税	缴纳10—12月增值税	15272.55	15272.55	0
10	2018-01-15	西-4	217102	应交税金 - 应交城市维护建设税	缴纳城建税	1069.08	1069.08	0
11	2018-01-15	西-4	217103	应交税金 - 应交教育费附加	缴纳10—12月教育费附	458.18	458.18	0
12	2018-01-15	西-4	217104	应交税金 - 应交地方教育费附加	缴纳10—12月地方教育	305.45	305.45	0
13	2018-01-15	西-4	217105	应交税金 - 个人所得税	缴纳个税	134.91	134.91	0
14	2018-01-15	西-4	100201	银行存款 - 工行基本户	缴纳税金	17240.17	0	17240.17
15	2018-01-15	西-5	540103	主营业务成本 - 代理费	付12月去哪儿服务费	821.06	821.06	0
16	2018-01-15	西-5	100201	银行存款 - 工行基本户	付12月去哪儿服务费	821.06	0	821.06

图 3-16 插入剪切的单元格的结果

前述步骤想要的结果就是把原始数据表整理成图 3-16 的样子，前五列的次序一定不能错，后面的数值数据列最好在第 8 列、第 9 列，当然放在别的列也可以，只是整理数据能找到数据的位置即可。

整理原始数据全部纯手工打造，也是我每次理账比较耗时的工作，这种手工整理略显笨拙，目前想到还可以用 VBA 或者 SQL 解决这个问题，但是因为客户需求比较复杂，即使使用 VBA 也会存在不同的财务软件要编写不同的 VBA 来应对，有编写 VBA 和调试代码的时间，数据也整理好了，所以每次理账其实只要把原始数据整理成这种可以理解的结构，后面的工作基本上就是刷新，就可以获得想要的结果了。

3.1.3 易用宝整理序时账

有时候客户提供的序时账数据是分月的，这时候可以用易用宝合并工作簿的功能把所有单月的序时账工作簿的数据合并到一个工作表上，下面我演示一下这个过程。

（1）首先要把需要合并的工作簿（如图 3-17 所示）整理到一个文件夹里面。

名称	修改日期	类型	大小
2015年序时账-01	2019/9/25 11:05	Microsoft Excel ...	48 KB
2015年序时账-02	2019/9/25 11:05	Microsoft Excel ...	41 KB
2015年序时账-03	2019/9/25 11:06	Microsoft Excel ...	37 KB
2015年序时账-04	2019/9/25 11:06	Microsoft Excel ...	57 KB
2015年序时账-05	2019/9/25 11:07	Microsoft Excel ...	39 KB
2015年序时账-06	2019/9/25 11:07	Microsoft Excel ...	53 KB
2015年序时账-07	2019/9/25 11:07	Microsoft Excel ...	58 KB
2015年序时账-08	2019/9/25 11:08	Microsoft Excel ...	27 KB
2015年序时账-09	2019/9/25 11:08	Microsoft Excel ...	32 KB
2015年序时账-10	2019/9/25 11:09	Microsoft Excel ...	49 KB
2015年序时账-11	2019/9/25 11:10	Microsoft Excel ...	30 KB
2015年序时账-12	2019/9/25 11:09	Microsoft Excel ...	61 KB
2016年序时账-01	2019/9/25 10:43	Microsoft Excel ...	27 KB
2016年序时账-02	2019/9/25 10:44	Microsoft Excel ...	32 KB

图 3-17　待合并的工作簿

（2）打开第一个工作簿，单击“易用宝”菜单，选择“合并工作簿”，如图 3-18 所示。

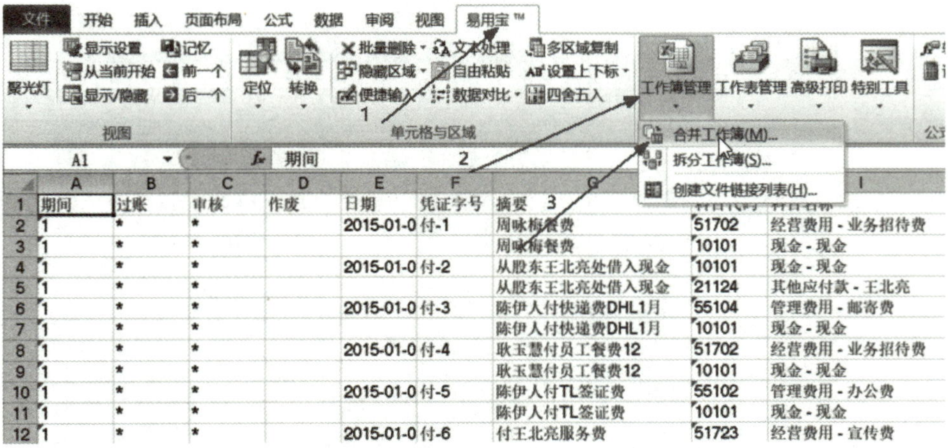

图 3-18　选择易用宝 - 工作簿管理 - 合并工作簿

（3）选择需要合并的工作簿所在的文件夹，注意下面的选项，尤其是最后一个，如果不选，系统默认会把每个工作簿单独建立一个表，所以我们选择“合并为一张工作表”，如图 3-19 所示。

（4）选择需要合并的工作簿到“待合并工作簿”框内，选择“合并为一张工作表（数据按行依次排列，超出限制则丢弃）”，单击合并按钮（如图 3-20 所示），工作完成。

合并工作簿结果是三个工作簿的数据都被合并到一张工作表上面了。

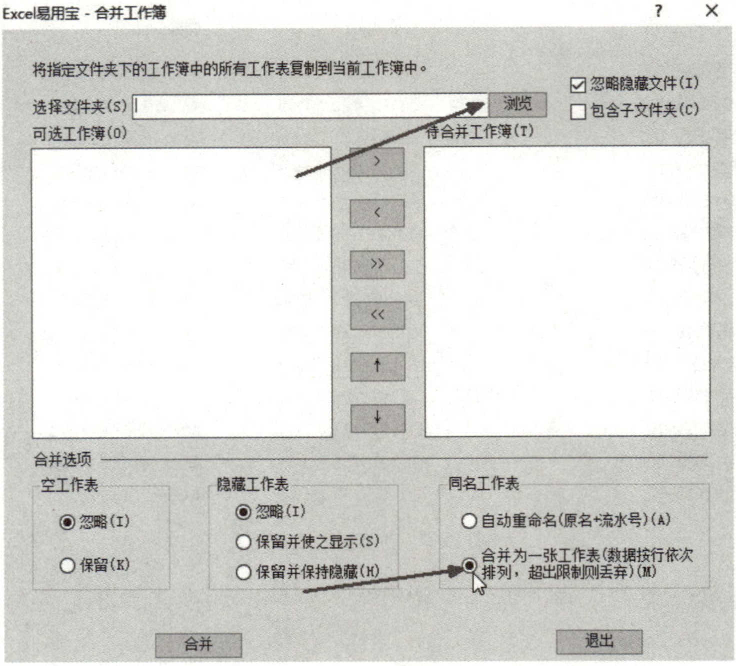

图 3-19　合并工作簿选项 - 浏览，选择合并为一张工作表

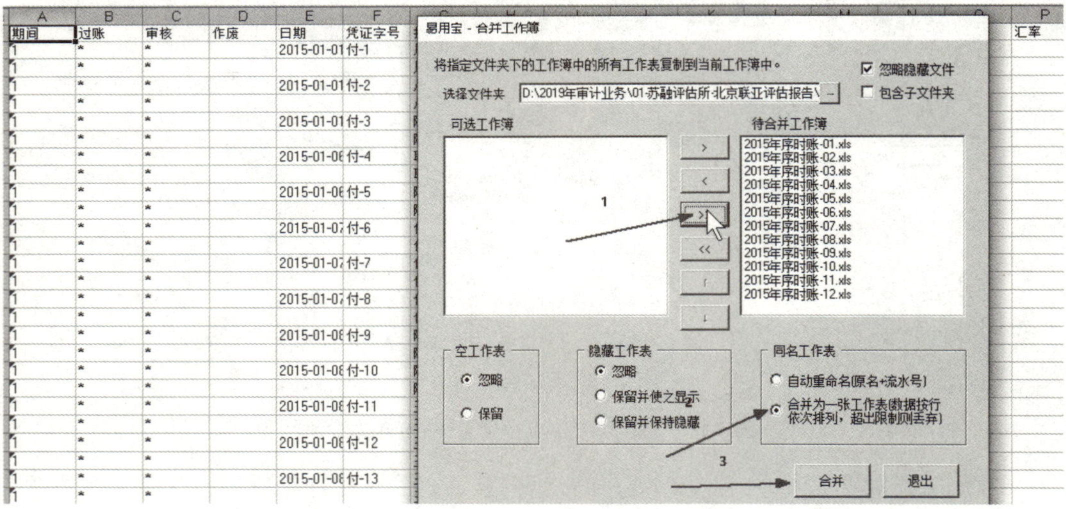

图 3-20　合并工作簿 - 待合并工作簿，合并为一张工作表、合并

3.2　把整理好的原始数据复制粘贴到序时账模板中

3.2.1　为序时账添加辅助列

辅助列的作用是为了用透视表整理序时账数据的时候对数据更好地分类汇总，这

个表我加了 32 个辅助列，很多人看我这个表列特别多，觉得表太宽，不容易看明白，其实我这个表好用的核心都在这些辅助列上。

我这个表是 5 年前做的，和现在做的完全通用。我在一开始建模型的时候就考虑了各种可能性，所以我需要先定一个标准，这个标准一定能适应后面遇到的所有情况，否则后面如果遇到问题解决不了，前面的工作还要推倒重来。我预留了 20 个左右的富余的辅助列，即使 5 年过去了，我这个表依然不需要推倒重新设计，我在 5 年工作中做的各种模板依然通用，节约了很多建模版的时间。

国内的瑞华会计事师务所有一套特别特别大的表，有多大呢，一张表的长度打印出来应该有一百多页吧，表内各种公式，钩稽关系复杂，而助理的很大一部分精力就是填这张表的数据。这个表每年年审前都要更新，花费了大量的精力，相对那张大表，我觉得我这张表小的太可爱了。

32 个辅助列其实一般只用 10 个左右就可以了，比较难缠的就是会计科目和分类、二级科目那几列，因为应对不同的账套会有所调整，其他列公式写好之后用的时候从上往下一拉就可以，几乎不再需要调整。

下面我逐一介绍每个附注列的作用和公式的用法。

1. 连接 1、连接 2

这两列在最初设计的时候是为原始数据预留的备用列，就是在原始数据列宽不够的时候占用两列，后来在使用的过程中作为一些临时性分类的列，目前“连接 1”主要用来做连续编号，如图 3-21 所示。

	A	B	C	D	E	F	G	H	I	J	K	L
1	日期	凭证号数	科目编码	科目名称	摘要	方向	数量	外币	金额	连接1	连接2	期初
218	2015/2/28	记-0011	222101	增值税1	负数票444	贷	0	¥0.00	¥-10.48	218		
219	2015/2/28	记-0012	660201	交通费	交通	借	0	¥0.00	¥35.00	219		
220	2015/2/28	记-0012	660106	快递费	快递	借	0	¥0.00	¥125.00	220		
221	2015/2/28	记-0012	660207	办公费	办公	借	0	¥0.00	¥551.00	221		
222	2015/2/28	记-0012	1001	库存现金	报销	贷	0	¥0.00	¥711.00	222		
223	2015/2/28	记-0013	660202	招待费	餐费	借	0	¥0.00	¥292.00	223		
224	2015/2/28	记-0013	1001	库存现金	餐费	贷	0	¥0.00	¥292.00	224		
225	2015/2/28	记-0014	660207	办公费	报刊费	借	0	¥0.00	¥496.50	225		
226	2015/2/28	记-0014	1001	库存现金	报刊费	贷	0	¥0.00	¥496.50	226		
227	2015/2/28	记-0015	660211	折旧	计提折旧	借	0	¥0.00	¥137.60	227		

图 3-21　连接 1 列连续编号

“连接 1”的作用是在查看会计分录的情况下，保证序时账表格上的每一行都能显示，而不会被透视表做汇总处理。具体的设置方法就是在序时账 J2 单元格录入数值 2，鼠标光标移动到 J2 单元格右下角，变成一个黑色的小十字的时候，如图 3-22 所示。

	A	B	C	D	E	F	G	H	I	J	K
1	日期	凭证号数	科目编码	科目名称	摘要	方向	数量	外币	金额	连接1	连接2
2	2015/1/1		1001	库存现金						2	
3	2015/1/1		100201	工行四元桥支行						2	
4	2015/1/1		112201	其它						2	
5	2015/1/1		112203	网站销售						2	
6	2015/1/1		112302	京东代收款结算						2	
7	2015/1/1		112303	房租						2	
8	2015/1/1		112304	京东年费						2	
9	2015/1/1		112305	邮品						2	

图 3-22　光标黑色小十字

按住鼠标左键向下拖动，直到序时账的最后一行，拖动结束后单击快捷菜单中左侧加号，选择“填充序列”，如图 3-23 所示。

	A	B	C	D	E	F	G	H	I	J	K	L
1	日期	凭证号数	科目编码	科目名称	摘要	方向	数量	外币	金额	连接1	连接2	期初
2	2015/1/1		1001	库存现金						2		90,377.25
3	2015/1/1		100201	工行四元桥支行						2		845,557.56
4	2015/1/1		112201	其它						2		1,560.00
5	2015/1/1		112203	网站销售						2		10,224.30
6	2015/1/1		112302	京东代收款结算						2		238.14
7	2015/1/1		112303	房租						2		20,000.00
8	2015/1/1		112304	京东年费						2		
9	2015/1/1		112305	邮品						2		
10	2015/1/1		112306	审计费						2		
11	2015/1/1		122101	其它						2		
12	2015/1/1		122102	薪酬						2		

复制单元格(C)
填充序列(S)
仅填充格式(F)
不带格式填充(O)

图 3-23　选择填充序列步骤

完成后效果：“连接 1”的连续编号和行号是相同的，如图 3-24 所示。

	A	B	C	D	E	F	G	H	I	J
1	日期	凭证号数	科目编码	科目名称	摘要	方向	数量	外币	金额	连接1
2	2015/1/1		1001	库存现金						2
3	2015/1/1		100201	工行四元桥支行						3
4	2015/1/1		112201	其他						4
5	2015/1/1		112203	网站销售						5
6	2015/1/1		112302	京东代收款结算						6
7	2015/1/1		112303	房租						7
8	2015/1/1		112304	京东年费						8
9	2015/1/1		112305	邮品						9
10	2015/1/1		112306	审计费						10
11	2015/1/1		122101	其他						11
12	2015/1/1		122102	薪酬						12
13	2015/1/1		122103	京东商城保证金						13
14	2015/1/1		122108	招金						14
15	2015/1/1		122109	丝路通						15

图 3-24　连接 1 连续编号

“连接 2”的作用是把科目名称做一个优化。这里用到公式：=TRIM(MID(D212,IFERROR(FIND("-",D212)+1,1),IFERROR(FIND("-",D212,FIND("-",D212,1)+1)-1-FIND("-",D212),LEN(D212))))，看到这个公式肯定是头都大了。这个公式是我做的，即使让我回过头来看，头一样的大，那我们怎么能学会这么复杂的公式呢？要循序渐进，下面我会把这个公式是怎么一步步做出来的做一个详细的说明，读者学会以后就能做出让自己头大的公式了。

2. 解析公式

我们先分析下需求。D 列的科目名称是末级的，我希望在连接 2 这一列显示的二级科目，如果没有二级科目就选择一级科目。这个简单的需求我们先用 MID 函数来实现。

目标单元格 D212 内的字符串是“应交税费 - 应交增值税 - 销项税额抵减”，我们想要第六个到第十个字，在 K212 单元格录入 =MID(D212,6,5) 回车，K212 单元格会显示“应交增值税”。这个 MID 公式有 3 个参数：第一个参数是目标单元格；第二个参数表示从第几个字符开始取数；第三个参数表示取几个数。我们用眼睛一看“应交增值税”的“应”字在第 6 的位置上，“应交增值税”一共 5 个字，那第三个参数我们填 5，这样“应交增值税”就在 K212 上显示了。

实际应用中，我们不可能用眼睛去数需要的内容在第几个单元格，我们需要用函数帮我们批量判断应该从字符串的第几个位置开始读取数据。这样我们用到了另一个函数 FIND，FIND(要查找的文本，包含要查找文本的文本，指定开始进行查找的字符)。

我们用眼睛仔细观察科目名称列，发现凡是有二级科目的，都会用“-”将二级科目与一级科目连接起来，那么我们可以用 FIND 公式找到“-”的位置。

我们在 K212 里录入公式 =FIND("-",D212,1)，返回的结果 5，这个 5 和 MID 的第一个参数 6，只差了 1，所以我在 K212 再次录入 =FIND("-",D212,1)+1，返回的结果 6，正好是我们想要的 MID 的第一个参数，第一个参数搞定了，我们再看第二个参数。

第二个参数我们用一个嵌套的 FIND 函数就可以搞定，在 K212 里录入公式 =FIND("-",D212,FIND("-",D212,1)+1)，第二个 FIND("-",D212,1)+1 返回的数值是 6，作为第一个 FIND 函数的参数。这个函数可以理解为从第一个“-”的下一个的位置 6 的位置开始找“-”，发现它在 11 的位置，那么这个 11 减去“-”第一次出现的位置 6 就是我们想要的 MID 函数的第三个参数。

于是我们把公式组合一下在 K212 单元格录入公式 =MID(D212,FIND("-",D212)+1, FIND("-",D212,FIND("-",D212,1)+1)-1-FIND("-",D212))，返回“应交增值税”，成功了。

我们再把公式向上拖动，发现不对，除了有三级科目的能返回正确的值之外，剩下的一律报错 #VALUE!，这是因为 FIND("-",D212)+1,FIND("-",D212,FIND("-",D212,1)+1) 就没找到“-”，那这种情况我们该怎么办呢？这时候会用到另外两个函数。

IFERROR函数，IFERROR函数的意思是：如果公式的计算结果为错误，则返回指定的值，否则将返回公式的结果，使用IFERROR函数来捕获和处理公式中的错误。

LEN函数的含义，表示返回文本串的字符数。

如果找不到第二个“-”，那我们就计算一下文本字符串的长度，返回长度的数值好了。

我们继续完善公式，在K212单元格录入公式=MID(D212,FIND("-",D212)+1,IFERROR(FIND("-",D212,FIND("-",D212,1)+1)-1-FIND("-",D212),LEN(D212)))，返回“应交增值税”。

我们再把公式向上拖动，发现还有不对的地方，除了就是只有一级科目的行还会报错#VALUE!，这是因为FIND("-",D212,1)就没找到"-"，就是第一个"-"也找不到，这种情况更简单了，我们把MID的第二个参数FIND("-",D212)+1也加一个IFERROR函数的套子，如果第一个"-"找不到，那MID的第二个参数直接为1就好啦。

我们继续完善公式，在K212单元格录入公式=TRIM(MID(D212,IFERROR(FIND("-",D212)+1,1),IFERROR(FIND("-",D212,FIND("-",D212,1)+1)-1-FIND("-",D212),LEN(D212))))，返回“应交增值税”。

我们再把公式向上拖动，发现没有报错的地方了，这次成功了。细心的读者会发现我在MID函数的外面又加了个套，TRIM函数，这个函数是用来移除掉一个字串中的字头或字尾。删除字符串首尾的空白（可以首尾一起，也可以指定首或尾，取决于控制参数），但会保留字符串内部作为词与词之间分隔的空格。

到此为止，我把这个组合公式从简单到复杂的整个过程都详细地讲述了，这个公式很有典型意义，以后再遇到有规律的分割文本的列就可以这样抓取想要的数据了。

3.2.2 期初列（L列）

这列的数据是从期初余额透视表直接“等”过来的，直接在L2中输入=期初余额透视表！对应的数据。例："=期初余额tb!F9"，然后拖动下鼠标即可完成，遇到有的客户新成立，或成立期限很短，客户把所有年度的序时账都给了，不需要整理期初余额表的时候，这列可以省略。

3.2.3 年列（M列）、月列（N列）

M列的数据是从A列的日期数据中取出年份，在M2单元格中录入=IFERROR(IF(A2="","",YEAR(A2)&"Y"),"")。这个函数组合的核心函数是YEAR()，YEAR(A2)

取出 A2 单元格中的年份“2017”，“&”连接符连接一个表示年的字符“"Y"”，注意要想在表格数据里显示文本字符必须在输入法英文半角模式的情况下录入双引号 "Y"，如果是全角或者中文格式录入的双引号“”，Excel 是不能识别的。

在 YEAR(A2)&"Y") 前面我加了一个 IF 函数的套，意思是如果 A2 单元格为空，那么就返回空值，否则返回日期单元格的年份数 &Y。

在 IF 函数前面我又加了一个 IFERROR 函数，意思是如果后面的 IF 函数运行结果报错，就返回空值，如果没报错，就返回运行结果。

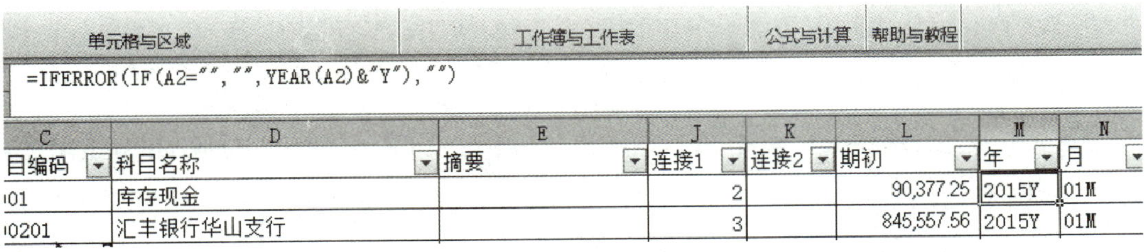

图 3-25　年列效果图

N 列的数据是从 A 列的日期数据中取出月份，在 N2 单元格中录入 =IFERROR(IF(A2="","",IF(MONTH(A2)<10,"0"&MONTH(A2)&"M",MONTH(A2)&"M")),"")。这个函数组合的核心函数是 MONTH 函数。"0"&MONTH(A2)&"M" 后面 & 连接的文本 "M" 表示月，前面连接 & 文本 "0" 是因为透视表取月份后默认排序先看第一个字符，按第一个字符小大排列，所以把 1~9 月前面都加个 "0"，否则 11 月、12 月会跑前面去。

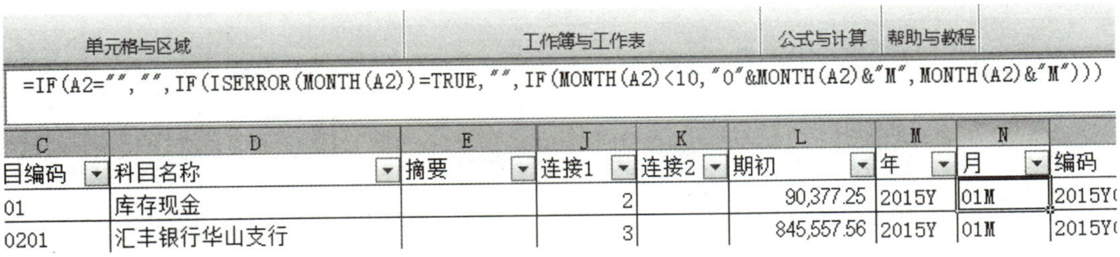

图 3-26　月列效果

所以这个函数组合有两层 IF 函数，里面那层 IF 函数的意思是如果 MONTH(A2)<10，那么取出的月份前加个字符 0，否则不用加 0。外面那层 IF 函数，意思是如果 A2 单元格为空，那么就返回空值，否则执行里面那层的 IF 函数。

在 IF 函数前面我又加了一个 IFERROR 函数，意思是如果后面的 IF 函数运行结果报错，就返回空值，如果没报错，就返回运行结果。

3.2.4 编码列（O 列）

本列的作用是把这个工作表中的每一个会计分录制作一个唯一编号，我选取的年连接 & 月连接 & 记账凭证号码。在 O2 单元格录入 =M2&N2&B2。

1. 四位代码（P 列）、一级科目（Q 列）、三级科目（S 列）、分类（T 列）

四位代码（P 列）函数组合 =IFERROR(IF(C2="","",VALUE(LEFT(C2,4))),"")。

一级科目（Q 列）函数组合 =IFERROR(IF(P2="","",VLOOKUP(P2, 会计科目！$E$2:$F$312,2,0)),"")

三级科目（S 列）函数组合 =IFERROR(VLOOKUP(VALUE(LEFT(C2,4)), 会计科目 !$E$2:$G$1640,3,0),"")。

分类（T 列）函数组合 =IF(LEFT(P2)="1"," 资产 ",IF(LEFT(P2)="2"," 负债 ",IF(LEFT(P2)="4"," 权益 ",IF(LEFT(P2)="5"," 资产 ",IF(LEFT(P2)="6"," 损益 ","")))))。

这四列的组合函数的用法与前面整理期初余额表时的用法完全一致，我在这里就不在赘述。

2. 借方金额列（U 列）和贷方金额列（V 列）

这两列是把前面原始数据的两列是直接“等于”过来就可以了，之所以又重复前面的数据是有时候取出的原始数据会把数据归为一列（图 3-27），然后在数据列前面有一列说明，如果是借方发生额就标示一个借字，如果是贷方发生额，就标一个贷字，这时候就需要用 IF 函数，把那种数据转换成借方、贷方各占一列的数据。

	A	B	C	D	E	F	G	H	I	J
1	日期	凭证号数	科目编码	科目名称	摘要	币种	方向	数量	原币	金额
2	2015.01.31	记-0001	660219	养老	养老 公司		借	0	¥0.00	¥1,853.60
3	2015.01.31	记-0001	660220	失业	失业 公司		借	0	¥0.00	¥92.68
4	2015.01.31	记-0001	660221	工伤	工伤 公司		借	0	¥0.00	¥69.52
5	2015.01.31	记-0001	660222	生育	生育 公司		借	0	¥0.00	¥111.24
6	2015.01.31	记-0001	660223	医疗	医疗 公司		借	0	¥0.00	¥1,390.40
7	2015.01.31	记-0001	224103	养老	养老 个人		借	0	¥0.00	¥741.44
8	2015.01.31	记-0001	224104	失业	失业 个人		借	0	¥0.00	¥9.26
9	2015.01.31	记-0001	224105	医疗	医疗 个人		借	0	¥0.00	¥290.08
10	2015.01.31	记-0001	100201	工行四元桥支行	社保		贷	0	¥0.00	¥4,558.22
11	2015.01.31	记-0002	221101	薪酬	发12月工资		借	0	¥0.00	¥4,172.12

图 3-27 借方、贷方金额占一列

图 3-27 的数据就需要在 U2 里面录入公式 =IF(G2=" 借 ",J2,0)，在 V2 里面录入公式 =IF(G2=" 贷 ",J2,0)，然后拖动公式，把数据整理为各占一列的样子，如图 3-28 所示。

	A	B	C	D	E	F	G	H	I	J	U	V
1	日期	凭证号数	科目编码	科目名称	摘要	币种	方向	数量	原币	金额	借方金额	贷方金额
2	2015.01.31	记-0001	660219	养老	养老 公司		借	0	-	1,853.60	1853.6	0
3	2015.01.31	记-0001	660220	失业	失业 公司		借	0	-	92.68	92.68	0
4	2015.01.31	记-0001	660221	工伤	工伤 公司		借	0	-	69.52	69.52	0
5	2015.01.31	记-0001	660222	生育	生育 公司		借	0	-	111.24	111.24	0
6	2015.01.31	记-0001	660223	医疗	医疗 公司		借	0	-	1,390.40	1390.4	0
7	2015.01.31	记-0001	224103	养老	养老 个人		借	0	-	741.44	741.44	0
8	2015.01.31	记-0001	224104	失业	失业 个人		借	0	-	9.26	9.26	0
9	2015.01.31	记-0001	224105	医疗	医疗 个人		借	0	-	290.08	290.08	0
10	2015.01.31	记-0001	100201	工行四元桥支行	社保		贷	0	-	4,558.22	0	4558.22

图 3-28　借方、贷方金额各占一列

3．审计调整 1-4 列 W 列、X 列、Y 列、Z 列

我预留了 4 个存放调整数的列，我是先做的会计，然后做的审计，开始干审计的时候遇到错账，需要更正的账，直接在我这个表格的借方金额、贷方金额加调整数，当时觉得自己很厉害，只要把调整数一加，透视表一刷新，报表就出来了。直到有一次做业务，客户是一套极其烂的账，烂到什么程度呢？报表都不平。原因是因为用友软件的报表公式不太好用，发生利息收入的时候应该这样记账。

借：银行存款　　100 元

　　借：财务费用 / 利息收入　　-100 元

用友的系统才能把报表做对。

如果发生销售退回呢应该这么做：

借：应收账款　　-10000 元

　　贷：营业收入　　-10000 元

这种做法用，友系统才会正确地生成报表，但是当时那个公司的会计没有想到用友软件的报表系统没有那么聪明，会计分录按下列方式记的账。

借：银行存款　　100 元

　　贷：财务费用　　100 元

借：营业收入　　10000 元

　　贷：应收账款　　10000 元

这样记账的结果是用友软件制作报表的时候营业收入多记了 10000 元，财务费用少记了 100 元，结果报表不平。总之，主要问题就是损益类科目没注意借贷方向，导致结转生产各种问题。当时我和会计调整了很多天，总算把账弄平了。但是我们主管怒了，埋怨我工作效率低，问我都调整哪里了？

这一问也把我问住了，因为找到错误就在账上反结，调整，到底调整哪里了我这边并没有记录，主管的意思我用这么多天，没看到工作成果，弄得我百口莫辩。那件事之后我的工作表就多了这 4 列，“审计调整 1”是调整上期数的，“审计调整 2”是

调整本期数的，“审计调整 3”、“审计调整 4”备用。有了审计调整列，我每次做业务的时候都会嘱咐客户的会计，把账给我之后千万别再反结调整了。若发现问题，就把调整分录给我，我在我的表里面调。审计结束之后，把报表数定下来，再拿我的调整分录去调整，这样能保证客户的未审数和我的未审数保持一致，否则找不到起点，大家都晕。

另外，我这套报表系统做报表的时候不存在用友软件的那个问题，财务费用不管记在借方还是贷方，报表系统都能生成正确的报表，主营业务收入不管记在借方还是贷方，收入都能统计对。因为这套报表系统根本不做结转分录，拿到的客户财务数据我也会把结转分录都筛选出去，我对结转分录很痛恨，因为我刚开始做会计的时候用的财务软件不能自动结转，结转分录是手工录入的，如果出现错账，做结转分录会把脑仁都想疼，刚做审计时的滚调也是结转的问题。

所以我这套报表系统在这里做了简化，不用考虑结转，不用考虑借贷方向，如果用熟练了，特别节约脑力。

也有的财务朋友并不想干审计，觉得这些调整列没用，其实不然，这是一个考虑问题的方法论问题，会计也需要调整列，发现错误或者需要理账，可先在调整列里面预调，看下生成报表的结果，在调整列里面调满意了，在过到账里，省的反复结转，浪费时间。

3.2.5 结转列（R 列）

本列的作用是把所有的结转分录筛选出来，这样可以根据期末余额一列的数据制作报表。

下面我分步介绍怎样利用高级筛选功能把结转分录全部筛选出去。

第一步，选中结转列（R 列），如图 3-29 所示。

O	P	Q	R	S
编码	四位代码	一级科目	结转	报表科目
2015Y01M	1001	库存现金		货币资金
2015Y01M	1002	银行存款		货币资金
2015Y01M	1122	应收账款		应收票据及应收账款
2015Y01M	1122	应收账款		应收票据及应收账款
2015Y01M	1123	预付款项		预付款项
2015Y01M	1123	预付款项		预付款项
2015Y01M	1123	预付款项		预付款项
2015Y01M	1123	预付款项		预付款项

图 3-29　选中结转列

第二步，右键选择清除内容（如图 3-30 所示），清除完成后不要忘记把列名“结转”重新录入。

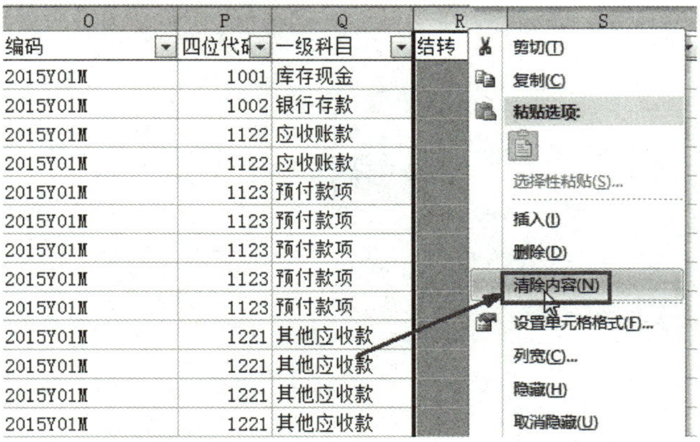

图 3-30　右键选择清除内容

第三步，筛选出所有的本年利润编码，如图 3-31 所示。

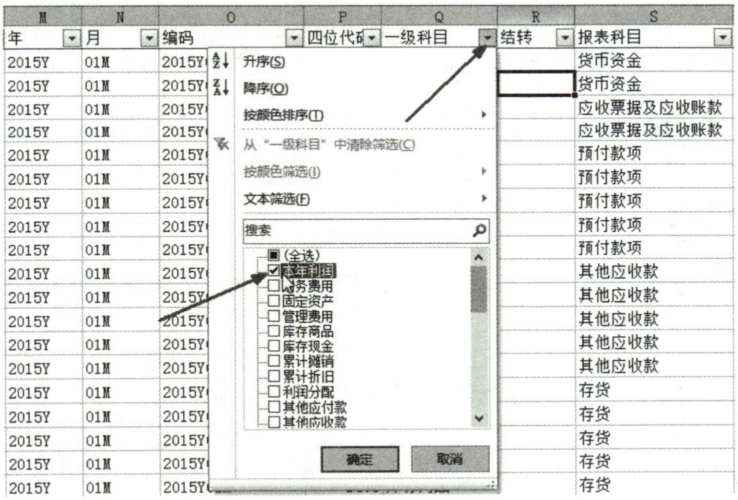

图 3-31　选中筛选本年利润钮

筛选结果，如图 3-32 所示。

编码	四位代码	一级科目	结转	报表科目	分类
2015Y01M记-0016	4103	本年利润		未分配利润	权益
2015Y02M记-0019	4103	本年利润		未分配利润	权益
2015Y03M记-0024	4103	本年利润		未分配利润	权益
2015Y04M记-0016	4103	本年利润		未分配利润	权益
2015Y05M记-0017	4103	本年利润		未分配利润	权益
2015Y06M记-0015	4103	本年利润		未分配利润	权益
2015Y07M记-0022	4103	本年利润		未分配利润	权益
2015Y08M记-0027	4103	本年利润		未分配利润	权益
2015Y09M记-0028	4103	本年利润		未分配利润	权益
2015Y10M记-0022	4103	本年利润		未分配利润	权益
2015Y11M记-0031	4103	本年利润		未分配利润	权益

图 3-32　选中本年利润钮后结果

第四步，把筛选出来的编码复制粘贴到一个新的工作表中，如图 3-33 所示。

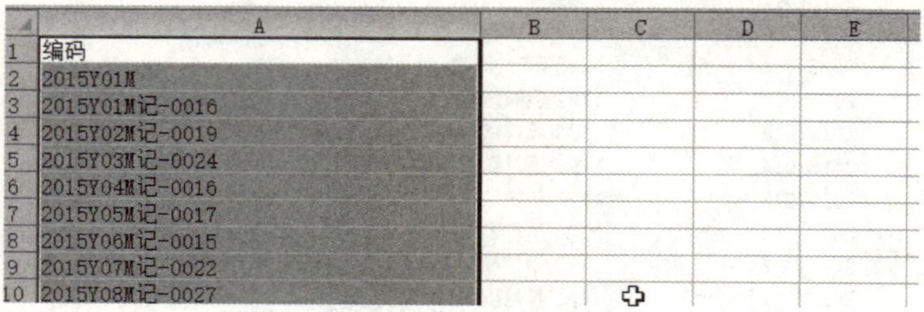

图 3-33　复制编码到工作表

第五步，在序时账表中选择“数据 | 筛选 | 高级筛选”，如图 3-34 所示。

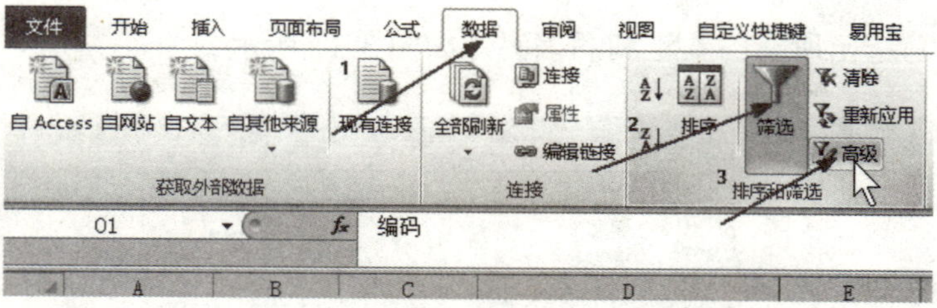

图 3-34　选择高级筛选

第六步，在打开的对话框中，方式选择“在原有的区域显示筛选结果（F）”，列表区域默认选择“$A$1:$AO$43481”（如图 3-35 所示），如果默认的列表区域不对，可以手工修改。

第七步，单击条件区域的红色箭头，如图 3-36 所示。

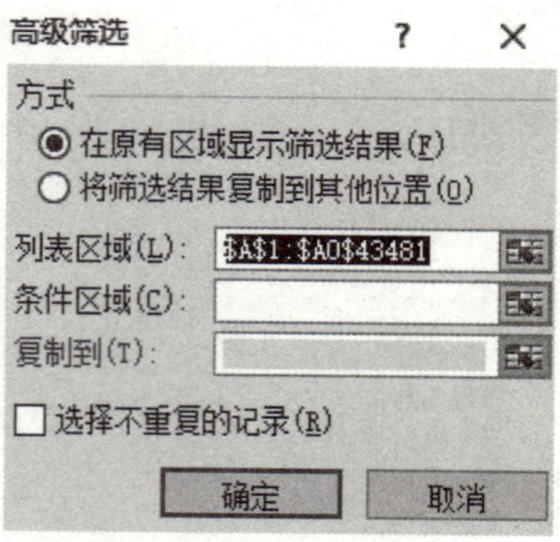

图 3-35　高级筛选对话框

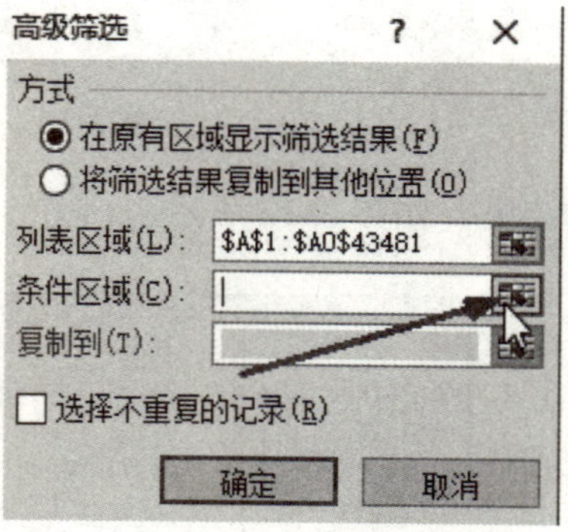

图 3-36　单击条件区域的红色箭头

第八步，打开对话框，然后打开存放本年利润编码的工作表，鼠标左键将列名和所有的编码都选中，单击右侧红色箭头，如图 3-37 所示。

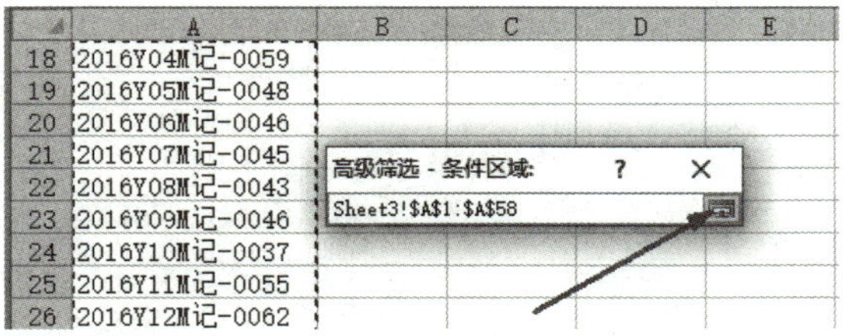

图 3-37　选定列名和编码

单击“确定”键，高级筛选完毕，结果如图 3-38 所示。

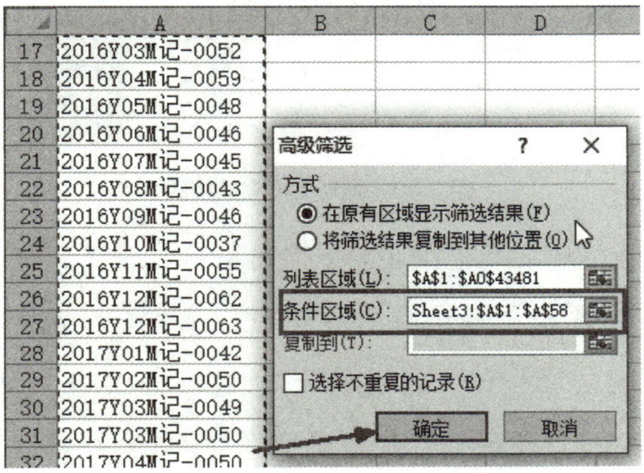

图 3-38　确定完成高级筛选

第九步，在筛选结果页面的结转列（R 列）最上面单元格录入“损益结转”（如图 3-39 所示）。

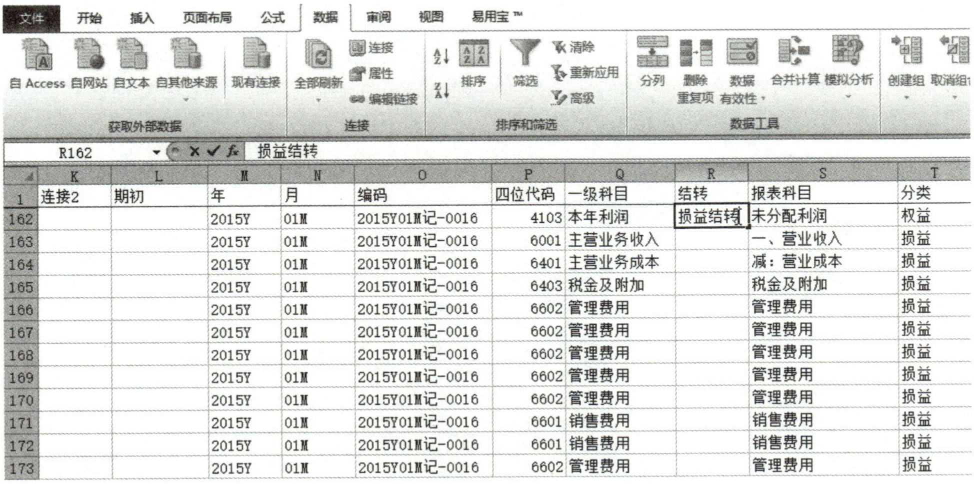

图 3-39 单元格录入“损益结转”

并拖动到最后一个结转分录，结果如图 3-40 所示。

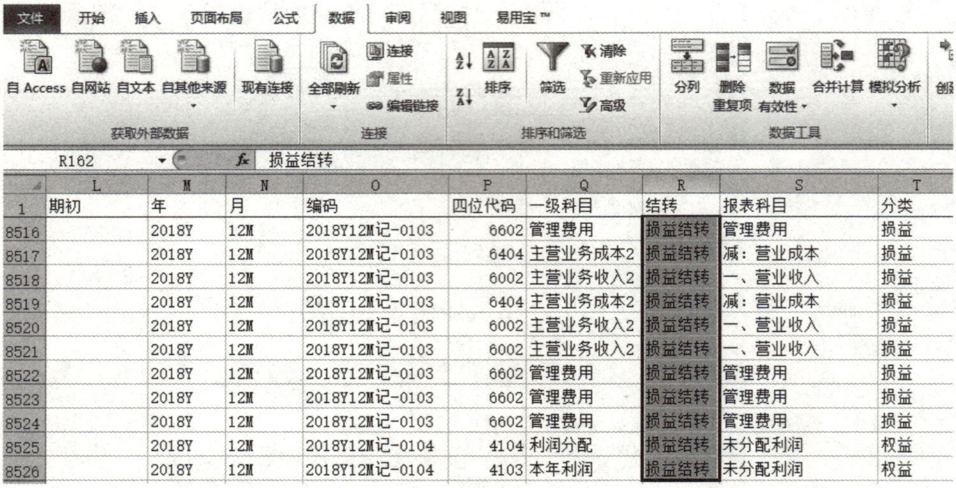

	L	M	N	O	P	Q	R	S	T
1	期初	年	月	编码	四位代码	一级科目	结转	报表科目	分类
8516		2018Y	12M	2018Y12M记-0103	6602	管理费用	损益结转	管理费用	损益
8517		2018Y	12M	2018Y12M记-0103	6404	主营业务成本2	损益结转	减：营业成本	损益
8518		2018Y	12M	2018Y12M记-0103	6002	主营业务收入2	损益结转	一、营业收入	损益
8519		2018Y	12M	2018Y12M记-0103	6404	主营业务成本2	损益结转	减：营业成本	损益
8520		2018Y	12M	2018Y12M记-0103	6002	主营业务收入2	损益结转	一、营业收入	损益
8521		2018Y	12M	2018Y12M记-0103	6002	主营业务收入2	损益结转	一、营业收入	损益
8522		2018Y	12M	2018Y12M记-0103	6602	管理费用	损益结转	管理费用	损益
8523		2018Y	12M	2018Y12M记-0103	6602	管理费用	损益结转	管理费用	损益
8524		2018Y	12M	2018Y12M记-0103	6602	管理费用	损益结转	管理费用	损益
8525		2018Y	12M	2018Y12M记-0104	4104	利润分配	损益结转	未分配利润	权益
8526		2018Y	12M	2018Y12M记-0104	4103	本年利润	损益结转	未分配利润	权益

图 3-40　拖动完成损益结转

以上九步利用高级筛选功能把结转分录全部筛选出去了。

Z 列之后的列对会计人员来说就是真的没什么用了，AA 列筛选对方科目只有在审计工作时才会有用，而且该公式只是在“一借一贷”的时候完全正确，“一借多贷”“一贷多借”的时候“多对一”是正确的，“一对多”只能选出多方的一个会计科目勉强使用，而且公式极其复杂，最后面加了两个辅助列，才能实现并不完善的功能，我这里就不详细介绍了。

第 4 章

编制试算平衡表（TB）：其实是鼠标拖动完成的

试算平衡表，英文为 Trial Balance，行业中简称“TB”，我们后边说到的 TB 指的就是试算平衡表。生成 TB 的过程就是利用透视表整理数据的过程，透视表整理数据的迷人之处就是通过鼠标的拖动就能完成数据的分类汇总，而且数据透视表做好之后，如果以后数据有更新时并不需要重新制作数据透视表，只要刷新一下，新的数据就被重新计算了。

整理序时账讲解视频

4.1 试算平衡表的结构

制作报表的试算平衡表列结构一般分成两部分，共12列，这个结构理论上是可以随意修改的，但是我自己多年沿用下来一直没变过，因为之后编制报表的时候所用的函数都是从这个结构的试算平衡表中抓取数据，如果结构变了就要更正报表中的公式。所以为了提高工作效率，这个试算平衡表的模型我也一直没变过，这样拿出我的任何项目的模板，只要把试算平衡表覆盖掉，就会生成新的报表。

现在的思路是拿到新的项目数据，只要把期初余额表，序时账的数据更新一下，整个表格一刷新，试算平衡表、报表、各科目的明细表都会自动更新，成为新的报表系统，节约了制作报表的过程。如果需要数据分析，更新图表，也是只需要更新序时账和期初余额表就可以了。

4.1.1 文本列：数据取自序时账

下面我介绍一下文本列，共计四列，如图4-1所示。

年	分类	报表科目	一级科目
2015Y	资产	存货	库存商品
2015Y	资产	固定资产	固定资产
2015Y	资产	固定资产	累计折旧
2015Y	资产	货币资金	库存现金
2015Y	资产	货币资金	银行存款
2015Y	资产	其他应收款	其他应收款
2015Y	资产	应收票据及应收账款	应收账款
2015Y	资产	预付款项	预付款项
2015Y	资产	长期股权投资	长期股权投资

图4-1　年、分类、报表科目、一级科目列

这四列数据都是取自序时账，直接用鼠标拖动过来即可，所以前面整理序时账我们费了很大的功夫，其实都是为了让这张表的可读性更强而做的准备工作。

数据列一共8列，具体要求见表4-1。

表4-1　TB表数据列与序时账表数据列对应表

TB表列		序时账	
计数项：期初	E列	期初列	L列
期初调整	F列	审计调整1列	W列
求和项：期初审定	G列	=期初列+审计调整1列	
计数项：借方金额	H列	借方金额列	U列
计数项：贷方金额	I列	贷方金额列	V列
求和项：期末未审	J列	=期初+借方金额+贷方金额	
期末调整	K列	审计调整2列	X列
求和项：期末审定数	L列	=期末未审+审计调整1+审计调整2	

4.1.2　操作步骤演示

1. 选中序时账数据区域，插入透视表

用鼠标左键选中序时 !$A$1:$AO$17，在菜单栏单击“插入 | 数据透视表”，如图 4-2 所示。

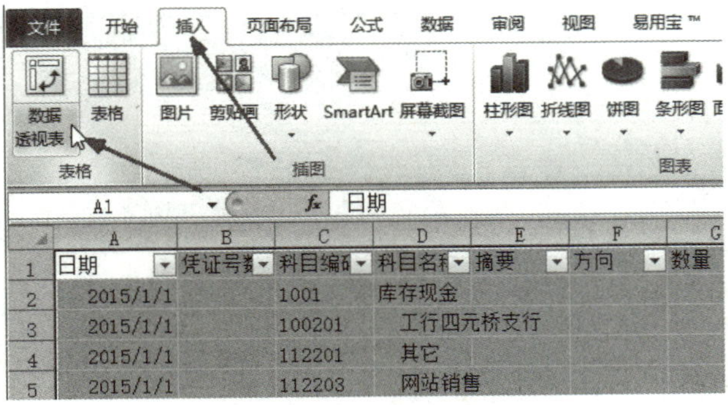

图 4-2　插入 - 数据透视表

2. 修正数据透视表数据区域为序时 !$A$1:$AO$17000

数据区域的列一定要选择到 AO 列，数据区域的行数可以根据自己需求任意选择，如图 4-3 所示。

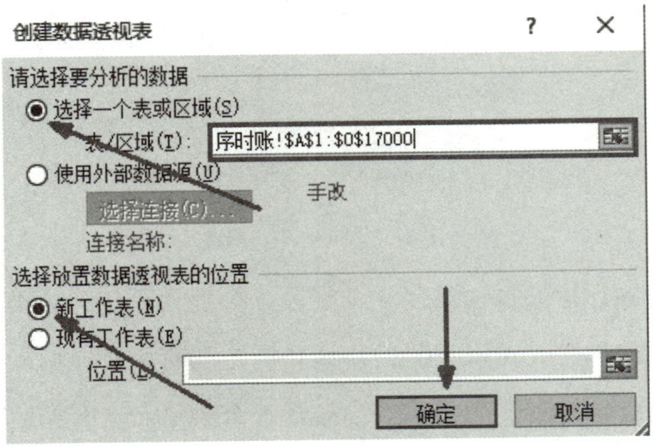

图 4-3　手改表 / 区域

3. 生成空的透视表

上一步骤单击确定后 Excel 会新建一个工作表，如图 4-4 所示，左侧是还没有任何数据的空透视表的样子；菜单栏多了数据透视表工具菜单；右侧出现了数据透视表字段列表。

下面的步骤就是选择要添加到透视表中的序时账中的列名字段拖动到适当的位置

就可以了。

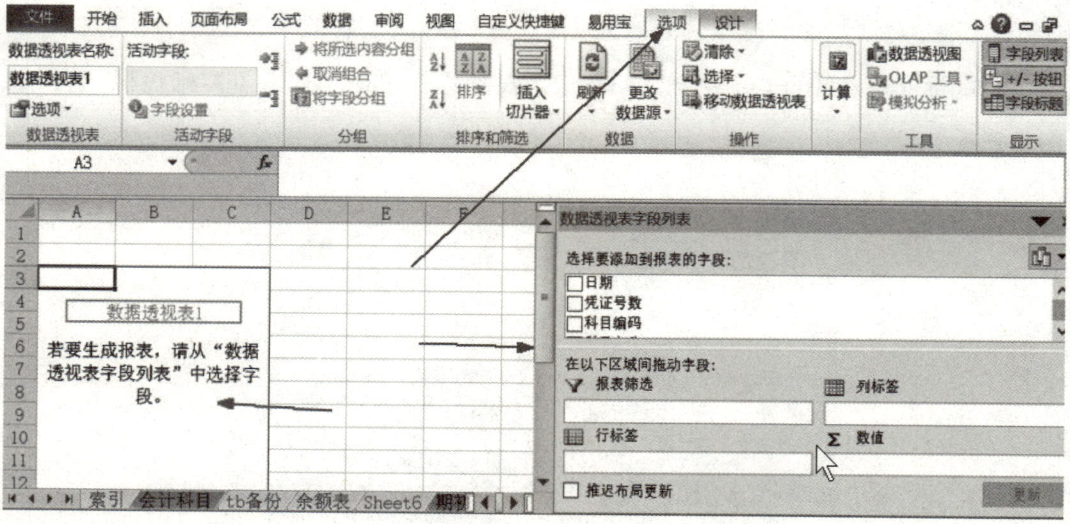

图 4-4　生成空的透数据透视表

拖动“年（如图 4-5 所示）、分类、报表科目、一级科目”到行标签。

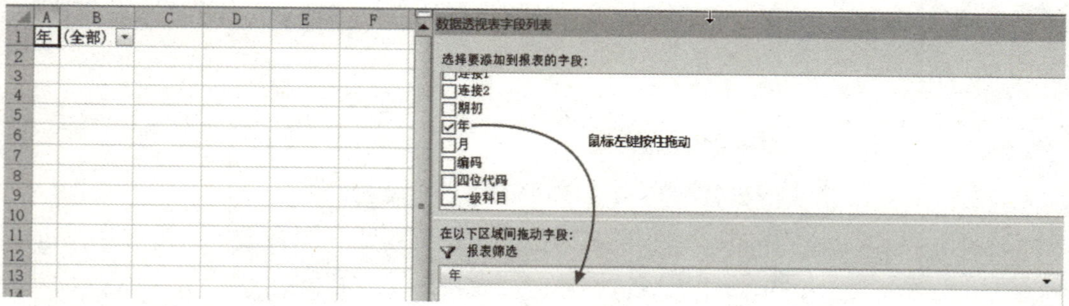

图 4-5　拖动年到行标签

拖动完成后右侧行标签框内出现 4 个字段，分别是“年、分类、报表科目、一级科目”这个行标签的次序是可以调整的，调整的方法有两种：第一种是用鼠标拖动即可；第二种是单击行标签右侧的箭头，会打开一个菜单，选择相应的位置就可以移动字段，（如图 4-6 所示）。

有的读者会发现我的行标签字段框比较大。这个可以通过数据透视表字段列表工具栏右上角的小箭头选择字段列表的显示方式来实现，如图 4-7 所示。

拖动 4 个行标签字段完成后数据透视表结果，如图 4-8 所示。

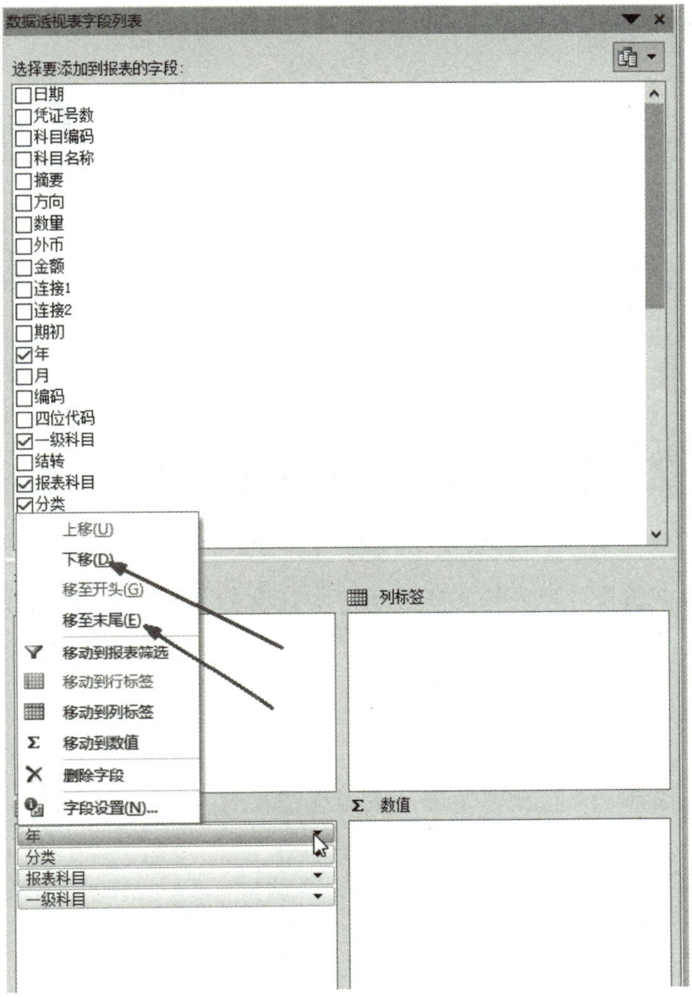

图 4-6　移动行标签中的字段位置

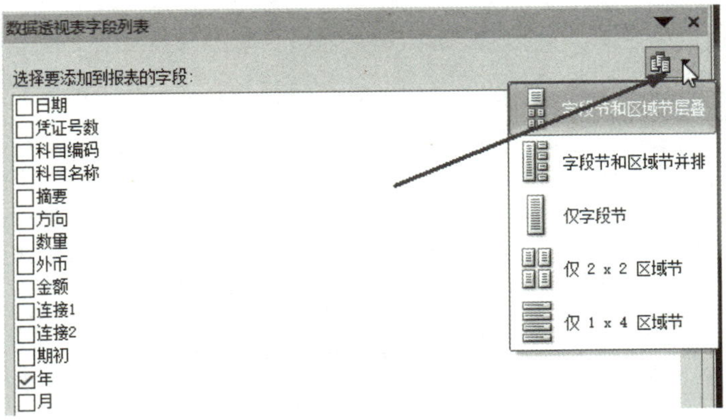

图 4-7　字段列表显示方式

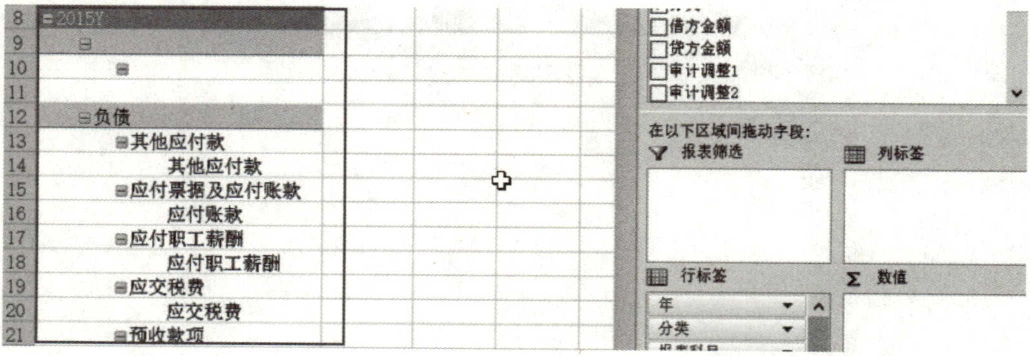

图 4-8　拖动 4 个行标签字段后数据透视表结果

4.2 第一次调整数据透视表的格式

初次生成的数据透视表看着不太美观，我们可以先调整一下数据透视表的格式，我是比较喜欢数据透视表以表格形式显示，而且这个报表系统的函数公式都是根据以表格形式显示设计的，所以只能以表格形式显示。

4.2.1　制定数据透视表风格

第一步，先选择一个样式，单击“数据透视表工具栏 | 数据透视表样式”右下角的下拉箭头，如图 4-9 所示。

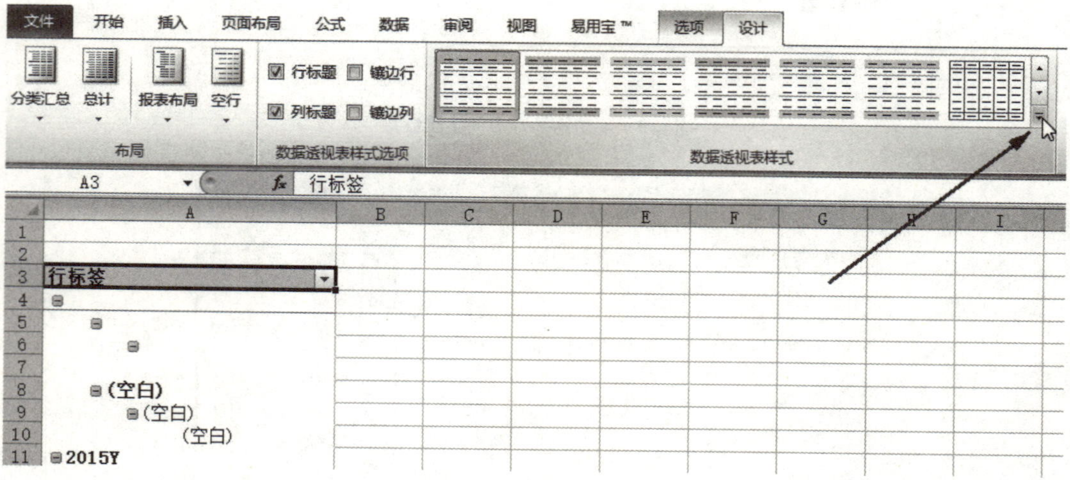

图 4-9　选择菜单项设计

第二步，选择一个心仪的样式。如果没有心仪的，也可以自行设计，如图 4-10 所示。

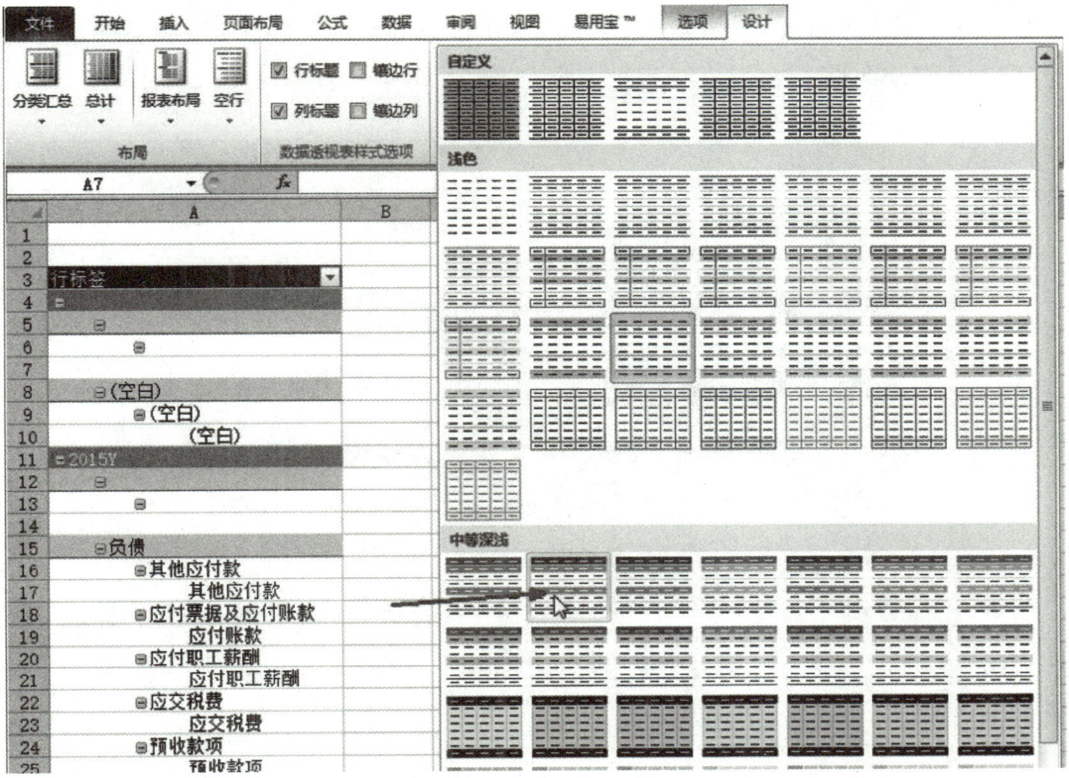

图 4-10　选择数据透视表样式

我一般选择蓝色或绿色，能保护视力。

第三步，在“数据透视表工具 / 设计 / 报表布局”里面选择“以表格形式显示”，如图 4-11 所示。

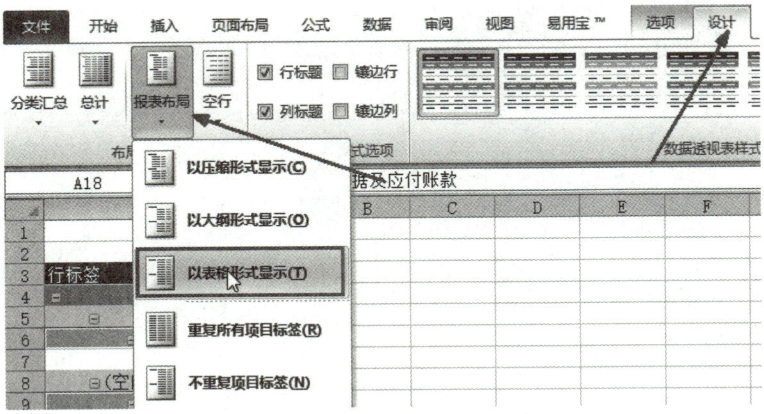

图 4-11　选择以表格形式显示

第四步，调整数据透视表的列宽。鼠标光标放到列名分界线上，变成图 4-12 箭头标注的小箭头的样子。按住鼠标左键来回拖动，就可以把列宽调整到自己想要的样子。也可选中那一列，直接输入列宽的数值，直到看着满意为止。

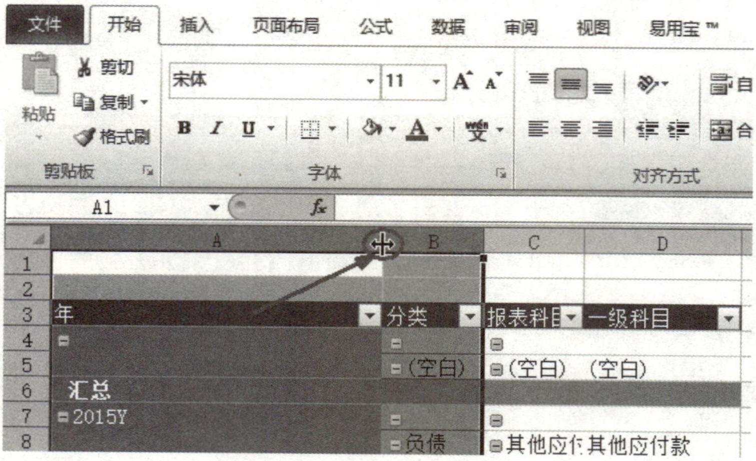

图 4-12　调整列宽

第五步，去掉不需要的汇总。鼠标左键选中不需要汇总列的"汇总"字样，右键出现图 4-13 的下拉菜单，把分类汇总前面小方块里面的对勾取消到即可。需要这一列汇总，同样的操作，勾选上对勾。

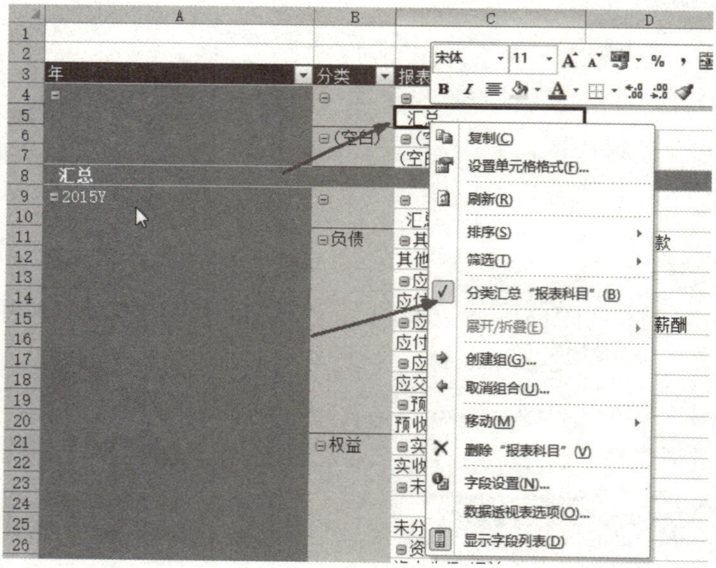

图 4-13　去掉不需要的汇总

第六步，筛选掉空白行和无用的或报错的数据。分别单击年列和分类列下拉菜单的箭头，如图 4-14 所示。

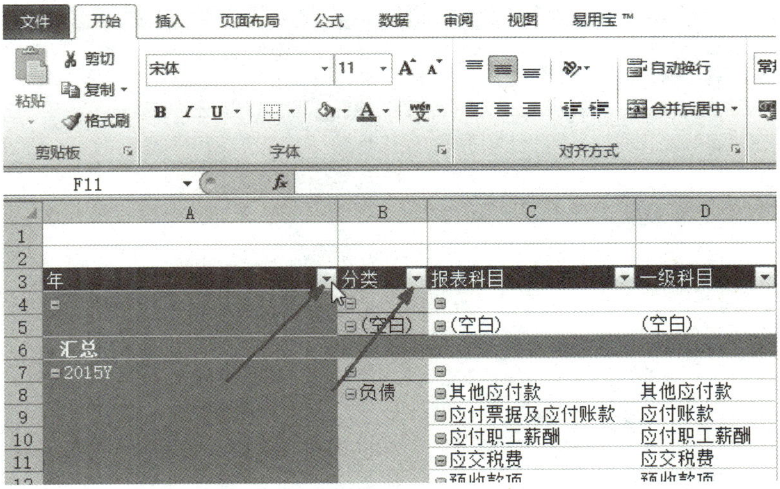

图 4-14　选择年列、分类列下拉菜单

把空白行和无用的或报错的数据前面方框的对勾去掉，如图 4-15 所示。

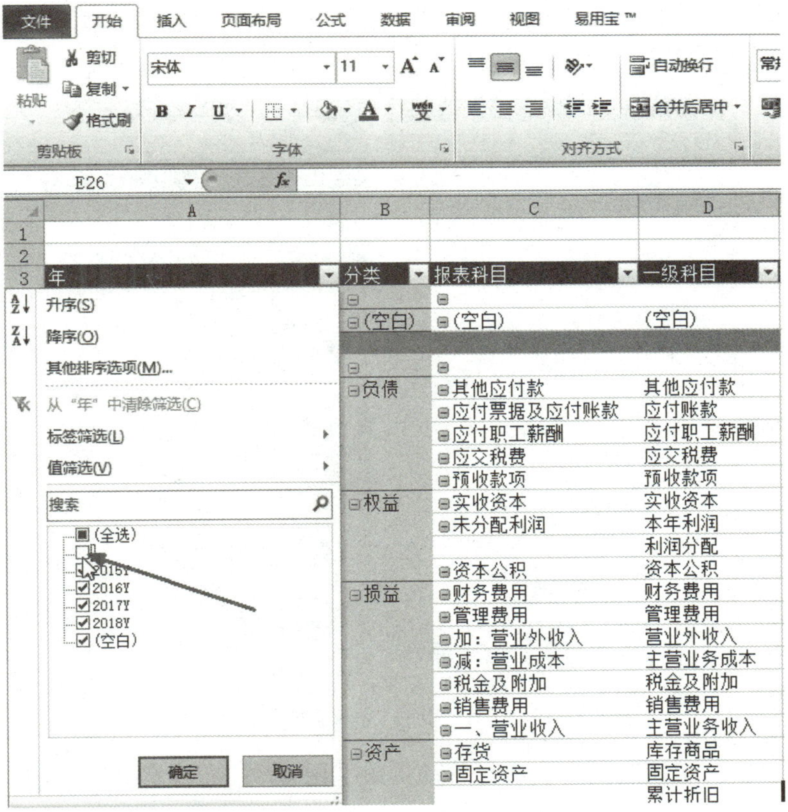

图 4-15　取消无用的或报错的选项

接图 4-15 操作，结果如图 4-16 所示。

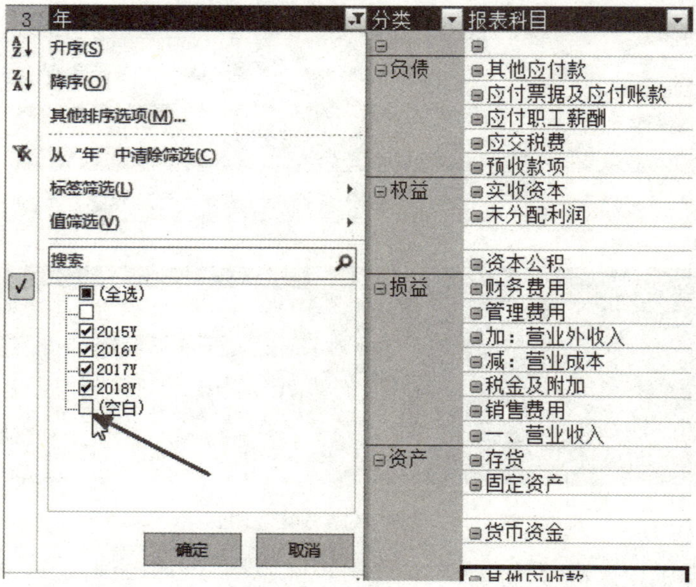

图 4-16 取消“空白”的选项

单击“确定”，如图 4-17 所示。

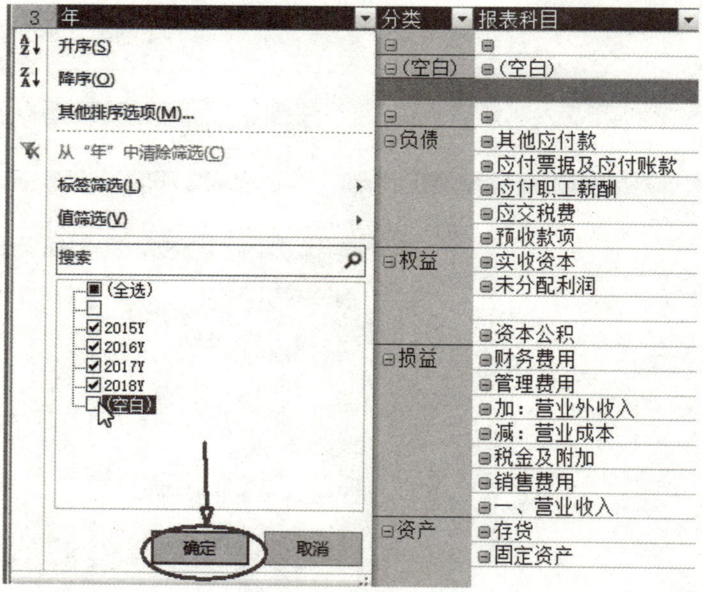

图 4-17 确定取消“空白”和无用的或报错的选项

第七步，把分类列中资产类科目移动到最上面来。

鼠标左键选中分类列（B 列）“资产”字样，右键打开下拉菜单，选择移动（M），将“资产”移到开头，如图 4-18 所示。

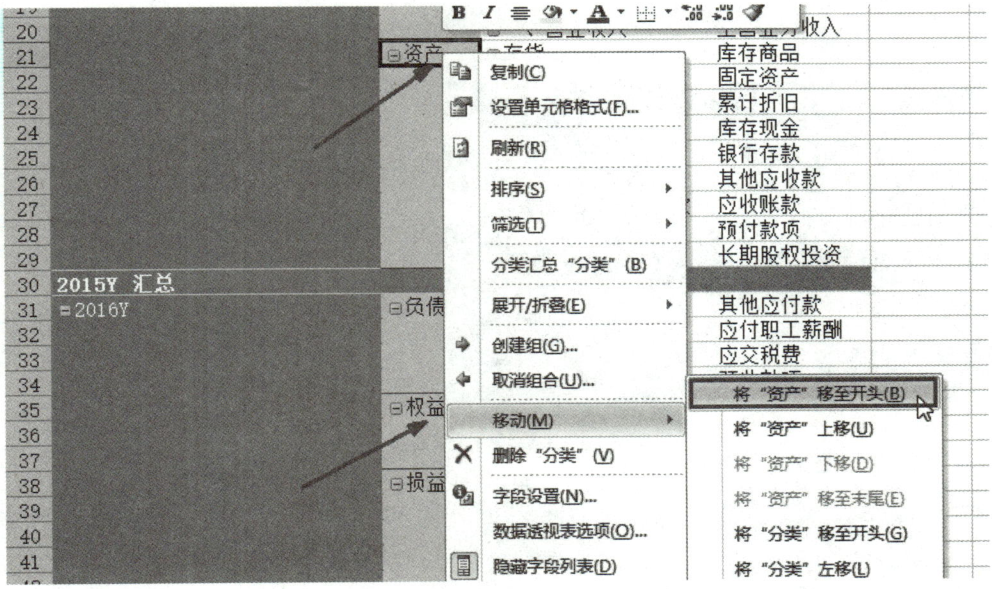

图 4-18　选择移动资产类科目

接上图，如图 4-19 所示。

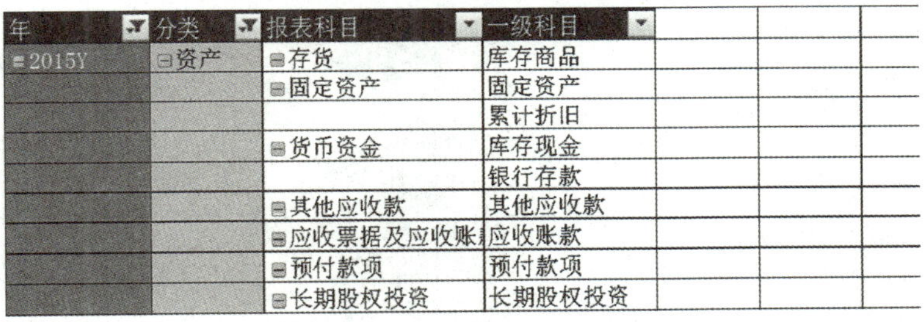

图 4-19　移动资产类科目结果

结果图的显示方式基本和财务报表的显示方式保持一致了，先资产，然后负债、权益、损益类科目依次排列，同理报表科目、一级科目也可以这样调整得和财务报表显示的次序一致会看起来更舒服。

4.2.2　拖动各列至数据透视表

（1）结转列拖动到报表筛选框，如图 4-20 所示。

（2）拖动“期初列”、“审计调整 1”列到数值字段，如图 4-21 所示。

拖动“审计调整 1”到数值框如图 4-22 所示。

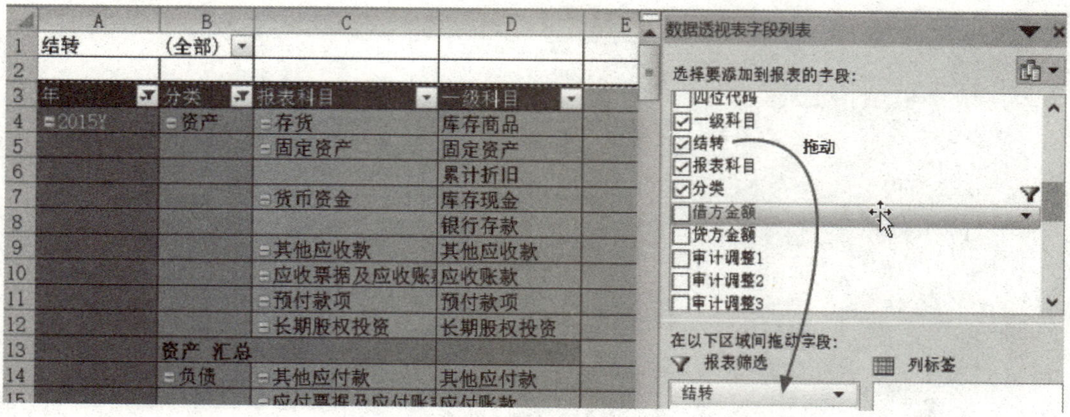

图 4-20　拖动结转到报表筛选框

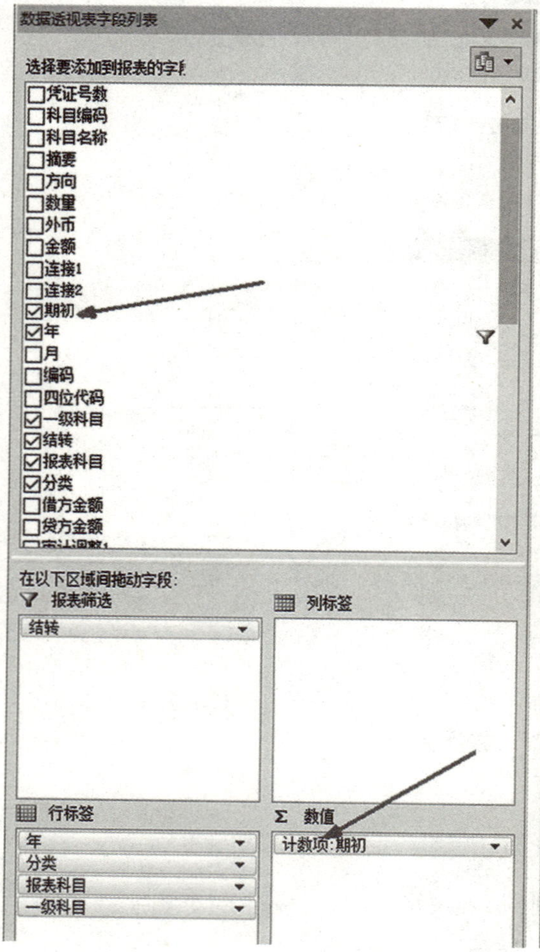

图 4-21　拖动期初列到数值框

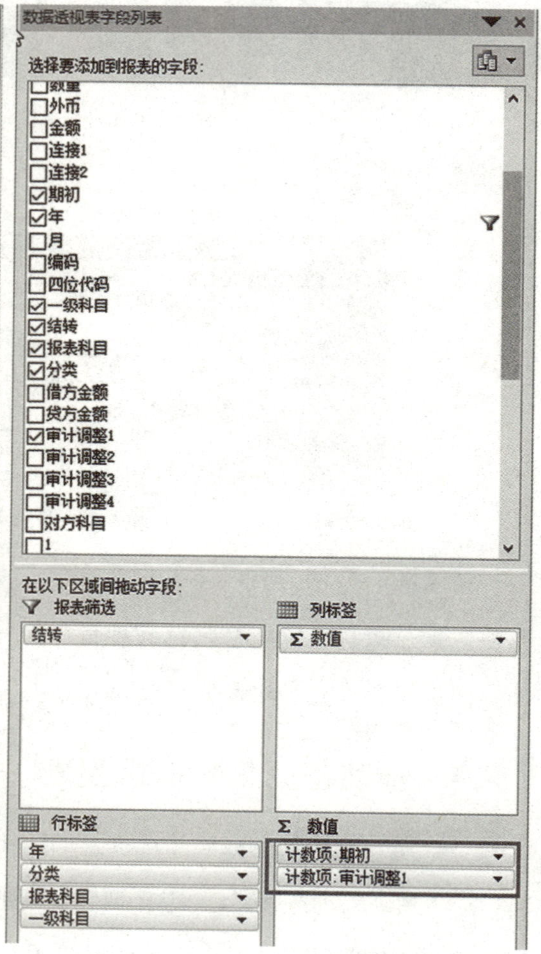

图 4-22　拖动审计调整 1 到数值框

拖动“期初列”“审计调整 1”列到数值框如图 4-23 所示。

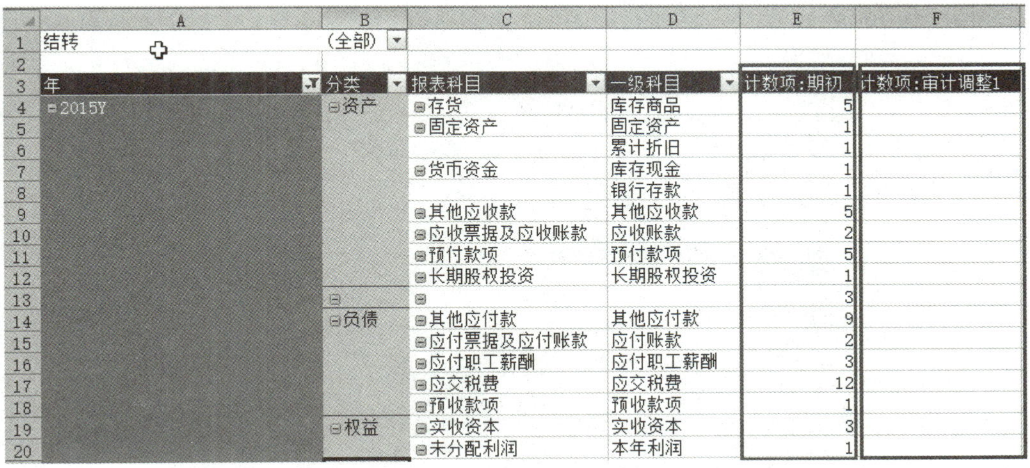

	A	B	C	D	E	F
1	结转	（全部）				
2						
3	年	分类	报表科目	一级科目	计数项:期初	计数项:审计调整1
4	⊟2015Y	⊟资产	⊟存货	库存商品	5	
5			⊟固定资产	固定资产	1	
6				累计折旧	1	
7			⊟货币资金	库存现金	1	
8				银行存款	1	
9			⊟其他应收款	其他应收款	5	
10			⊟应收票据及应收账款	应收账款	2	
11			⊟预付款项	预付款项	5	
12			⊟长期股权投资	长期股权投资	1	
13		⊟	⊟		3	
14		⊟负债	⊟其他应付款	其他应付款	9	
15			⊟应付票据及应付账款	应付账款	2	
16			⊟应付职工薪酬	应付职工薪酬	3	
17			⊟应交税费	应交税费	12	
18			⊟预收款项	预收款项	1	
19		⊟权益	⊟实收资本	实收资本	3	
20			⊟未分配利润	本年利润	1	

图 4-23　拖动期初列、审计调整 1 列到数值框的结果

（3）计算期初审定数。

第一步，选中数据透视表工具“菜单｜选项｜域、项目和集”，如图 4-24 所示。

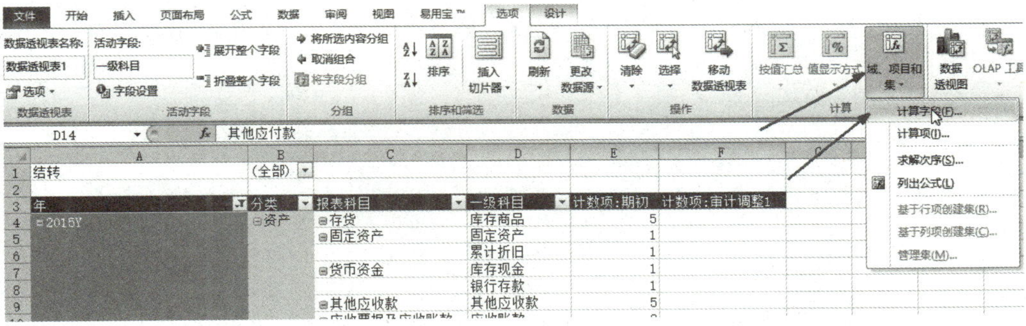

图 4-24　选中数据透视表工具菜单 / 选项 / 域、项目和集

第二步，打开对话框，如图 4-25 所示。

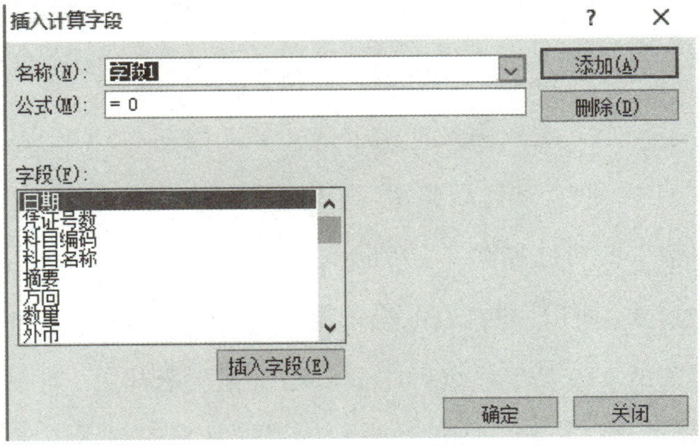

图 4-25　插入计算字段对话框

第三步，将名称修改为“期初审定”，如图 4-26 所示。

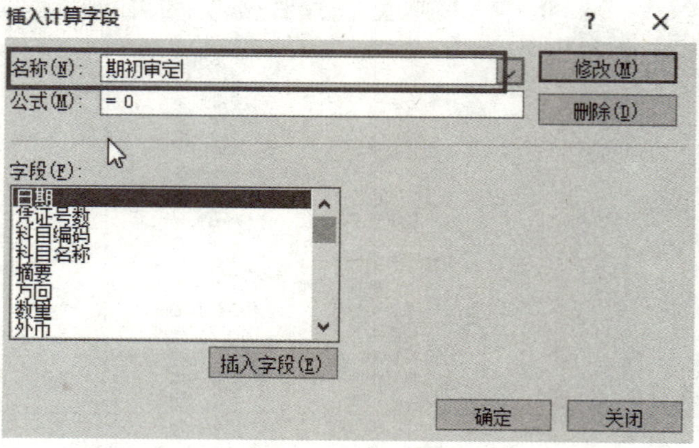

图 4-26　名称改为“期初审定”

第四步，录入期初审定计算公式“= 期初 + 审计调整 1”。

在字段选项找到“期初”，蓝色字段，单击按钮插入字段，光标移动到公式框期初字符后面，录入“+”，找到“审计调整 2”字段，单击“插入”，公式框显示如图 4-27 所示。

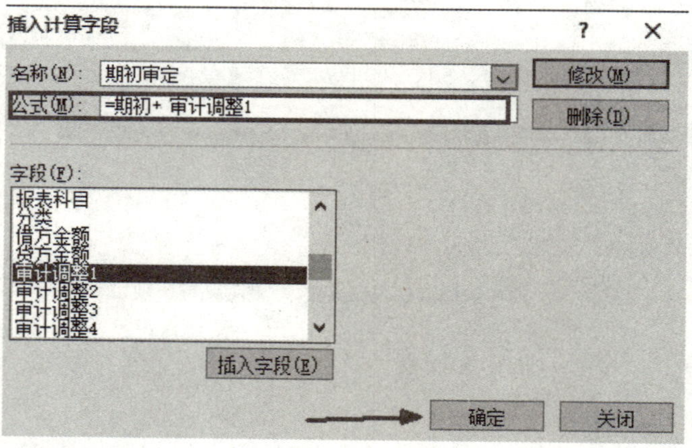

图 4-27　录入公式

数据透视表多了一个“求和项：期初审定”列，如图 4-28 所示。

接图 4-28 把“计数项”“审计调整 1”的列名更改为“期初调整”，鼠标左键选中，直接录入“期初调整”即可，如图 4-29 所示。

接图 4-29,“计数项 : 期初”的“值汇总依据”修改为“求和”，选中“计数项：期初”列任意数据，右键调出下拉菜单，选择“值汇总依据 | 求和”，如图 4-30 所示。

接图 4-30，“计数项：期初”列的数值变为“求和”的显示结果，如图 4-31 所示。

3	年	分类	报表科目	一级科目	计数项:期初	计数项：审计调整1	求和项:期初审定
4	⊟2015Y	⊟资产	⊟存货	库存商品	5		50987.67
5			⊟固定资产	固定资产	1		39425
6				累计折旧	1		-37299.6
7			⊟货币资金	库存现金	1		90377.25
8				银行存款	1		845557.56
9			⊟其他应收款	其他应收款	5		63535.71
10			⊟应收票据及应收账款	应收账款	2		11784.3
11			⊟预付款项	预付款项	5		20238.14
12			⊟长期股权投资	长期股权投资	1		0
13		资产 汇总			22		1084606.03
14		⊟负债	⊟其他应付款	其他应付款	9		-1100464.82
15			⊟应付票据及应付账款	应付账款	2		0
16			⊟应付职工薪酬	应付职工薪酬	3		34608.9
17			⊟应交税费	应交税费	12		-5336.49
18			⊟预收款项	预收款项	1		-48400.49
19		负债 汇总			27		-1119592.9

图 4-28 期初审定列

3	年	分类	报表科目	一级科目	计数项:期初	期初调整	求和项:期初审定
4	⊟2015Y	⊟资产	⊟存货	库存商品	5		50987.67
5			⊟固定资产	固定资产	1		39425
6				累计折旧	1		-37299.6
7			⊟货币资金	库存现金	1		90377.25
8				银行存款	1		845557.56
9			⊟其他应收款	其他应收款	5		63535.71
10			⊟应收票据及应收账款	应收账款	2		11784.3
11			⊟预付款项	预付款项	5		20238.14
12			⊟长期股权投资	长期股权投资	1		0
13		资产 汇总			22		1084606.03

图 4-29 审计调整 1 改为期初调整

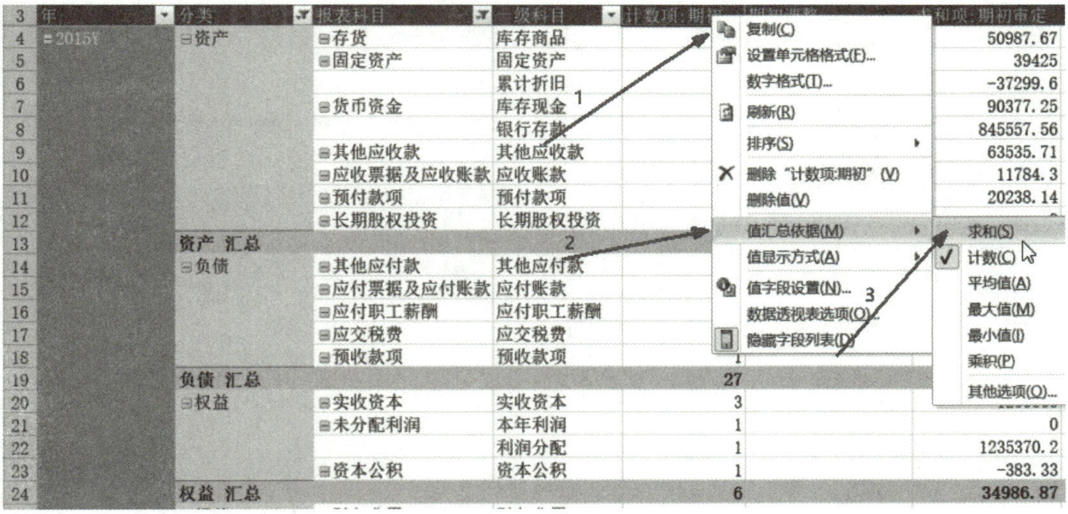

3	年	分类	报表科目	一级科目	计数项:期初	期初调整	求和项:期初审定
4	⊟2015Y	⊟资产	⊟存货	库存商品			50987.67
5			⊟固定资产	固定资产			39425
6				累计折旧			-37299.6
7			⊟货币资金	库存现金			90377.25
8				银行存款			845557.56
9			⊟其他应收款	其他应收款			63535.71
10			⊟应收票据及应收账款	应收账款			11784.3
11			⊟预付款项	预付款项			20238.14
12			⊟长期股权投资	长期股权投资			
13		资产 汇总					
14		⊟负债	⊟其他应付款	其他应付款			
15			⊟应付票据及应付账款	应付账款			
16			⊟应付职工薪酬	应付职工薪酬			
17			⊟应交税费	应交税费			
18			⊟预收款项	预收款项	1		
19		负债 汇总			27		
20		⊟权益	⊟实收资本	实收资本	3		
21			⊟未分配利润	本年利润	1		0
22				利润分配	1		1235370.2
23			⊟资本公积	资本公积	1		-383.33
24		权益 汇总			6		34986.87

图 4-30 选择值汇总依据 / 求和

（4）插入借方金额、贷方金额。

用鼠标左键把“借方金额”“贷方金额”拖动到数值框内，如图 4-32 所示。

修改数据透视表字段列表的显示方式为仅 2×2 区域节，如图 4-33 所示。

数据透视表字段列表修改后的结果如图 4-34 所示。

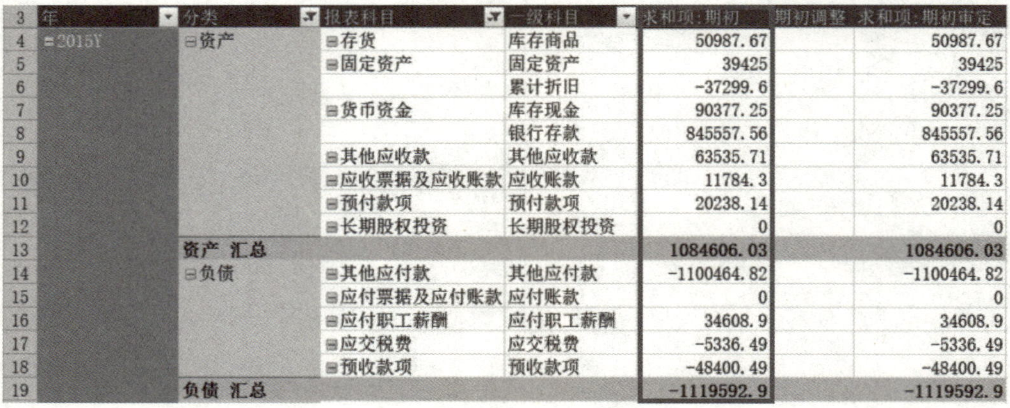

3	年	分类	报表科目	一级科目	求和项:期初	期初调整	求和项:期初审定
4	⊟2015Y	⊟资产	⊟存货	库存商品	50987.67		50987.67
5			⊟固定资产	固定资产	39425		39425
6				累计折旧	-37299.6		-37299.6
7			⊟货币资金	库存现金	90377.25		90377.25
8				银行存款	845557.56		845557.56
9			⊟其他应收款	其他应收款	63535.71		63535.71
10			⊟应收票据及应收账款	应收账款	11784.3		11784.3
11			⊟预付款项	预付款项	20238.14		20238.14
12			⊟长期股权投资	长期股权投资	0		0
13		资产 汇总			1084606.03		1084606.03
14		⊟负债	⊟其他应付款	其他应付款	-1100464.82		-1100464.82
15			⊟应付票据及应付账款	应付账款	0		0
16			⊟应付职工薪酬	应付职工薪酬	34608.9		34608.9
17			⊟应交税费	应交税费	-5336.49		-5336.49
18			⊟预收款项	预收款项	-48400.49		-48400.49
19		负债 汇总			-1119592.9		-1119592.9

图 4-31　汇总依据 / 求和的结果

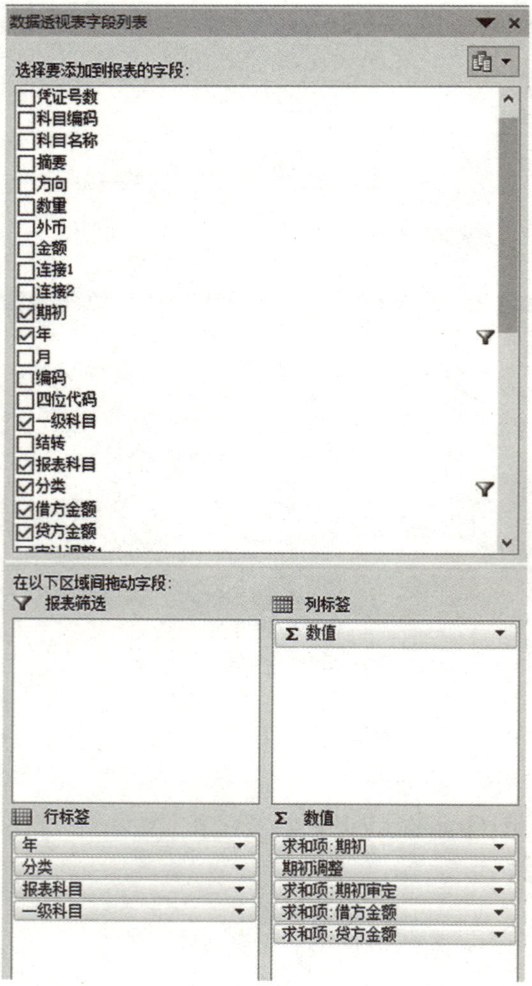

图 4-32　插入借方金额、贷方金额

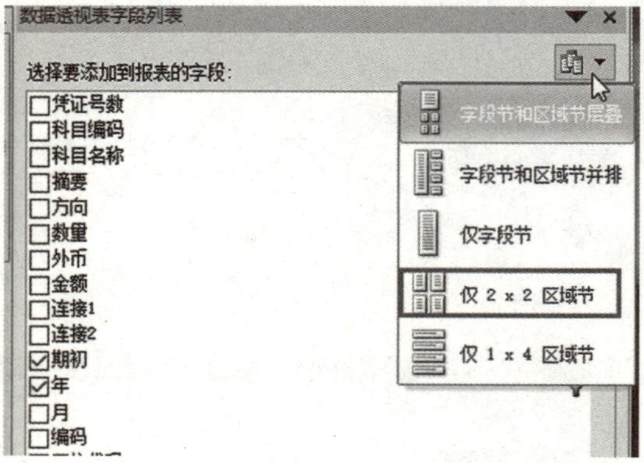

图 4-33　修改数据透视表字段列表

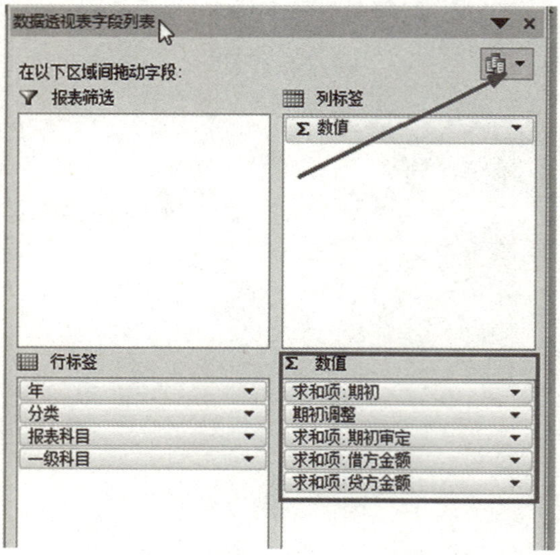

图 4-34　数据透视表字段列表修改后结果

数据透视表结果如图 4-35 所示。

借方金额、贷方金额的计数方式调整为“求和”，在“计数项：借方金额”列选中任意单元格，右键调出下拉菜单，选择“值汇总依据 | 求和（S）”，如图 4-36 所示。

年	分类	报表科目	一级科目	计数项：期初	计数项：审计调整1	求和项：期初审定	计数项：借方金额	计数项：贷方金额
2015Y	资产	存货	库存商品	33		50987.67	28	28
		固定资产	固定资产	3		39425	2	2
			累计折旧	13		-37299.6	12	12
		货币资金	库存现金	29		90377.25	28	28
			银行存款	212		845557.56	211	211
		其他应收款	其他应收款	11		63535.71	6	6
		应收票据及应收账款	应收账款	27		11784.3	25	25
		预付款项	预付款项	43		20238.14	38	38
		长期股权投资	长期股权投资	4		0	3	3
	资产 汇总			375		1084606.03	353	353

图 4-35　数据透视表结果

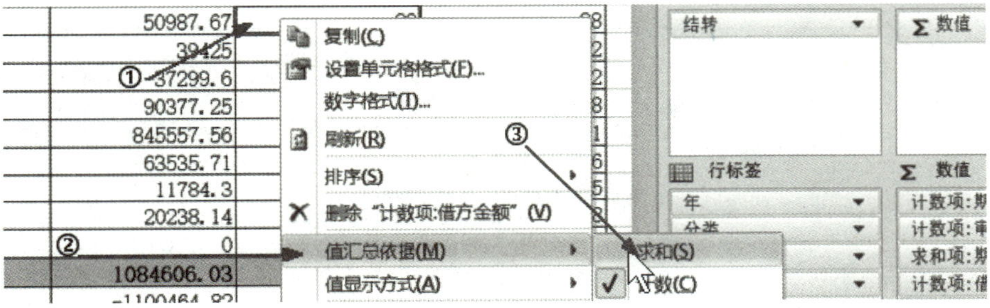

图 4-36　修改借方金额、贷方金额的计数方式为求和

字段求和结果如图 4-37 所示。

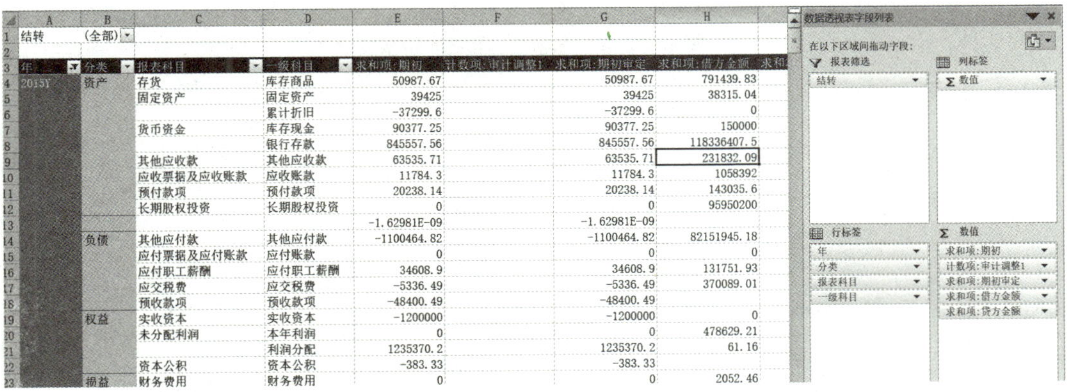

年	分类	报表科目	一级科目	求和项：期初	计数项：审计调整1	求和项：期初审定	求和项：借方金额
2015Y	资产	存货	库存商品	50987.67		50987.67	791439.83
		固定资产	固定资产	39425		39425	38315.04
			累计折旧	-37299.6		-37299.6	0
		货币资金	库存现金	90377.25		90377.25	150000
			银行存款	845557.56		845557.56	118336407.5
		其他应收款	其他应收款	63535.71		63535.71	231832.09
		应收票据及应收账款	应收账款	11784.3		11784.3	1058392
		预付款项	预付款项	20238.14		20238.14	143035.6
		长期股权投资	长期股权投资	0		0	95950200
				-1.62981E-09		-1.62981E-09	
	负债	其他应付款	其他应付款	-1100464.82		-1100464.82	82151945.18
		应付票据及应付账款	应付账款	0		0	0
		应付职工薪酬	应付职工薪酬	34608.9		34608.9	131751.93
		应交税费	应交税费	-5336.49		-5336.49	370089.01
		预收款项	预收款项	-48400.49		-48400.49	
	权益	实收资本	实收资本	-1200000		-1200000	0
		未分配利润	本年利润	0		0	478629.21
			利润分配	1235370.2		1235370.2	61.16
		资本公积	资本公积	-383.33		-383.33	
	损益	财务费用	财务费用	0		0	2052.46

图 4-37　借方金额、贷方金额字段求和的结果

这时候，发现数据透视表被数据透视表字段列表挡住一部分，可以用鼠标左键单击数据“透视表工具 | 显示 | 字段列表”（图 4-38），标灰就是显示数据透视表字段列表，反之就是不显示。

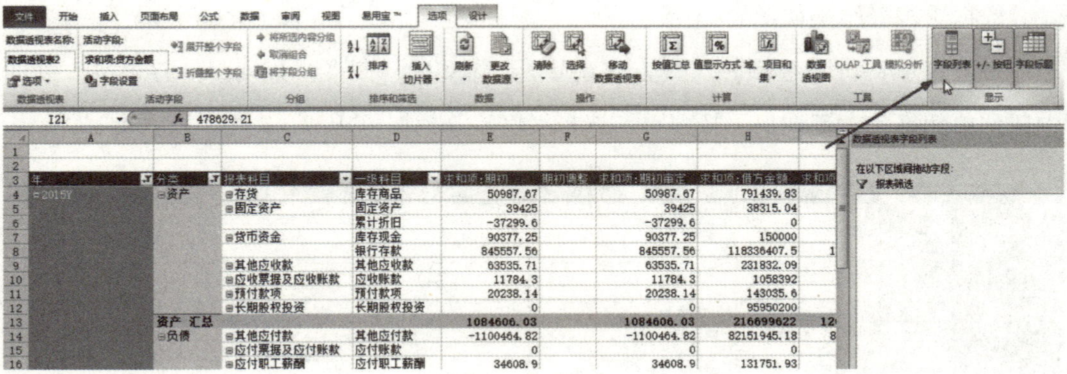

图 4-38　显示数据透视表字段列表

不显示数据透视表字段列表如图 4-39 所示。

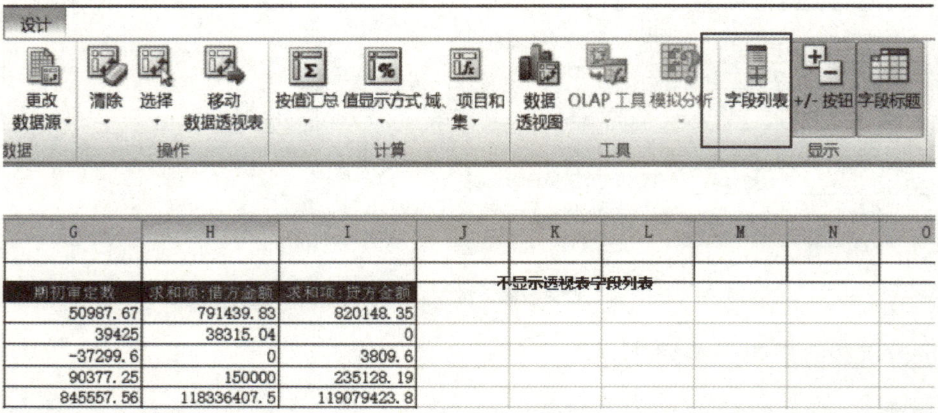

图 4-39　不显示数据透视表字段列表

（5）计算期末未审数。

第一步，鼠标左键单击数据透视表工具菜单，选择“域、项目和集 | 计算字段”，如图 4-40 所示。

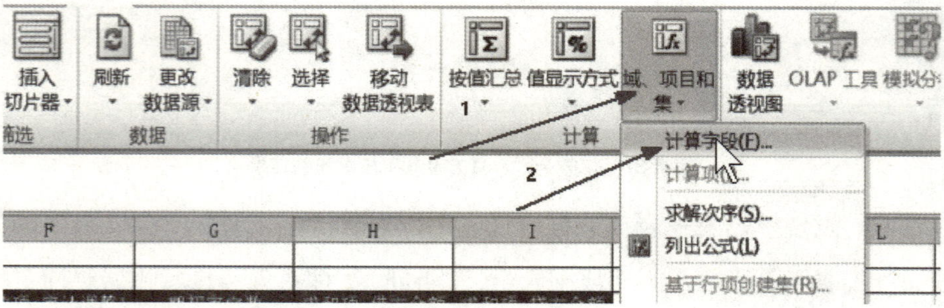

图 4-40　选择“计算字段”

然后打开对话框，如图 4-41 所示。

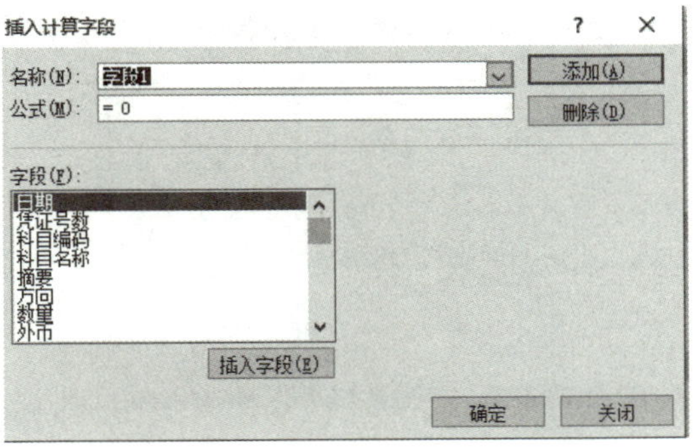

图 4-41　“插入计算字段”对话框

在名称栏输入“期末未审”，如图 4-42 所示。

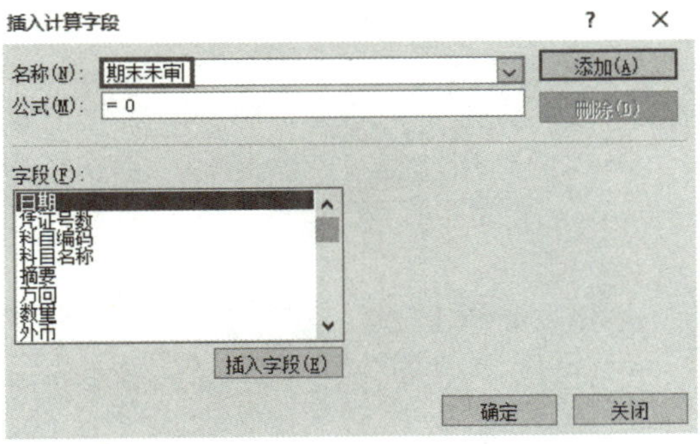

图 4-42　输入“期末未审”

在公式栏输入公式 = 期初 + 借方金额 - 贷方金额（图 4-43），注意字段要用插入的方法录入，运算符号“+，=”直接录入。

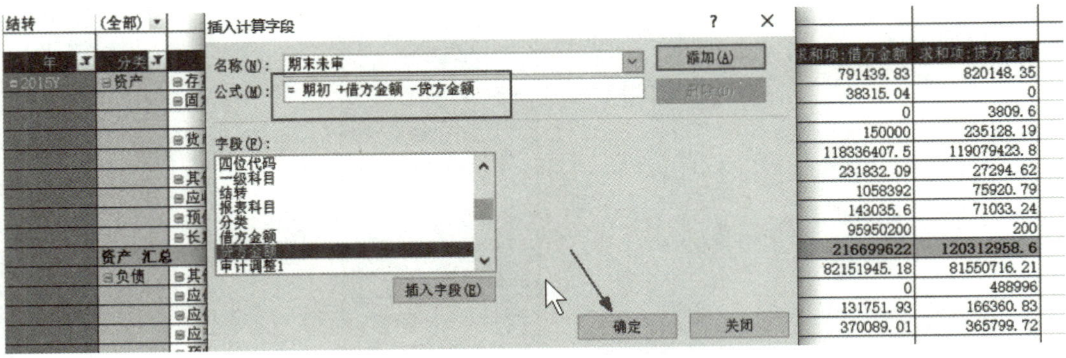

图 4-43　输入公式 = 期初 + 借方金额 - 贷方金额

接上图数值框有 6 个数值字段，数据透视表增加了“求和项：期末未审列”，如图 4-44 所示。

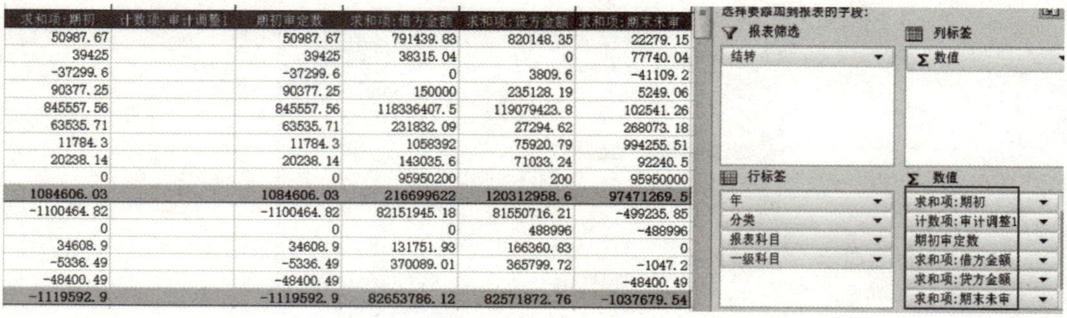

图 4-44　增加求和列：期末未审列

6. 插入审计调整 2 列

在数据透视表字段列表中，将“审计调整 2”字段拖动到数值框区域，如图 4-45 所示。

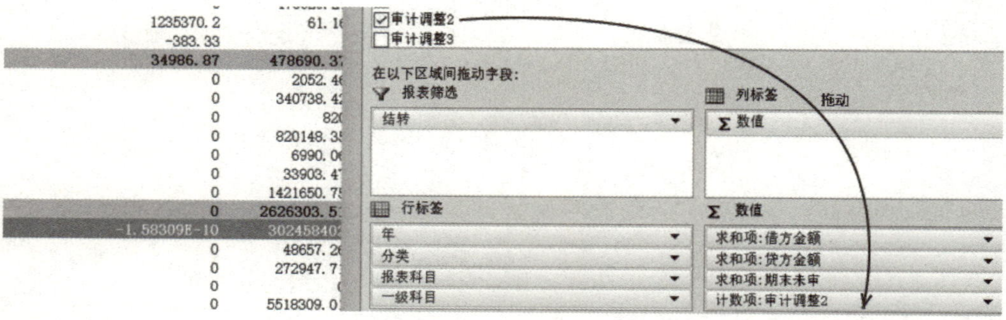

图 4-45　插入“审计调整 2”列

因为数据透视表字段列表数值框已经无法显示全部的数值字段了，所以单击数据透视表字段列表右上角的下拉菜单，选择选择仅 2×2 区域节，如图 4-46 所示。

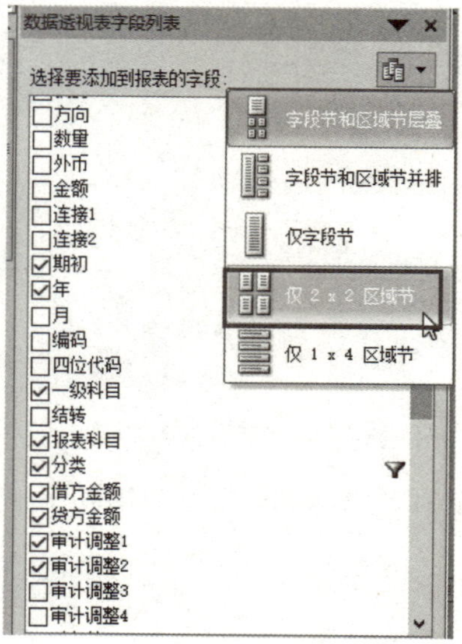

图 4-46　选择“仅 2×2 区域节”

如发现“计数项：审计调整 2”位数值列的第一行，如图 4-47 所示。

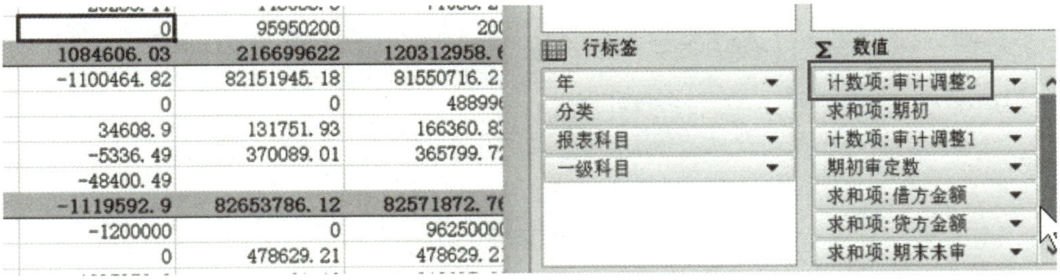

图 4-47　选择“计数项：审计调整 2”

用鼠标把“计数项：审计调整 2”拖动到最后一行，如图 4-48 所示。

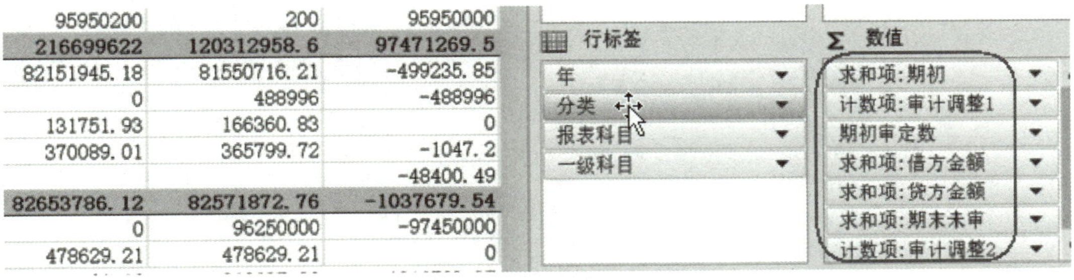

图 4-48　拖动“计数项：审计调整 2”

结果，如图 4-49 所示。

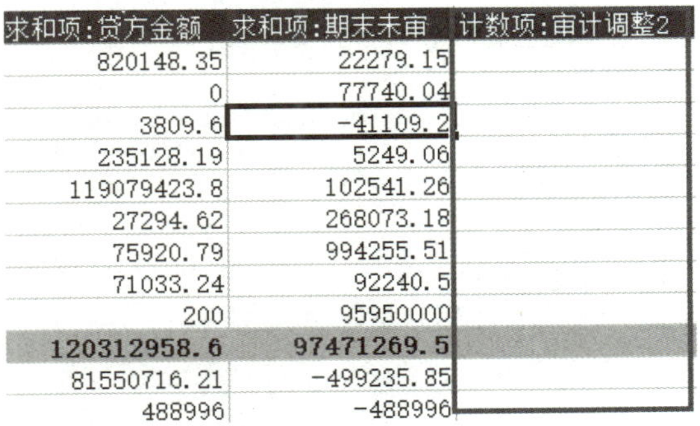

求和项:贷方金额	求和项:期末未审	计数项:审计调整2
820148.35	22279.15	
0	77740.04	
3809.6	-41109.2	
235128.19	5249.06	
119079423.8	102541.26	
27294.62	268073.18	
75920.79	994255.51	
71033.24	92240.5	
200	95950000	
120312958.6	97471269.5	
81550716.21	-499235.85	
488996	-488996	

图 4-49　拖动“计数项：审计调整 2”的结果

7. 计算期末审定数

第一步，鼠标左键单击数据透视表工具菜单，选择“域、项目和集 | 计算”字段，如图 4-50 所示。

第二步，打开对话框，如图 4-51 所示。

第三步，在名称输入“期末审定”，如图 4-52 所示。

第四步，在公式栏录入公式期末审定数 = 期末未审 + 审计调整 1+ 审计调整 2，如

图 4-53 所示。

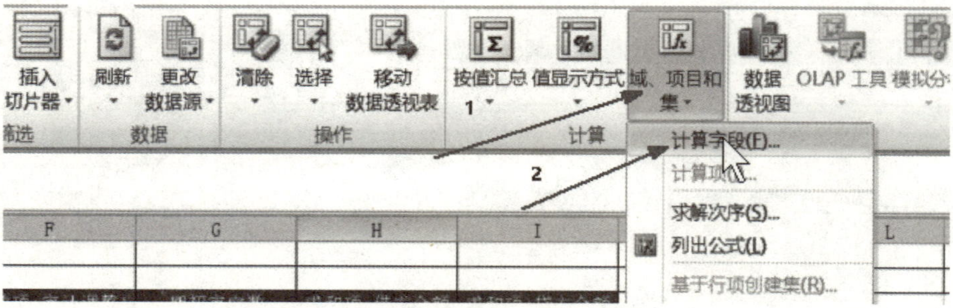

图 4-50　选择“计算字段”

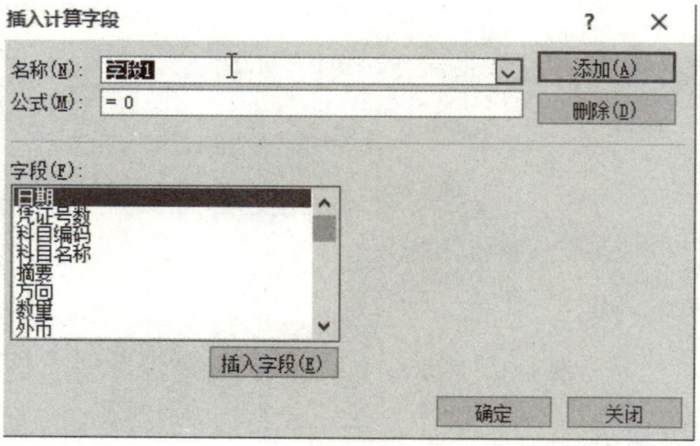

图 4-51　“插入计算字段”对话框

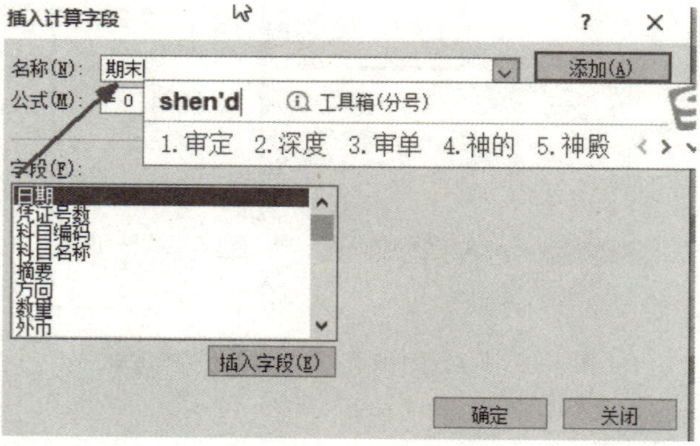

图 4-52　输入“期末审定”

第五步，数值列的 8 个字段全部拖动完毕，如图 4-54 所示。

图 4-54 完成后，用鼠标左键单击“数据透视表工具栏 | 显示 | 字段列表”（图 4-55），让数据透视表“字段列表”不显示。

选定“字段列表”，结果如图 4-56 所示。

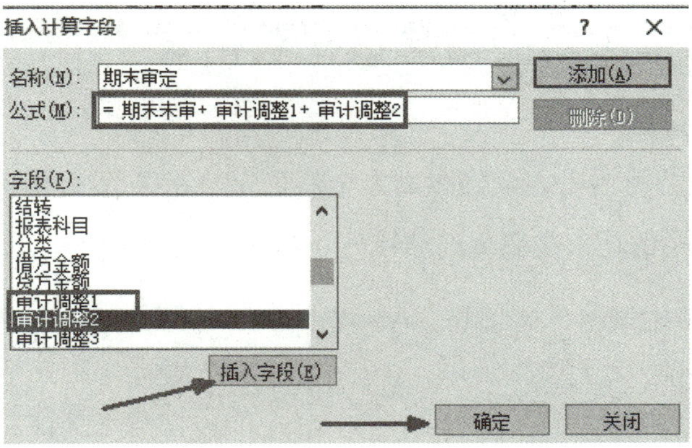

图 4-53　公式栏输入“= 期末未审 + 审计调整 1+ 审计调整 2”

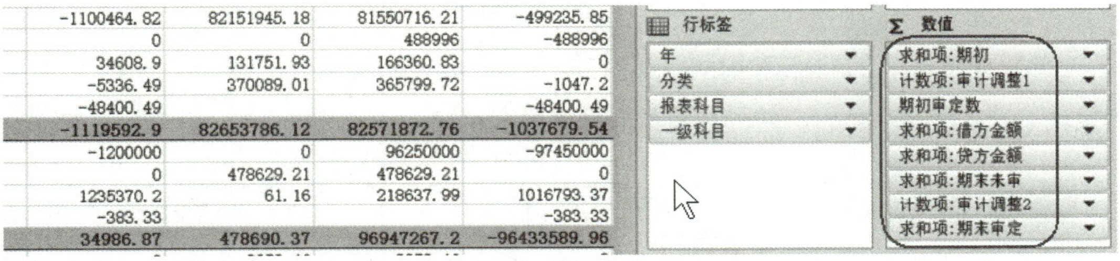

-1100464.82	82151945.18	81550716.21	-499235.85
0	0	488996	-488996
34608.9	131751.93	166360.83	0
-5336.49	370089.01	365799.72	-1047.2
-48400.49			-48400.49
-1119592.9	82653786.12	82571872.76	-1037679.54
-1200000	0	96250000	-97450000
0	478629.21	478629.21	0
1235370.2	61.16	218637.99	1016793.37
-383.33			-383.33
34986.87	478690.37	96947267.2	-96433589.96

图 4-54　数值区域

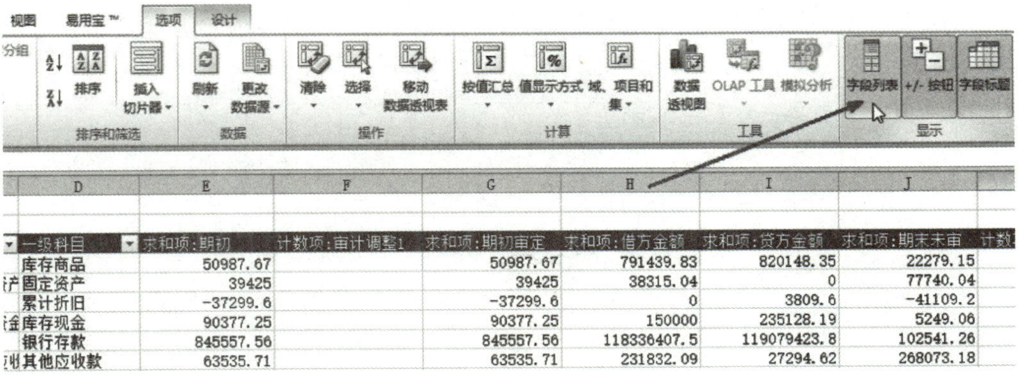

一级科目	求和项:期初	计数项:审计调整1	求和项:期初审定	求和项:借方金额	求和项:贷方金额	求和项:期末未审
库存商品	50987.67		50987.67	791439.83	820148.35	22279.15
固定资产	39425		39425	38315.04	0	77740.04
累计折旧	-37299.6		-37299.6	0	3809.6	-41109.2
库存现金	90377.25		90377.25	150000	235128.19	5249.06
银行存款	845557.56		845557.56	118336407.5	119079423.8	102541.26
其他应收款	63535.71		63535.71	231832.09	27294.62	268073.18

图 4-55　选定“字段列表”

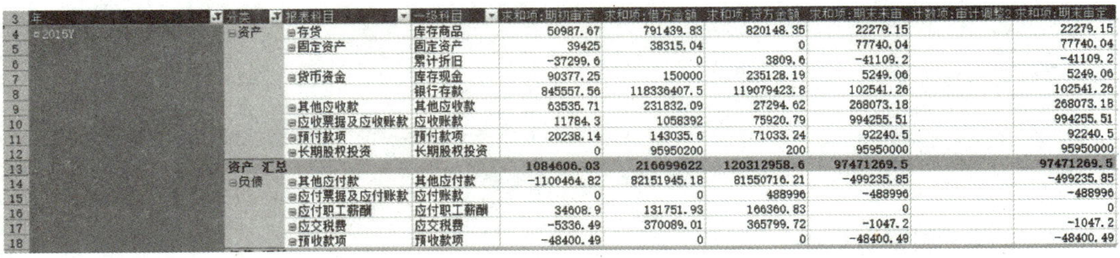

年	分类	报表科目	一级科目	求和项:期初审定	求和项:借方金额	求和项:贷方金额	求和项:期末未审	计数项:审计调整2	求和项:期末审定
2015Y	资产	存货	库存商品	50987.67	791439.83	820148.35	22279.15		22279.15
		固定资产	固定资产	39425	38315.04	0	77740.04		77740.04
			累计折旧	-37299.6	0	3809.6	-41109.2		-41109.2
		货币资金	库存现金	90377.25	150000	235128.19	5249.06		5249.06
			银行存款	845557.56	118336407.5	119079423.8	102541.26		102541.26
		其他应收款	其他应收款	63535.71	231832.09	27294.62	268073.18		268073.18
		应收票据及应收账款	应收账款	11784.3	1058392	75920.79	994255.51		994255.51
		预付款项	预付款项	20238.14	143035.6	71033.24	92240.5		92240.5
		长期股权投资	长期股权投资	0	95950200	200	95950000		95950000
	资产 汇总			1084606.03	216699622	120312958.6	97471269.5		97471269.5
	负债	其他应付款	其他应付款	-1100464.82	82151945.18	81550716.21	-499235.85		-499235.85
		应付票据及应付账款	应付账款	0	0	488996	-488996		-488996
		应付职工薪酬	应付职工薪酬	34608.9	131751.93	166360.83	0		0
		应交税费	应交税费	-5336.49	370089.01	365799.72	-1047.2		-1047.2
		预收款项	预收款项	-48400.49	0	0	-48400.49		-48400.49

图 4-56　单击“字段列表”后结果

4.3 第二次调整数据透视表格式

第一步，筛掉损益结转分录。

未筛选前，损益类的借方金额和贷方金额是完全相等的（图 4-57），因为月末结转的时候会把损益类的期末余额全部结转为 0。

权益 汇总			34986.87	478690.37	96947267.2	-96433589.96
⊟损益	⊟财务费用	财务费用	0	2052.46	2052.46	0
	⊟管理费用	管理费用	0	340738.42	340738.42	0
	⊟加：营业外收入	营业外收入	0	820	820	0
	⊟减：营业成本	主营业务成本	0	820148.35	820148.35	0
	⊟税金及附加	税金及附加	0	6990.06	6990.06	0
	⊟销售费用	销售费用	0	33903.47	33903.47	0
	⊟一、营业收入	主营业务收入	0	1421650.75	1421650.75	0
损益 汇总			0	2626303.51	2626303.51	0

图 4-57　借、贷金额相等

在数据透视表的左上角 b1 单元格右侧的黑三角单击打开下拉菜单，先把下方的“选择多项”勾选上对勾，然后把损益结转的对勾去掉，单击“确定”，如图 4-58 所示。

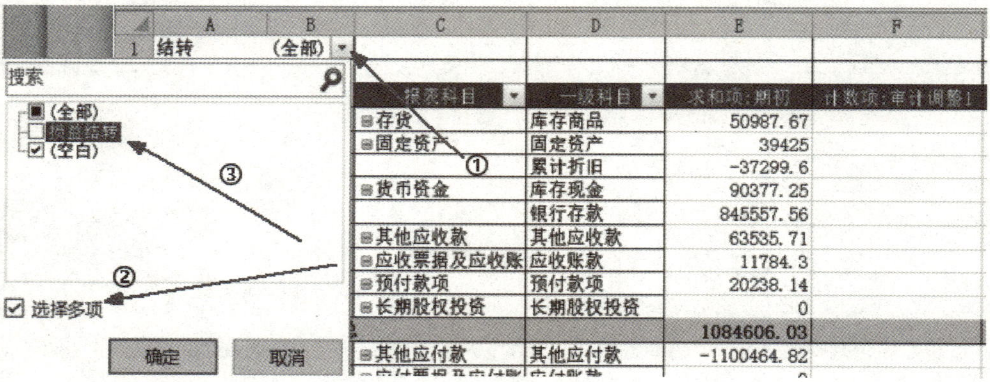

图 4-58　取消损益结转勾选

借方金额和贷方金额不再相等（图 4-59），期末未审的损益汇总就变成了本期净利润的相反数。

权益 汇总			34986.87	61.16	96250000	-96214951.97
⊟损益	⊟财务费用	财务费用	0	2052.46	0	2052.46
	⊟管理费用	管理费用	0	340738.42	0	340738.42
	⊟加：营业外收入	营业外收入	0	0	820	-820
	⊟减：营业成本	主营业务成本	0	820148.35	0	820148.35
	⊟税金及附加	税金及附加	0	6990.06	0	6990.06
	⊟销售费用	销售费用	0	33903.47	0	33903.47
	⊟一、营业收入	主营业务收入	0	0	1421650.75	-1421650.75
损益 汇总			0	1203832.76	1422470.75	-218637.99

图 4-59　借、贷金额不等

第二步，调整数据格式。

把鼠标移到到列名上面，鼠标光标变成一个黑色的小箭头，按住左键，选中所有的数值列，如图 4-60 所示。

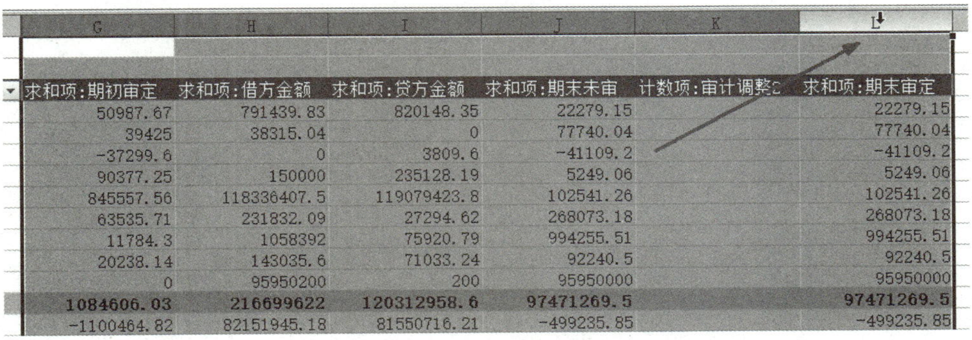

图 4-60　选中所有的数值列

右键调出快捷菜单，选择“列宽”，如图 4-61 所示。

图 4-61　选择“列宽”

打开“列宽”对话框，输入 15，单击“确定”，如图 4-62 所示。

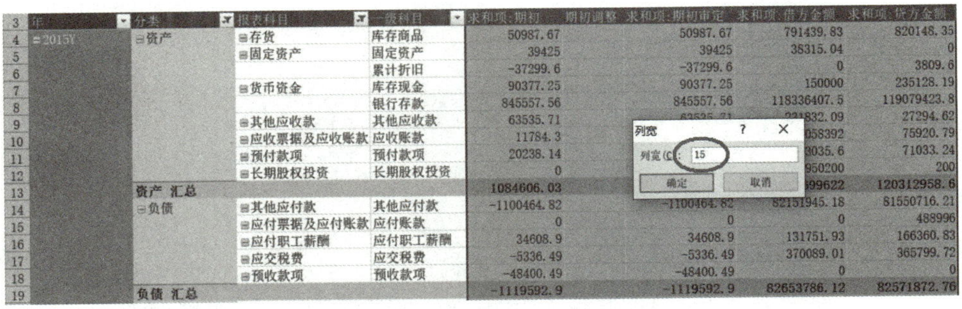

图 4-62　列宽对话框

“计数项：审计调整 2”列名字修改为“期末调整”，如图 4-63 所示。

鼠标左键选中第三行列名称，对齐方式选择“居中”，如图 4-64 所示。

选中 E4:L1000，键盘按 Ctrl+1 调出设置单元格格式快捷菜单，选择“数值”，选择小数位数 2 位，选择使用千位分隔符，选择负数加括号并标红的负数格式，鼠标左键单击“确定”，如图 4-65 所示。

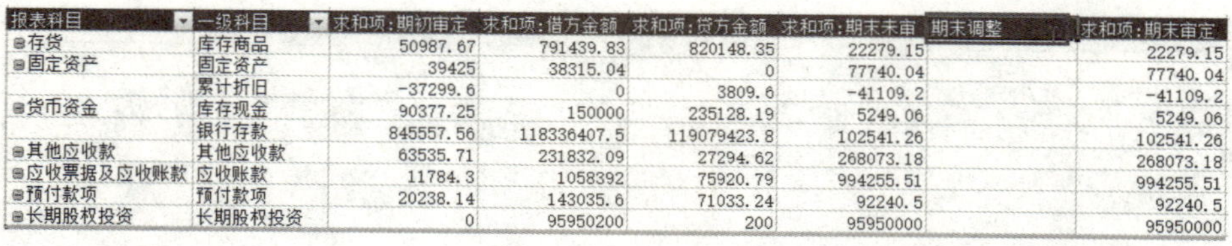

报表科目	一级科目	求和项:期初审定	求和项:借方金额	求和项:贷方金额	求和项:期末未审	期末调整	求和项:期末审定
⊟存货	库存商品	50987.67	791439.83	820148.35	22279.15		22279.15
⊟固定资产	固定资产	39425	38315.04	0	77740.04		77740.04
	累计折旧	-37299.6	0	3809.6	-41109.2		-41109.2
⊟货币资金	库存现金	90377.25	150000	235128.19	5249.06		5249.06
	银行存款	845557.56	118336407.5	119079423.8	102541.26		102541.26
⊟其他应收款	其他应收款	63535.71	231832.09	27294.62	268073.18		268073.18
⊟应收票据及应收账款	应收账款	11784.3	1058392	75920.79	994255.51		994255.51
⊟预付款项	预付款项	20238.14	143035.6	71033.24	92240.5		92240.5
⊟长期股权投资	长期股权投资	0	95950200	200	95950000		95950000

图 4-63　修改审计调整 2

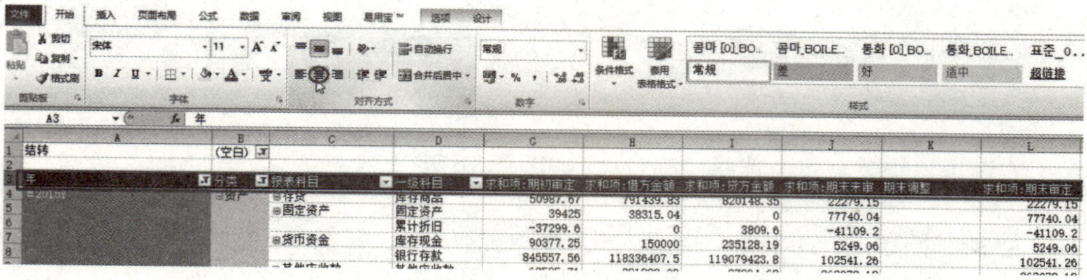

图 4-64　对齐方式

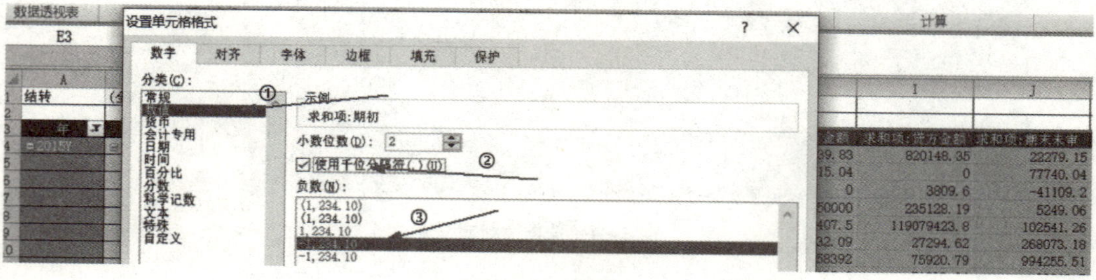

图 4-65　设置单元格格式

很多比较长的数值不能正确显示，如图 4-66 所示。

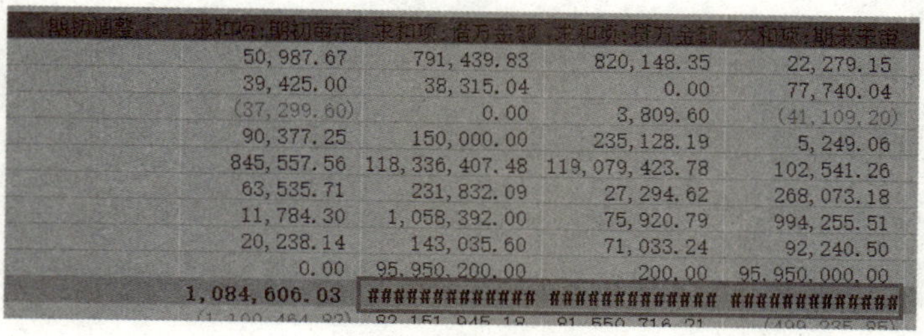

期初调整	求和项:期初审定	求和项:借方金额	求和项:贷方金额	求和项:期末未审
	50,987.67	791,439.83	820,148.35	22,279.15
	39,425.00	38,315.04	0.00	77,740.04
	(37,299.60)	0.00	3,809.60	(41,109.20)
	90,377.25	150,000.00	235,128.19	5,249.06
	845,557.56	118,336,407.48	119,079,423.78	102,541.26
	63,535.71	231,832.09	27,294.62	268,073.18
	11,784.30	1,058,392.00	75,920.79	994,255.51
	20,238.14	143,035.60	71,033.24	92,240.50
	0.00	95,950,200.00	200.00	95,950,000.00
	1,084,606.03	##############	##############	##############
	[illegible]	[illegible]	[illegible]	[illegible]

图 4-66　数值不能显示

单击“开始丨字体丨选择 :Arial Narrow 字体”(图 4-67)，这是一个比较瘦的字体，可以有效地解决数值字符过宽的问题。

数字显示不全的问题得到了解决，如图 4-68 所示。

隐藏 E 列、F 列，鼠标光标放到列名上，变成一个黑色向下的小箭头。按住左键，选择 E 列、F 列。右键调出快捷菜单，选择隐藏，如图 4-69 所示。

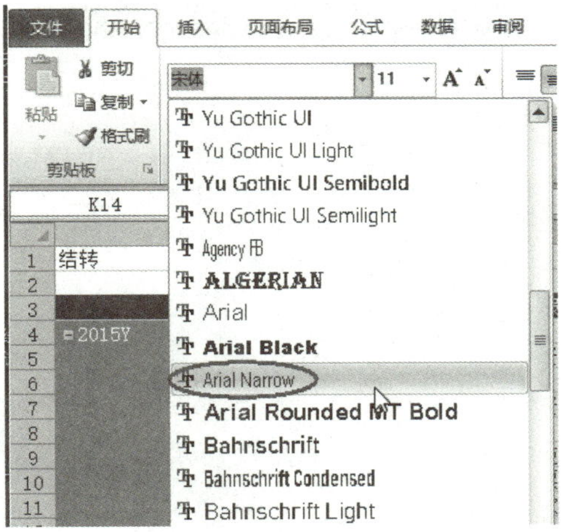

图 4-67　调整字体

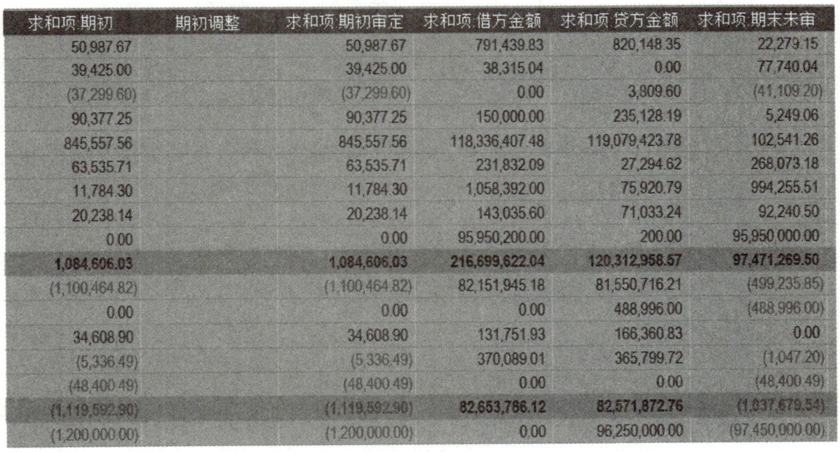

求和项:期初	期初调整	求和项:期初审定	求和项:借方金额	求和项:贷方金额	求和项:期末未审
50,987.67		50,987.67	791,439.83	820,148.35	22,279.15
39,425.00		39,425.00	38,315.04	0.00	77,740.04
(37,299.60)		(37,299.60)	0.00	3,809.60	(41,109.20)
90,377.25		90,377.25	150,000.00	235,128.19	5,249.06
845,557.56		845,557.56	118,336,407.48	119,079,423.78	102,541.26
63,535.71		63,535.71	231,832.09	27,294.62	268,073.18
11,784.30		11,784.30	1,058,392.00	75,920.79	994,255.51
20,238.14		20,238.14	143,035.60	71,033.24	92,240.50
0.00		0.00	95,950,200.00	200.00	95,950,000.00
1,084,606.03		**1,084,606.03**	**216,699,622.04**	**120,312,958.57**	**97,471,269.50**
(1,100,464.82)		(1,100,464.82)	82,151,945.18	81,550,716.21	(499,235.85)
0.00		0.00	0.00	488,996.00	(488,996.00)
34,608.90		34,608.90	131,751.93	166,360.83	0.00
(5,336.49)		(5,336.49)	370,089.01	365,799.72	(1,047.20)
(48,400.49)		(48,400.49)	0.00	0.00	(48,400.49)
(1,119,592.90)		**(1,119,592.90)**	**82,653,786.12**	**82,571,872.76**	**(1,037,679.54)**
(1,200,000.00)		(1,200,000.00)	0.00	96,250,000.00	(97,450,000.00)

图 4-68　调整字体后结果

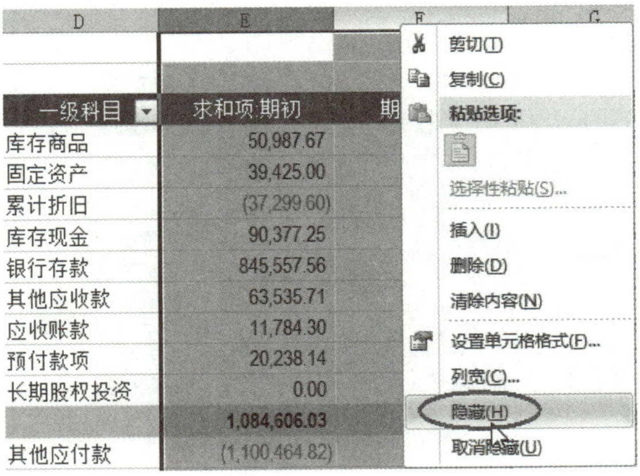

图 4-69　隐藏列

隐藏的列上会有一条黑色的粗线，如图 4-70 所示。

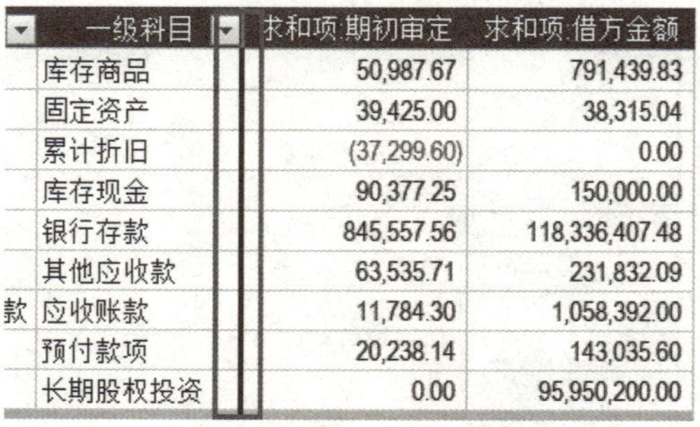

	一级科目		求和项:期初审定	求和项:借方金额
	库存商品		50,987.67	791,439.83
	固定资产		39,425.00	38,315.04
	累计折旧		(37,299.60)	0.00
	库存现金		90,377.25	150,000.00
	银行存款		845,557.56	118,336,407.48
	其他应收款		63,535.71	231,832.09
款	应收账款		11,784.30	1,058,392.00
	预付款项		20,238.14	143,035.60
	长期股权投资		0.00	95,950,200.00

图 4-70　隐藏列标识

报表科目、分类、年份的重复标签都没有显示，这样以后用函数的时候无法读取数据，选中报表科目列任意单元格，选择数据透视表“工具 | 设计 | 报表布局 | 重复所有项目标签（R）”，如图 4-71 所示。

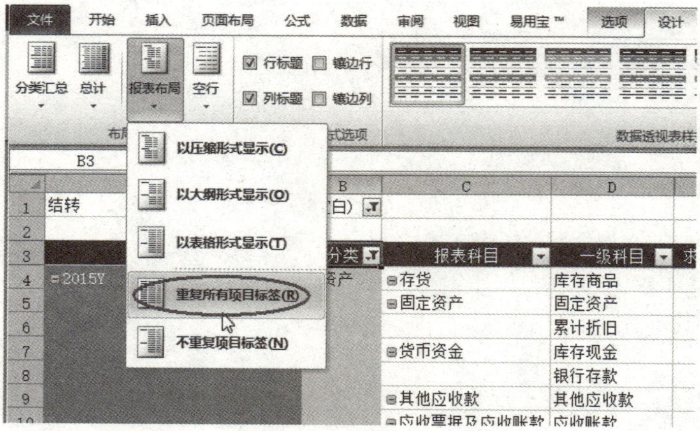

图 4-71　报表布局

年份列、分类列重复报表科目列的操作，结果如图 4-72 所示，标签列不能有空格，否则数据无法用函数抓取。

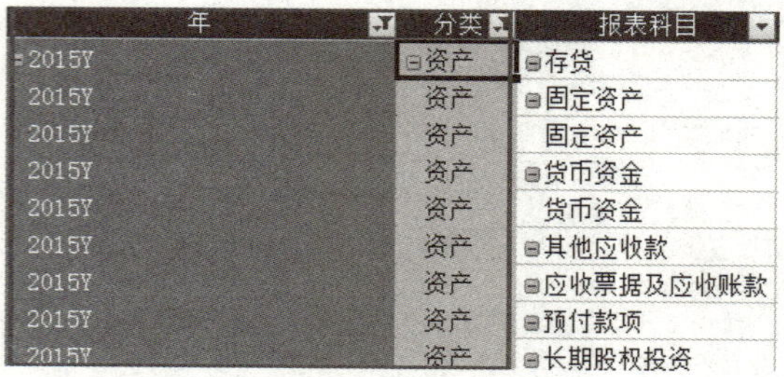

年	分类	报表科目
2015Y	资产	存货
2015Y	资产	固定资产
2015Y	资产	固定资产
2015Y	资产	货币资金
2015Y	资产	货币资金
2015Y	资产	其他应收款
2015Y	资产	应收票据及应收账款
2015Y	资产	预付款项
2015Y	资产	长期股权投资

图 4-72　重复所有项目标签结果

结果图，将表名称重命名为“tb 备份”，到此为止试算平衡表的编制步骤全部演示完成。演示这个操作步骤的时候为了更好展示过程，我做了录屏处理，并且同时录制了“宏”，如图 4-73 所示。

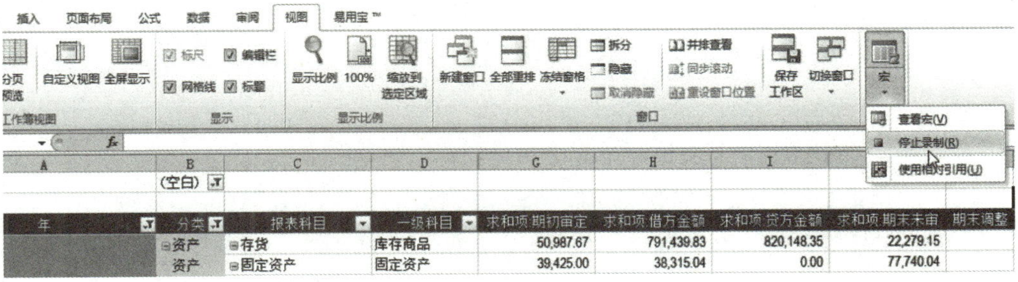

图 4-73　宏 - 停止录制

录屏计时我边讲解边操作用时 13 分钟，如果不讲解直接操作，应该在 5 分钟左右能做好这个 TB 表。

由于录制了“宏”，且在序时账里面设置了一个运行“宏”的箭头，在序时账表格里只要鼠标左键单击下编制 tb 这个箭头（如图 4-74 所示），这个 tb 备份表只需要几秒钟就可以编制好。

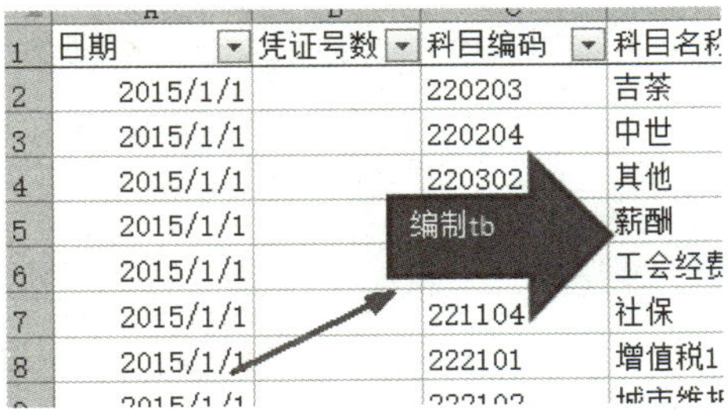

图 4-74　编制 tb 宏

试算平衡表包含了所有编制财务报表的数据。在后面编制财务报表时只要用函数把试算平衡表的数据抓取过去就可以了。如果账务发生变动：比如新增、更正，只要把序时账里面的原始数据部分更新一下，然后整个表格一刷新，试算平衡表、财务报表就会更新成最新的报表。虽然不如财务软件可视化程度高，但原理是一样的，而且用 Excel 表格通用性强，基础的模型是自己做的，可以根据自己的业务需要任意修改，使用熟练的话，是不逊于财务软件的，现在我们公司记账，我做审计查看客户的账务都是采用的这个系统。

如果想很好的应用，最好把本书从头到尾自己操作一遍。会用了以后就不用这么麻烦了，只要把序时账、余额表录入进去，或导入进去，刷新一下下，剩下的工作都由表格的透视表，函数去完成，可以大大地提高工作效率。

第5章

编制利润表、资产负债表：一个组合函数完成，信不信由你

经过前面比较烦琐的整理序时账、余额表阶段和比较“烧脑”的编制试算平衡表阶段，现在进入编制财务报表阶段。利润表和资产负债表的数据在试算平衡表中已经整理好了，只要用一个组合函数把数据取过来就可以了。所以这一章其实是全书最简单的一章，但这一章也很重要，因为财务会计工作要的就是这几张报表。

编制资产负债表、利润表讲解视频

5.1 编制利润表

利润表 (Profit and Loss statement，简称 PL），是反映企业在一定会计期间的经营成果的财务报表。国际上常用的利润表格式有单步式和多步式两种：一是单步式，即将当期收入总额相加，然后将所有费用总额相加，一次计算出当期收益的方式，其特点是所提供的信息都是原始数据，便于理解；二是多步式，即将各种利润分多步计算求得净利润的方式，便于使用人对企业经营情况和盈利能力进行比较和分析。

由于它反映的是某一时期的情况，所以，又被称为动态报表。有时，利润表也称损益表、收益表。

企业一定会计期间的经营成果既可能表现为盈利，也可能表现为亏损，因此，利润表也被称为损益表。它全面揭示了企业在某一特定时期实现的各种收入、发生的各种费用、成本或支出，以及企业实现的利润或发生的亏损情况。

5.1.1 利润表编制原理

利润表是根据“收入 - 费用 = 利润”的基本关系来编制的，其具体内容取决于收入、费用、利润等会计要素及其内容，利润表项目是收入、费用和利润要素内容的具体体现。从反映企业经营资金运动的角度看，它是一种反映企业经营资金动态表现的报表，主要提供有关企业经营成果方面的信息，属于动态会计报表。

新建一个工作表，重命名为利润表或者 PL，如图 5-1 所示。

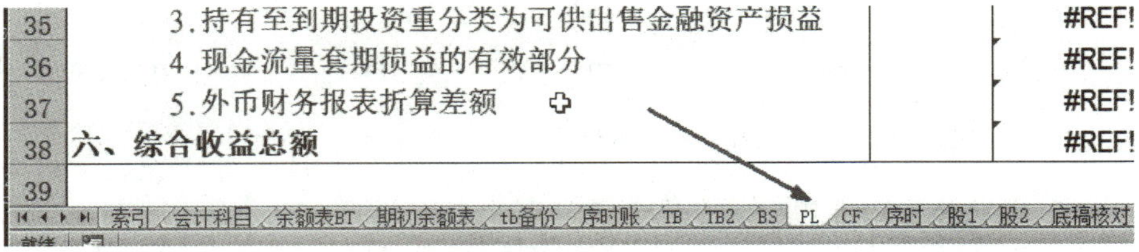

图 5-1　新建工作表 PL

会计师事务所每年都会根据监管部门的要求更新财务报表，但是财务软件一般购买之后财务报表的格式不能改变，所以建议找一套会计师事务所的报表模板复制粘贴到 PL 表中作为报表模板。我用的报表模板是中兴财光华会计师事务所 2019 年半年报的最新报表模板。如果没有最新的报表模板，下载税务的报表模板，或者就用财务软件导出的报表模板也可以，把最新准则中变更的科目手工修改下即可。

样表如图 5-2 所示。

利　润　表

编制单位：无无明（北京）管理咨询有限公司　　　　单位：人民币元

项　　目	附注	2018 年度	2017 年度
一、营业收入		10,336,282.91	6,927,350.69
减：营业成本		7,677,360.44	2,946,173.79
税金及附加		33,280.19	22,879.31
销售费用		704,591.09	379,562.04
管理费用		7,271,227.00	3,145,958.23
研发费用		702,867.24	471,359.85
财务费用		15,780.03	5,839.30
其中：利息费用		-	-
利息收入		-	-
二、营业利润（亏损以“-”号填列）		(6,068,823.08)	(44,421.83)
加：营业外收入		282.21	155,174.01
减：营业外支出		693.10	(2,380.00)
三、利润总额（亏损总额以“-”号填列）		(6,069,233.97)	113,132.18
减：所得税费用		-	-
四、净利润（净亏损以“-”号填列）		(6,069,233.97)	113,132.18
六、综合收益总额		(6,069,233.97)	113,132.18

公司法定代表人：　　　主管会计工作的公司负责人：　　　公司会计机构负责人：

图 5-2　利润表

5.1.2　分解利润表用到的函数组合

用函数把试算平衡表中的数据抓取到 PL。

函数简介

这里用到一个函数组合 =-ROUND(SUM(SUMIFS(TB!$L$3:$L$600,TB!$C$3:$C$600,TRIM(B5）,TB!$A$3:$A$600,{"*2018*"})),2)

下面我还是从内向外的讲解下这个函数组合。

这个函数组合的核心函数是 SUMIFS 函数，SUMIFS 函数用于计算单元格区域或数组中符合多个指定条件的数字的总和。

1. SUMIFS 函数格式

SUMIFS(sum_range,criteria_range1,criteria1,[criteria_range2],[criteria2],…)

2. 参数说明

sum_range(必选)：表示要求和的单元格区域。

criteria_range1(必选)表示要作为条件进行判断的第 1 个单元格区域。

criteria_range2,…(可选)：表示要作为条件进行判断的第 2~127 个单元格区域。

criteria1(必选)：表示要进行判断的第 1 个条件，形式可以为数字、文本或表达式。例如，16、"16"、">16"、" 图书 " 或 ">"&A1。

criteria2,…(可选)：表示要进行判断的第 2~127 个条件，形式可以为数字、文本或表达式。

3. 用中文表示函数

SUMIFS(要求和的单元格区域 , 作为条件进行判断的第 1 个单元格区域 , 进行判断的第 1 个条件 , 要作为条件进行判断的第 2~127 个单元格区域 , 要进行判断的第 2~127 个条件 ,…)

5.1.3 怎样用函数编制利润表

我们要把图 5-2TB 表的数据抓取到 C5 的位置（图 5-4），两个条件：第一个条件是在图 5-2 找到“一、营业收入”对应的数值。图 5-2 的营业收入有三个数值，如果不设定第二个条件，SUMIFS 函数会返回这三个数值的和。所以需要设定第二个条件，我们只要 2018 年的营业收入的数值。

数据表图例如图 5-3 所示。

1	结转	(空白)		
2	要作为条件判断的第2个单元格区域		要作为条件判断的第1个单元格区域	要求和的单元格区域
3	年	分类	报表科目	求和项:期末审定
4	⊟2017Y	⊟损益	⊟财务费用	5,839.30
5	2017Y	损益	⊟管理费用	3,617,318.08
6	2017Y	损益	⊟加：营业外收入	(155,174.01)
7	2017Y	损益	⊟减：营业成本	2,946,173.79
8	2017Y	损益	⊟减：营业外支出	(2,380.00)
9	2017Y	损益	⊟税金及附加	22,879.31
10	2017Y	损益	⊟销售费用	379,562.04
11	2017Y	损益	⊟一、营业收入	(6,925,837.02)
12	2017Y	损益	一、营业收入	(1,513.67)
13	2017Y	损益 汇总		(113,132.18)
14	2017Y 汇总			(113,132.18)
15	⊟2018Y	⊟损益	⊟财务费用	15,780.03
16	2018Y	损益	⊟管理费用	7,974,094.24
17	2018Y	损益	⊟加：营业外收入	(282.21)
18	2018Y	损益	⊟减：营业成本	8,502.01
19	2018Y	损益	减：营业成本	7,668,858.43
20	2018Y	损益	⊟减：营业外支出	693.10
21	2018Y	损益	⊟税金及附加	33,280.19
22	2018Y	损益	⊟销售费用	704,591.09
23	2018Y	损益	⊟一、营业收入	(10,336,282.91)
24	2018Y	损益 汇总		6,069,233.97
25	2018Y 汇总			6,069,233.97
26	总计			5,956,101.79

图 5-3 数据表

利 润 表

编制单位：无无明（北京）管理咨询有限公司　　　　单位：人民币元

项 目	附注	2018年度	2017年度
一、营业收入		10,336,282.91	6,927,350.69
减：营业成本		7,677,360.44	2,946,173.79
税金及附加		33,280.19	22,879.31
销售费用		704,591.09	379,562.04
管理费用		7,271,227.00	3,145,958.23
研发费用		702,867.24	471,359.85

图 5-4　三个限定条件

在利润表（PL）D5 单元格键入公式：

=SUMIFS(TB!$L$3:$L$600,TB!$C$3:$C$600,TRIM(B5),TB!$A$3:$A$600,{"*2018*"})

下面我分步把这个公式由内到外的作用详细讲解一遍。

第一步，TB!$L$3:$L$600，是要“求和”的单元格区域（图 5-5）。这个区域要求要绝对引用，所以表示列名的 L 前面加了 $，表示为 $L，表示行名的 3、600 都加了 $，表示为 $3、$600。

	A	B	C	L
1	结转	(空白)		
2	要作为条件进行判断的第2-127个单元格区域		要作为条件进行判断的第1个单元格区域	要求和的单元格区域
3	年	分类	报表科目	求和项:期末审定数
4	⊟2017Y	⊟损益	⊞财务费用	5,839.30
5	2017Y	损益	⊞管理费用	3,617,318.08
6	2017Y	损益	⊞加：营业外收入	(155,174.01)
7	2017Y	损益	⊞减：营业成本	2,946,173.79
8	2017Y	损益	⊞减：营业外支出	(2,380.00)
9	2017Y	损益	⊞税金及附加	22,879.31
10	2017Y	损益	⊞销售费用	379,562.04
11	2017Y	损益	⊞一、营业收入	(6,925,837.02)
12	2017Y	损益	一、营业收入	(1,513.67)
13	2017Y	损益 汇总		(113,132.18)
14	⊟2018Y	⊟损益	⊞财务费用	15,780.03
15	2018Y	损益	⊞管理费用	7,974,094.24
16	2018Y	损益	⊞加：营业外收入	(282.21)
17	2018Y	损益	⊞减：营业成本	8,502.01
18	2018Y	损益	减：营业成本	7,668,858.43
19	2018Y	损益	⊞减：营业外支出	693.10
20	2018Y	损益	⊞税金及附加	33,280.19
21	2018Y	损益	⊞销售费用	704,591.09
22	2018Y	损益	⊞一、营业收入	(10,336,282.91)
23	2018Y	损益 汇总		6,069,233.97
24	总计			5,956,101.79

图 5-5　要求和的单元格区域

第二步，TB!$C$3:$C$600，要作为条件进行判断的第 1 个单元格区域（图 5-6）。

这里面有个注意事项，就是行数的选取区域一定“和”要求和的单元格区域的完全一致。我自己一开始用这个公式时总报错，特别苦恼。后面才发现是因为自己没那么细心，选取判断区域的时候没注意行号与要求和区域的行号完全一样才行。也就是说求和区域选的 3~600 行，条件区域也必须是 3~600 行，如果选了 2~600 行，那这个函数就会报错，我这个是 Excel2010 之前版本的经验，不知道 2013 之后是不是这个函数更智能了。

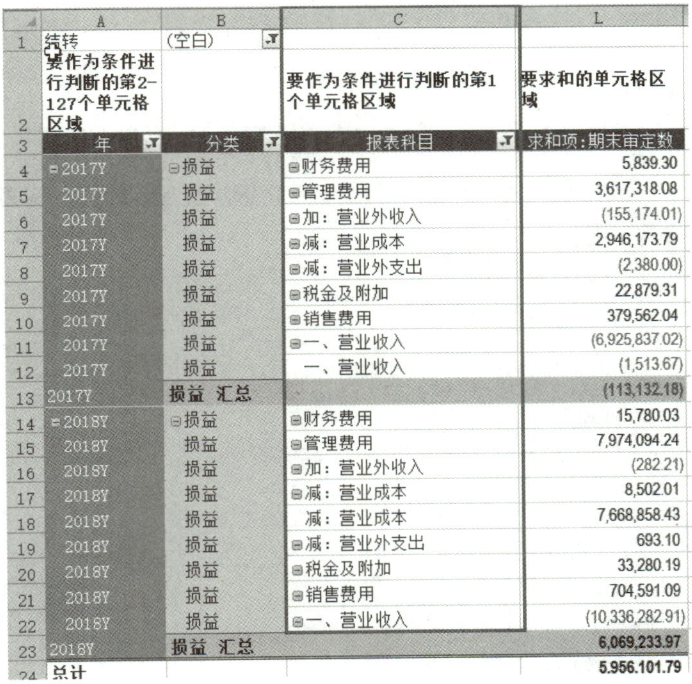

	A	B	C	L
1	结转	(空白)		
2	要作为条件进行判断的第2-127个单元格区域		要作为条件进行判断的第1个单元格区域	要求和的单元格区域
3	年	分类	报表科目	求和项:期末审定数
4	2017Y	损益	财务费用	5,839.30
5	2017Y	损益	管理费用	3,617,318.08
6	2017Y	损益	加：营业外收入	(155,174.01)
7	2017Y	损益	减：营业成本	2,946,173.79
8	2017Y	损益	减：营业外支出	(2,380.00)
9	2017Y	损益	税金及附加	22,879.31
10	2017Y	损益	销售费用	379,562.04
11	2017Y	损益	一、营业收入	(6,925,837.02)
12	2017Y	损益	一、营业收入	(1,513.67)
13	2017Y	损益 汇总		(113,132.18)
14	2018Y	损益	财务费用	15,780.03
15	2018Y	损益	管理费用	7,974,094.24
16	2018Y	损益	加：营业外收入	(282.21)
17	2018Y	损益	减：营业成本	8,502.01
18	2018Y	损益	减：营业成本	7,668,858.43
19	2018Y	损益	减：营业外支出	693.10
20	2018Y	损益	税金及附加	33,280.19
21	2018Y	损益	销售费用	704,591.09
22	2018Y	损益	一、营业收入	(10,336,282.91)
23	2018Y	损益 汇总		6,069,233.97
24	总计			5,956,101.79

图 5-6　要作为条件进行判断的第 1 个单元格区域

第三步，TRIM(B5)，要作为条件进行判断的第 1 个单元格区域。这里用到了一个 TRIM 函数，作用是去掉 B5 单元格内容两边的空格。

第四步，TB!$A$3:$A$600。要作为条件进行判断的第 2 个单元格区域，如图 5-7 所示。

第五步，{"*2018*"} 要作为条件进行判断的第 2 个单元格区域。这个大花括号的作用是如果有并列的条件，比如需要选择 2017 和 2018 的数据就是这个样子 {"*2017*","*2018*"}，后面介绍资产负债表抓取数值的时候就会用到并列的条件，“*”的作用是通配符，前后都有“*”的情况下，只要这个字符串有 2018，就符合条件，不管 2018 前后是否有其他文本，如果没有“*”这个通配符，比如 {"2018"}，这种情况下条件第 2 个单元格区域的文本必须是“2018”这 4 个字符才行，咱们的字符是

2018Y 是不能选中的。因为后面加了“Y”，所以只有 {"2018*"}、{"*2018*"} 这两种情况才能选中。

第六步，加一个 SUM 函数外套，SUM 函数的格式：SUM()，不需要参数，这个函数的作用是求和，如果不加这个外套，SUMIFS 函数的条件求和遇到条件中有并列条件的，就会只对第一个条件求和，忽略后面并列的条件。比如第五步中 {"*2017*","*2018*"}，这个参数的意思是要对 2017 年和 2018 年的数据求和，如果不加 SUM 函数的外套，SUMIFS 函数只会对 2017 年的数据求和。

	A	B	C	L
1	结转	(空白)		
2	要作为条件进行判断的第2-127个单元格区域		要作为条件进行判断的第1个单元格区域	要求和的单元格区域
3	年	分类	报表科目	求和项:期末审定数
4	⊟2017Y	⊟损益	⊟财务费用	5,839.30
5	2017Y	损益	⊟管理费用	3,617,318.08
6	2017Y	损益	⊟加：营业外收入	(155,174.01)
7	2017Y	损益	⊟减：营业成本	2,946,173.79
8	2017Y	损益	⊟减：营业外支出	(2,380.00)
9	2017Y	损益	⊟税金及附加	22,879.31
10	2017Y	损益	⊟销售费用	379,562.04
11	2017Y	损益	⊟一、营业收入	(6,925,837.02)
12	2017Y	损益	一、营业收入	(1,513.67)
13	2017Y	损益 汇总		(113,132.18)
14	⊟2018Y	⊟损益	⊟财务费用	15,780.03
15	2018Y	损益	⊟管理费用	7,974,094.24
16	2018Y	损益	⊟加：营业外收入	(282.21)
17	2018Y	损益	⊟减：营业成本	8,502.01
18	2018Y	损益	减：营业成本	7,668,858.43
19	2018Y	损益	⊟减：营业外支出	693.10
20	2018Y	损益	⊟税金及附加	33,280.19
21	2018Y	损益	⊟销售费用	704,591.09
22	2018Y	损益	⊟一、营业收入	(10,336,282.91)
23	2018Y	损益 汇总		6,069,233.97
24	总计			5,956,101.79

图 5-7　要作为条件进行判断的第 2 个单元格区域

第七步，加一个 -ROUND 函数的外套。

ROUND 函数的语法是：ROUND(number,num_digits)，即：ROUND（数值，保留的小数位数），如图 5-8 所示。

负号的意思是数据表的收入是贷方数，利润表的收入是正数，所以用负号把取过来的负数变为正数。

再次提醒，写入 Excel 表格的公式必须在半角状态，尤其是“""”“,”，我自己的习惯是录入公式的这两个符号是切换到大写格式，有时候一个逗号写不对，公式就会报错，切记！切记！

在利润表（PL）E5 单元格键入公式 =-ROUND(SUM(SUMIFS(TB!$L$3:$L$600, TB!$C$3:$C$600,TRIM(B5）,TB!$A$3:$A$600,{"*2017*"})),2)

选中利润表 D5:E5 单元格，鼠标光标移动到 E5 单元格右下角，变成一个黑色的小十字状，按住鼠标左键向下拖动，把公式拖动到利润表的所有科目；也可以用键盘 Ctrl+C 键拷贝 D5:E5 单元格，再按键盘 Ctrl+V 粘贴；还可以用键盘 Ctrl+C 拷贝 D5:E5 单元格，在目标单元格鼠标右键单击，选中选择性粘贴，粘贴公式。

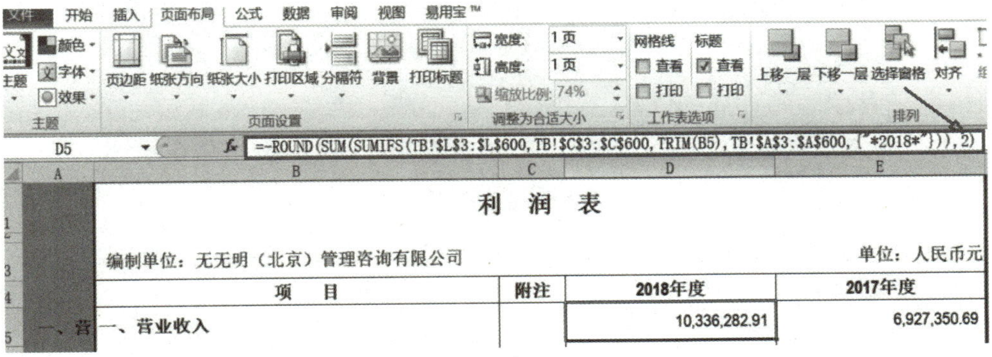

图 5-8　-ROUND 函数

把利润表的公式都粘贴完毕后注意公式取出来的数据的正负号不要取错。然后在利润表 D20 录入公式：=D5-SUM(D6,D7,D8,D9,D10,D11,D14）+D16+D18+D19

营业利润 = 营业收入 − 营业成本 − 税金及附加 − 销售费用 − 管理费用 − 研发费用 − 财务费用 − 资产减值损失 + 其他收益 + 投资收益 + 公允价值变动收益 + 资产处置收益

利润表 D23 录入公式：= D20 + D21−D22

利润总额 = 营业利润 + 营业外收入 − 营业外支出

利润表 D25 录入公式：= D23 − D24

净利润 = 营业利润 − 所得税费用

其他综合收益部分填写相关的权益变动不影响损益。

把上述步骤在 E 列重新操作一遍。

5.1.4　设置利润表格式

单击鼠标左键，选中利润表打印区域 B1:E40，选择“页面布局 | 打印区域 | 设置打印区域”，单击左键，如图 5-9 所示。

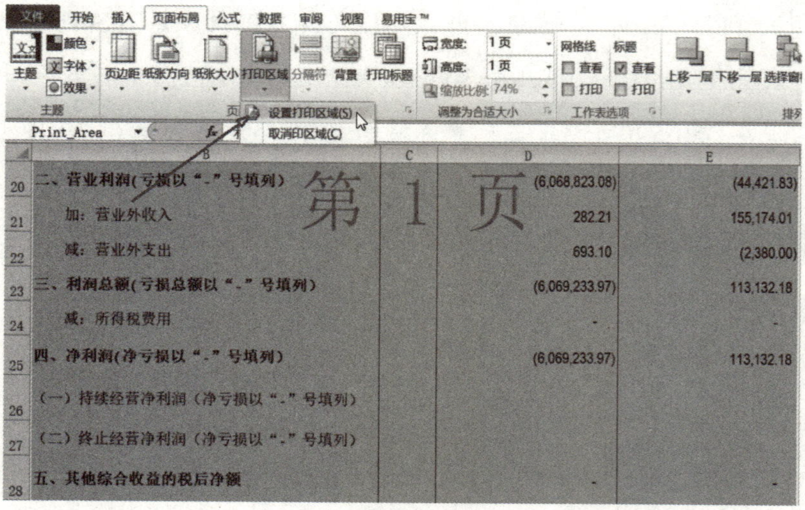

图 5-9 设置打印区域

在键盘上按“Ctrl+P”打开打印预览模式，设置菜单中选择页面设置，如图 5-10 所示。

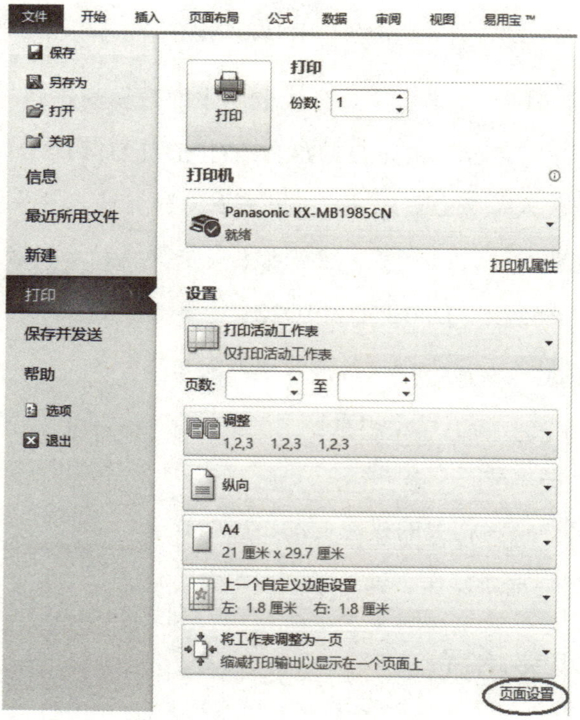

图 5-10 设置菜单中选择 - 页面设置

设置打印的页面，如图 5-11 所示。

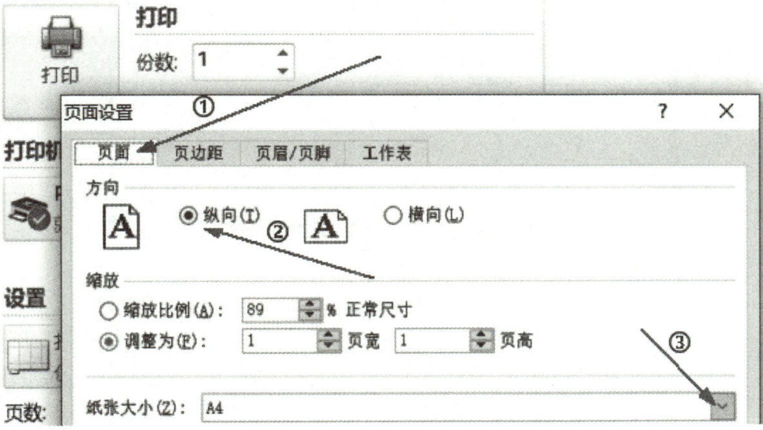

图 5-11　设置打印的页面

打开页边距对话框，选择适合的页边距，“居中方式 | 水平居中”打钩。“垂直居中”不选，如图 5-12 所示。

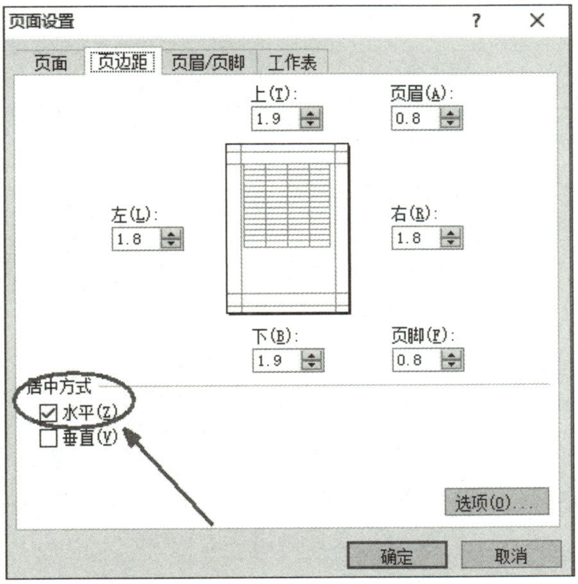

图 5-12　设置打印的页边距

打开“页眉 | 页脚”对话框，勾选“随文档自动缩放”，鼠标单击“自定义页脚”，如图 5-13 所示。

打开“自定义页脚”对话框在中间录入 -&[页码]+2-，加 2 的情况是让表格的页码从 3 开始；如果不加 2 表格的页码从 1 开始（图 5-14）。设置好之后点确定退出。

退到打印设置的初始页面，选择“将工作表调整为一页”，如图 5-15 所示。

至此利润表的编制工作完成。

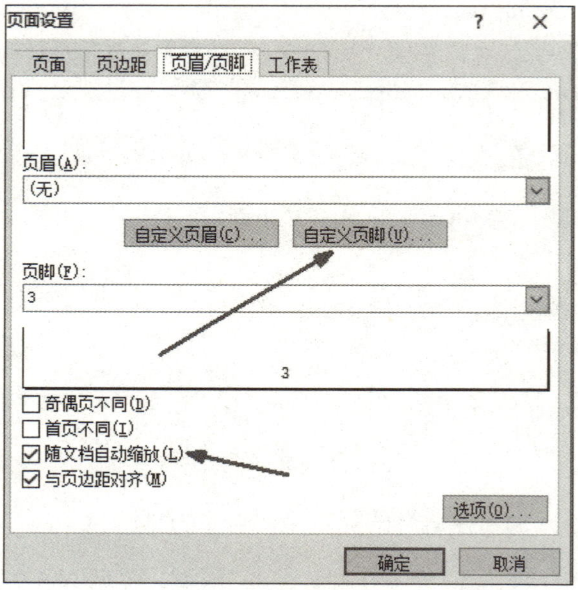

图 5-13　设置打印的页眉 / 页脚

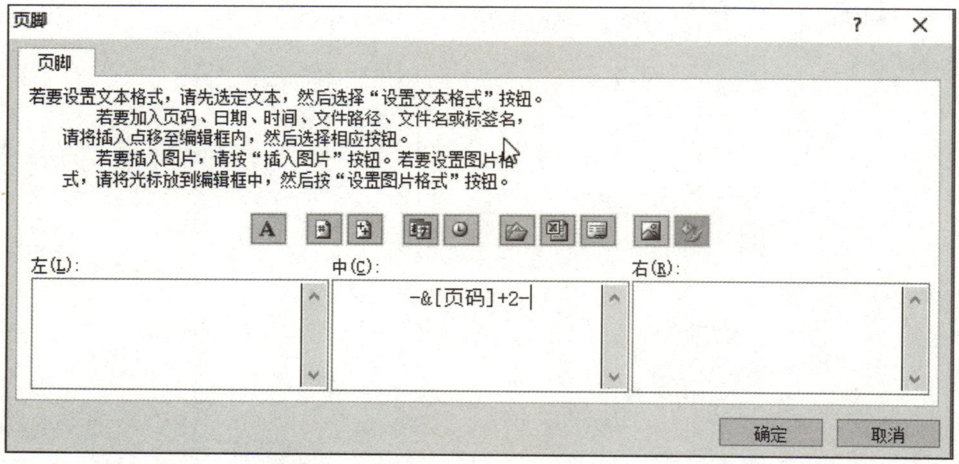

图 5-14　设置打印的自定义页脚

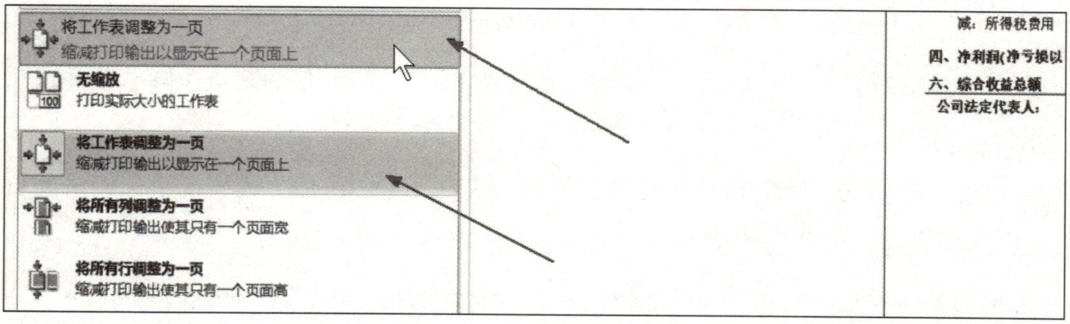

图 5-15　选择将工作表调整为一页

5.2　编制资产负债表

与利润表一样，我用的报表模板是中兴财光华会计师事务所 2019 年半年报的最新报表模板。

5.2.1　2019 年最新报表模板

新建一个工作表，命名为资产负债表或 BS（Balance Sheet），如图 5-16 所示。

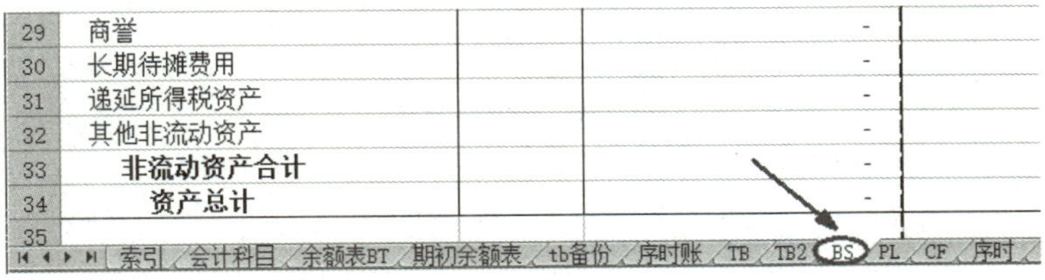

图 5-16　新建工作表 BS

样表，如图 5-17 所示。

资产负债表

编制单位：无无明（北京）管理咨询有限公司　　　　单位：人民币元

项　目	附注	2018 年 12 月 31 日	2017 年 12 月 31 日
流动资产：			
货币资金		437,674.34	808,450.33
应收票据及应收账款		3,008,604.70	600,021.52
预付款项		468,654.56	426,298.36
其他应收款		8,784,051.67	5,500,725.93
存货		1,599,392.39	1,200,255.79
流动资产合计		14,298,377.66	8,535,751.93
非流动资产：			
可供出售金融资产		-	-
持有至到期投资		-	-
长期股权投资		95,950,000.00	95,950,000.00
投资性房地产		-	-
固定资产		576,557.80	746,380.63
无形资产		640,333.42	732,416.71
非流动资产合计		97,166,891.22	97,428,797.34
资产总计		111,465,268.88	105,964,549.27

公司法定代表人：　　　主管会计工作的公司负责人：　　　公司会计机构负责人：

图 5-17　资产负债表

项　目	附注	2018 年 12 月 31 日	2017 年 12 月 31 日
流动负债：			
短期借款		-	-
应付票据及应付账款		3,747,865.57	1,711,955.36
预收款项		13,043,222.95	4,161,947.74
应付职工薪酬		448,416.39	331,052.64
应交税费		(57,589.19)	(50,102.40)
其他应付款		8,299,578.56	7,756,687.36
流动负债合计		25,481,494.28	13,911,540.70
非流动负债：			
非流动负债合计		-	-
负债合计		25,481,494.28	13,911,540.70
所有者权益：			
实收资本		97,630,000.00	97,630,000.00
资本公积		383.33	383.33
盈余公积		-	-
未分配利润		(11,646,608.73)	(5,577,374.76)
所有者权益合计		85,983,774.60	92,053,008.57
负债和所有者权益总计		111,465,268.88	105,964,549.27

公司法定代表人：　　　　主管会计工作的公司负责人：　　　　公司会计机构负责人：

图 5-17　资产负债表（续）

5.2.2　用函数把试算平衡表中的数据抓取到 BS

这里用到一个函数组合：

```
=ROUND(SUM(SUMIFS(TB!$L$3:$L$600,TB!$C$3:$C$600,TRIM(B6),TB!$A$3:$A$600,{"*2015*","*2016*","*2017*","*2018*"})),2)
```

这个函数组合和 PL 的函数组合基本是一致的，不同之处主要在于年份的条件是多条件的，因为是资产负债表，所以期末年份的数据是包含序时账所有年份的数据，我这个例子是从 2015 年开始的，所以从 2015—2018 都选上了，自己做这个表格的时候，如果年份和我的例子不同，要注意更改这个公式，如果只有 2017—2018 年两年的数据，就可以把条件改为只有两年。如果涉及 2013 年、2014 年的数据，也一定要把条件加上。

下面我还是从内向外的讲解下这个函数组合。

这个函数组合的核心函数是 SUMIFS 函数，SUMIFS 函数用于计算单元格区域或数组中符合多个指定条件的数字的总和。

SUMIFS 函数格式

SUMIFS(sum_range,criteria_range1,criteria1,[criteria_range2],[criteria2],…)

参数说明：

sum_range(必选)：表示要求和的单元格区域。

criteria_range1(必选) 表示要作为条件进行判断的第 1 个单元格区域。

criteria_range2,…(可选)：表示要作为条件进行判断的第 2~127 个单元格区域。

criteria1(必选)：表示要进行判断的第 1 个条件，形式可以为数字、文本或表达式。例如，16、"16"、">16"、" 图书 " 或 ">"&A1。

criteria2,…(可选)：表示要进行判断的第 2~127 个条件，形式可以为数字、文本或表达式

SUMIFS(要求和的单元格区域 , 作为条件进行判断的第 1 个单元格区域 , 进行判断的第 1 个条件 , 要作为条件进行判断的第 2~127 个单元格区域 , 要进行判断的第 2~127 个条件 ,…)

数据表图例，如图 5-18 所示。

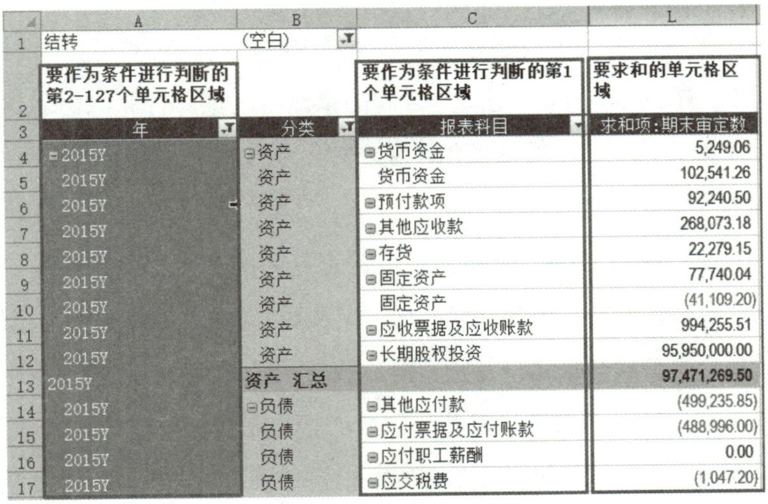

	A	B	C	L
1	结转	(空白)		
2	要作为条件进行判断的第2-127个单元格区域		要作为条件进行判断的第1个单元格区域	要求和的单元格区域
3	年	分类	报表科目	求和项:期末审定数
4	⊟2015Y	⊟资产	⊟货币资金	5,249.06
5	2015Y	资产	货币资金	102,541.26
6	2015Y	资产	⊟预付款项	92,240.50
7	2015Y	资产	⊟其他应收款	268,073.18
8	2015Y	资产	⊟存货	22,279.15
9	2015Y	资产	⊟固定资产	77,740.04
10	2015Y	资产	固定资产	(41,109.20)
11	2015Y	资产	⊟应收票据及应收账款	994,255.51
12	2015Y	资产	⊟长期股权投资	95,950,000.00
13	2015Y	资产 汇总		97,471,269.50
14	2015Y	⊟负债	⊟其他应付款	(499,235.85)
15	2015Y	负债	⊟应付票据及应付账款	(488,996.00)
16	2015Y	负债	⊟应付职工薪酬	0.00
17	2015Y	负债	⊟应交税费	(1,047.20)

图 5-18　数据表

我们要把图 5-18 TB 表的数据抓取到图 5-20D5 的位置。要满足两个条件：第一个条件是在图 5-18 找到“货币资金”对应的数值，图 5-18 的货币资金有很多数值，如果不设定第二个条件，SUMIFS 函数会返回这所有数值的和。如果只要期末数，这个公式可以简化掉第二个条件。但期初的数必须要有年份的限定条件，为了保持公式的

一致性，所有期末数的公式也会加上年份的限定条件，如图 5-19 所示。

资产负债表

编制单位：无无明（北京）管理咨询有限公司　　　　单位：人民币元

项　目	附注	2018年12月31日	2017年12月31日
流动资产：			
货币资金		437,674.34	808,450.33
以公允价值计量且其变动计入当期损益的金融资产		-	-
衍生金融资产		-	-
应收票据及应收账款		3,008,604.70	600,021.52
预付款项		468,654.56	426,298.36
其他应收款		8,784,051.67	5,500,725.93
存货		1,599,392.39	1,200,255.79
持有待售资产		-	-

图 5-19　三个限定条件

5.2.3　怎样用函数编制资产负债表

在资产负债表（BS）D6 单元格键入公式：

```
=SUM(SUMIFS(TB!$L$3:$L$600,TB!$C$3:$C$600,TRIM(B6),TB!$A$3:
$A$600,{"*2015*","*2016*","*2017*","*2018*"}))
```

下面我分步把这个公式由内到外的作用详细讲解一遍。

第一步，TB!$L$3:$L$600，是要“求和的单元格区域”（图 5-20）。这个区域要求要绝对引用，所以表示列名的 L 前面加了 $，表示为 $L，表示行名的 3、600 都加了 $，表示为 $3、$600。

第二步，TB!$C$3:$C$600，要作为条件进行判断的第 1 个单元格区域（图 5-21）。这里面有个注意事项，就是行数的选取区域一定和要“求和”的单元格区域的完全一致。我自己一开始用这个公式总报错，特别苦恼，后面发现是因为自己没那么细心，选取判断区域的时候没注意行号与要和“求和”区域的行号完全一样才行。也就是说“求和”区域选的 3~600 行，条件区域也必须是 3~600 行，如果选了 2~600 行，那这个函数就会报错。

第三步，TRIM(B6)，要作为条件进行判断的第 1 个单元格区域。这里用到了一个 TRIM 函数，作用是去掉 B6 单元格内容两边的空格。

第四步，TB!$A$3:$A$600。要作为条件进行判断的第 2 个单元格区域，如图 5-22 所示。

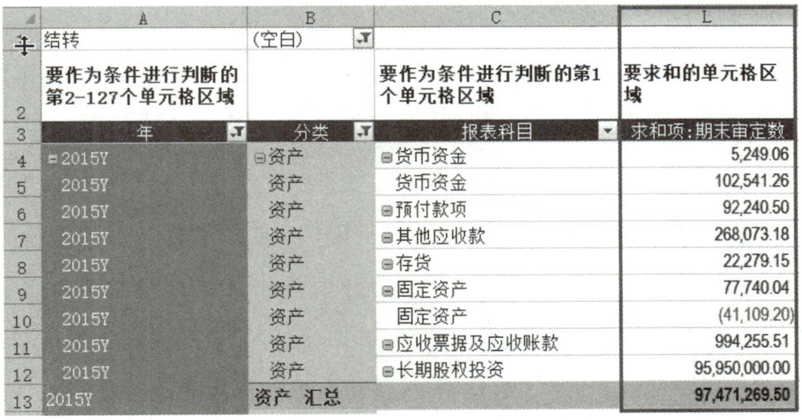

	A	B	C	L
1	结转	(空白)		
2	要作为条件进行判断的第2-127个单元格区域		要作为条件进行判断的第1个单元格区域	要求和的单元格区域
3	年	分类	报表科目	求和项:期末审定数
4	⊟2015Y	⊟资产	⊟货币资金	5,249.06
5	2015Y	资产	货币资金	102,541.26
6	2015Y	资产	⊟预付款项	92,240.50
7	2015Y	资产	⊟其他应收款	268,073.18
8	2015Y	资产	⊟存货	22,279.15
9	2015Y	资产	⊟固定资产	77,740.04
10	2015Y	资产	固定资产	(41,109.20)
11	2015Y	资产	⊟应收票据及应收账款	994,255.51
12	2015Y	资产	⊟长期股权投资	95,950,000.00
13	2015Y	资产 汇总		97,471,269.50

图 5-20　要“求和”的单元格区域

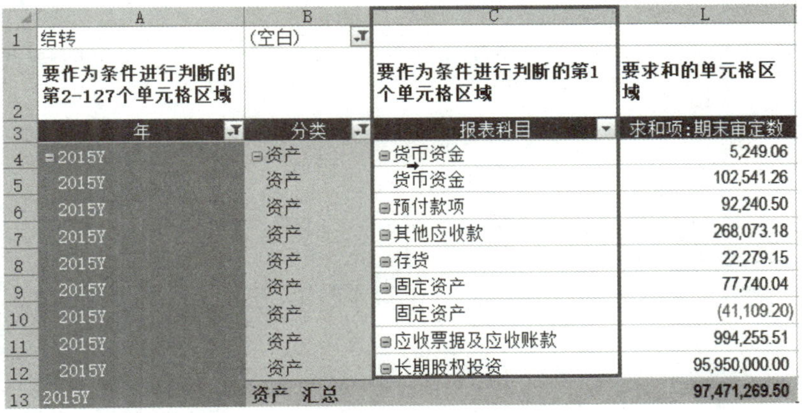

	A	B	C	L
1	结转	(空白)		
2	要作为条件进行判断的第2-127个单元格区域		要作为条件进行判断的第1个单元格区域	要求和的单元格区域
3	年	分类	报表科目	求和项:期末审定数
4	⊟2015Y	⊟资产	⊟货币资金	5,249.06
5	2015Y	资产	货币资金	102,541.26
6	2015Y	资产	⊟预付款项	92,240.50
7	2015Y	资产	⊟其他应收款	268,073.18
8	2015Y	资产	⊟存货	22,279.15
9	2015Y	资产	⊟固定资产	77,740.04
10	2015Y	资产	固定资产	(41,109.20)
11	2015Y	资产	⊟应收票据及应收账款	994,255.51
12	2015Y	资产	⊟长期股权投资	95,950,000.00
13	2015Y	资产 汇总		97,471,269.50

图 5-21　要作为条件进行判断的第 1 个单元格区域

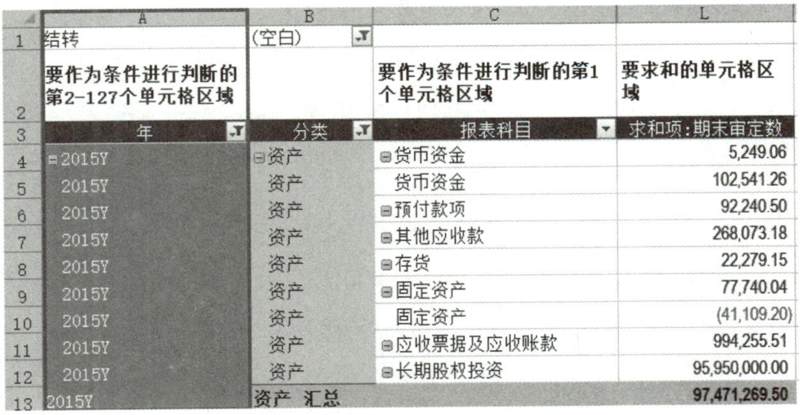

	A	B	C	L
1	结转	(空白)		
2	要作为条件进行判断的第2-127个单元格区域		要作为条件进行判断的第1个单元格区域	要求和的单元格区域
3	年	分类	报表科目	求和项:期末审定数
4	⊟2015Y	⊟资产	⊟货币资金	5,249.06
5	2015Y	资产	货币资金	102,541.26
6	2015Y	资产	⊟预付款项	92,240.50
7	2015Y	资产	⊟其他应收款	268,073.18
8	2015Y	资产	⊟存货	22,279.15
9	2015Y	资产	⊟固定资产	77,740.04
10	2015Y	资产	固定资产	(41,109.20)
11	2015Y	资产	⊟应收票据及应收账款	994,255.51
12	2015Y	资产	⊟长期股权投资	95,950,000.00
13	2015Y	资产 汇总		97,471,269.50

图 5-22　作为条件进行判断的第 2 个单元格区域

第五步，{"*2015*","*2016*","*2017*","*2018*"} 要作为条件进行判断的第 2 个单元格区域。这个大花括号的作用是列举出所有并列的条件，“*”的作用是通配符，前后都有“*”的情况下，只要这个字符串有2018，就符合条件，不管2018前后是否有其他文本。如果没有“*”这个通配符，比如{"2018"}，这种情况下条件第2个单元格区域的文本必须是“2018”这4个字符才行，TB表中的字符是2018Y是不能选中的。因为后面加了“Y”，所以只有{"*2018*"}、{"*2018*"}这两种情况才能选中。

第六步，加一个SUM函数外套。SUM函数的格式：SUM()，不需要参数，这个函数的作用是求和。如果不加这个外套，SUMIFS函数的条件求和遇到条件中有并列条件的，就会只对第一个条件求和，忽略后面并列的条件。比如第五步中{"*2015*","*2016*","*2017*","*2018*"}，这个参数的意思是要对2015年到2018年的数据求和，如果不加SUM函数的外套，SUMIFS函数只会对2015年的数据求和。

第七步，加一个ROUND函数的外套。

ROUND函数的语法是：ROUND(number,num_digits)，即：ROUND(数值，保留的小数位数)，如图5-23所示。

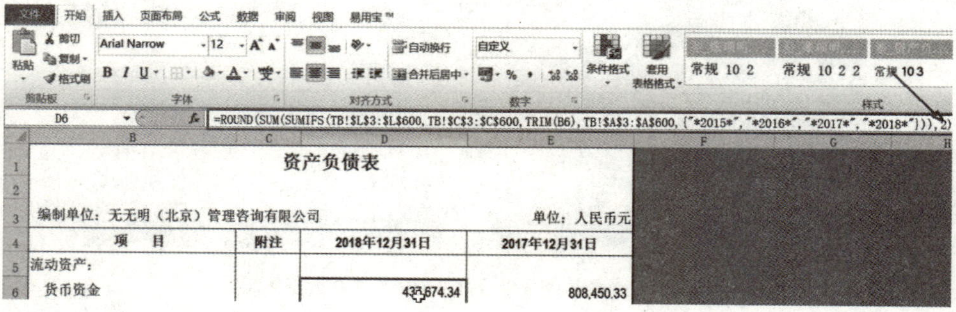

图5-23　ROUND函数

再次提醒，写入Excel表格的公式必须在半角状态，尤其是“""”，“,”，我自己的习惯是录入公式的这两个符号是切换到大写格式，有时候一个逗号写不对，公式就会报错，切记！切记！

在资产负债表（BS）E5单元格键入公式=ROUND(SUM(SUMIFS(TB!$L$3:$L$600,TB!$C$3:$C$600,TRIM(B6),TB!$A$3:$A$600,{"*2015*","*2016*","*2017*"})),2)

选中资产负债表D6：E6单元格，鼠标光标移动到E6单元格右下角，变成一个黑色的小十字状，按住鼠标左键向下拖动，把公式拖动到利润表的所有科目；也可以用键盘Ctrl+C拷贝D6：E6单元格，再用键盘Ctrl+V粘贴，还可以用键盘Ctrl+C拷贝D6：E6单元格，在目标单元格用鼠标右键单击“选择性粘贴/粘贴公式”。

把资产负债表的公式都粘贴完毕后。在资产负债表D16录入公式：=SUM(D6:D15)流动资产=货币资金+以公允价值计量且其变动计入当期损益的金融资产+衍生金融

资产 + 应收票据及应收账款 + 预付款项 + 其他应收款 + 存货 + 持有待售资产 + 一年内到期的非流动资产 + 其他流动资产。

后面的公式也都是简单的求和，我这里就不一一赘述了。

5.2.4　设置资产负债表格式

鼠标左键选中利润表打印区域 B1:E36，选择“页面布局 / 打印区域 / 设置打印区域”，单击左键，如图 5-24 所示。

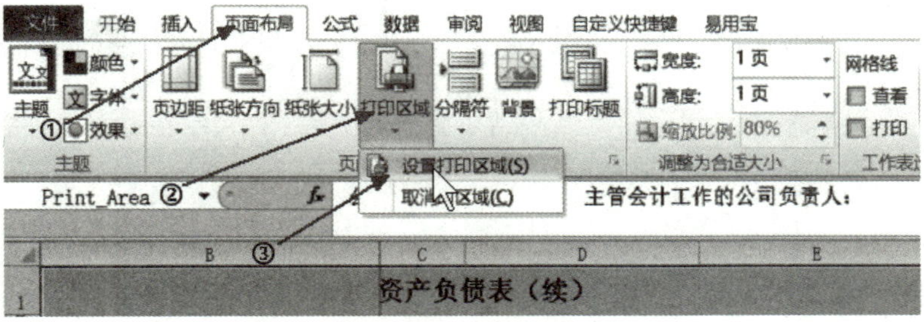

图 5-24　设置打印区域

在键盘上按“Ctrl+P”打开打印预览模式，设置菜单中选择页面设置，如图 5-25 所示。

图 5-25　设置菜单中选择 - 页面设置

设置打印的页面，如图 5-26 所示。

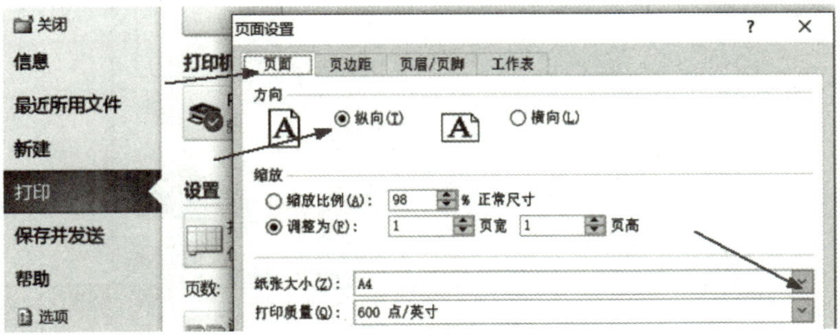

图 5-26　设置打印的页面

打开页边距对话框，选择适合的页边距,“居中方式丨水平居中”打钩。“垂直居中”不选，如图 5-27 所示。

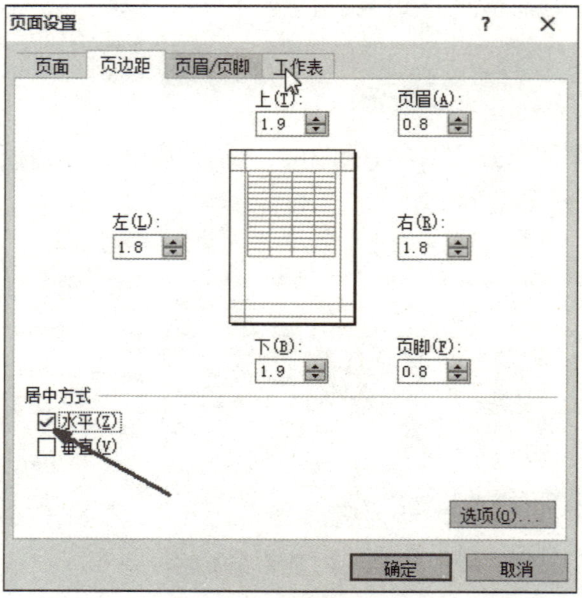

图 5-27　设置打印的页边距

打开“页眉 / 页脚”对话框，勾选“随文档自动缩放”，鼠标单击“自定义页脚”，如图 5-28 所示。

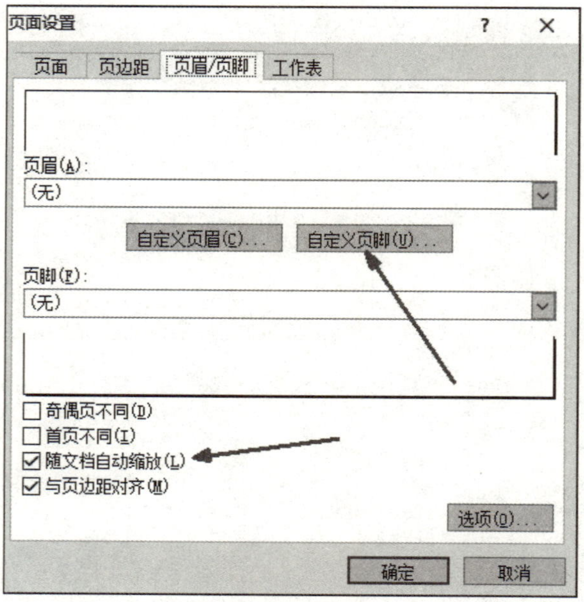

图 5-28　设置打印的页眉 / 页脚

打开“自定义页脚”对话框，在中间录入 -&[页码]+2-（图 5-29），加 2 的情况是让表格的页码从 3 开始，如果不加 2 表格的页码从 1 开始。设置好之后点确定退出。

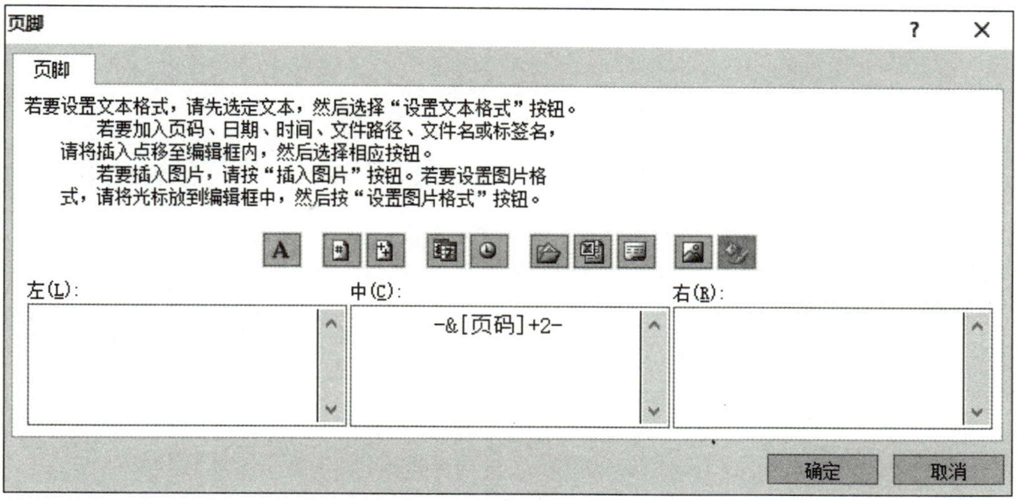

图 5-29　设置打印的自定义页脚

退到打印设置的初始页面，选择“将工作表调整为一页”，如图 5-30 所示。

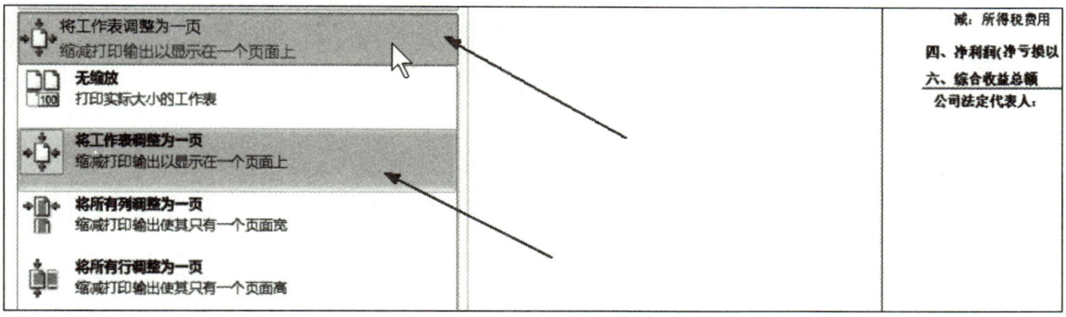

图 5-30　选择将工作表调整为一页

至此资产负债表的编制工作完成。

第二部分

编制现金流量表

现金流量表是反映一定时期内（如月度、季度或年度）企业经营活动、投资活动和筹资活动对其现金及现金等价物所产生影响的财务报表。现金流量表是原先财务状况变动表或者资金流动状况表的替代物。它详细描述了由公司的经营、投资与筹资活动所产生的现金流。这张表由财务会计标准委员会于1987年批准生效，因而有时被称为FASB95号表。这份报告显示资产负债表及利润表如何影响现金和等同现金，以及根据公司的经营、投资和融资角度作出分析。

本书的精华部分也是怎样利用Excel工具快速地编制现金流量表。

第 6 章

编制现金流量透视表：这可是独家秘籍

用数据透视表把序时账数据，按照现金流量表的原理整理出一个现金流量表数据透视表。

6.1 传统现金流量表的编制方法（公式法）

下面这些公式是我们编制现金流量表的基础，但是如果从头看到尾应该比较容易犯困，大家也可以跳过去，以后用到下面这些公式的时候再回来查。

6.1.1 经营活动收到与支付的现金

1. 经营活动收到的现金

（1）销售商品、提供劳务

内容：销售商品、提供劳务收到的现金（含销项税金、销售材料、代购代销业务）。

依据：主营业务收入、其他业务收入、应收账款、应收票据、预收账款、现金、银行存款。

公式：主营业务收入 + 销项税金 + 其他业务收入（不含租金）+ 应收账款（期初 − 期末）+ 应收票据（期初 − 期末）+ 预收账款（期末 − 期初）+ 本期收回前期核销坏账（本收本销不考虑）− 本期计提的坏账准备 − 本期核销坏账 − 现金折扣 − 票据贴现利息支出 − 视同销售的销项税 − 以物抵债的减少 + 收到的补价

（2）税费返还

内容：返还的增值税、消费税、关税、所得税、教育费附加等。

依据：税金及附加、补贴收入、应收补贴款、现金、银行存款。

（3）收到其他经营活动

内容：罚款收入、个人赔偿、经营租赁收入等

依据：营业外收入、其他业务收入、现金、银行存款

2. 经营活动支付的现金

（1）购买商品、接受劳务

内容：购买商品、接受劳务支付的现金（扣除购货退回、含进项税）

依据：主营业务成本、存货、应付账款、应付票据、预付账款

公式：主营业务成本 + 进项税金 + 其他业务成本（不含租金）+ 存货（期末 − 期初）+ 应付账款（期初 − 期末）+ 应付票据（期初 − 期末）+ 预付账款（期末 − 期初）+ 存货损耗 + 工程领用、投资、赞助的存货 − 收到非现金抵债的存货 − 成本中非物料消

耗（人工、水电、折旧）－接受投资、捐赠的存货－视同购货的进项税＋支付的补价

（2）支付职工的现金

内容：支付给职工的工资、奖金、津贴、劳动保险、社会保险、住房公积金、其他福利费（不含离退休人员）。

依据：应付工资、应付福利费、现金、银行存款。

公式：成本、制造费用、管理费用中工资及福利费＋应付工资减少（期初－期末）＋应付福利费减少（期初－期末）

（3）支付的各项税费

内容：本期实际缴纳的增值税、消费税、关税、所得税、教育费附加、矿产资源补偿费、"四税"等各项税费（含属于的前期、本期、后期，不含计入资产的耕地占用税）。

依据：应交税费、管理费用、现金、银行存款。

公式：所得税＋税金及附加＋已交增值税等

（4）支付其他经营活动

内容：罚款支出、差旅费、业务招待费、保险支出、经营租赁支出等。

依据：制造费用、营业费用、管理费用、营业外支出。

6.1.2 投资活动收到与支付的现金

1. 投资活动收到现金

（1）收回投资

内容：短期股权、短期债权；长期股权、长期债权本金（不含长债利息、非现金资产）。

依据：短期投资、长期股权投资、长期债权投资、现金、银行存款。

（2）投资收益

内容：收到的股利、利息、利润（不含股票股利）。

依据：投资收益、现金、银行存款。

（3）处置长期资产

内容：处置固定资产、无形资产、其他长期资产收到的现金，减去处置费用后的净额，包括保险赔偿；负数在"其他投资活动"反映。

依据：固定资产清理、现金、银行存款。

（4）收到其他投资活动

内容：收回购买时宣告未付的股利及利息。

依据：应收股利、应收利息、现金、银行存款。

2. 投资活动支付现金

（1）购建长期资产

内容：购建固定资产、无形资产、其他长期资产支付的现金，分期购建资产首期付款（不含以后期付款、利息资本化部分、融资租入资产租赁费，这些属于筹资活动）。

依据：固定资产、在建工程 、无形资产。

（2）支付投资

内容：进行股权性投资、债权性投资支付的本金及佣金、手续费等附加费。

依据：短期投资、长期股权投资、长期债权投资、现金、银行存款。

（3）支付其他投资活动

内容：支付购买股票时宣告未付的股利及利息。

依据：应收股利、应收利息。

6.1.3　筹资活动收到与支付的现金

1. 筹资活动收到现金

（1）吸收投资

内容：发行股票、发行债券收入净值（扣除发行费用，不含企业直接支付的审计、咨询等费用）。

依据：实收资本、应付债券、现金、银行存款。

（2）收到借款

内容：举借各种短期借款、长期借款收到的现金。

依据：短期借款、长期借款、现金、银行存款。

（3）收到其他筹资活动

内容：接受现金捐赠等

依据：资本公积、现金、银行存款。

2. 筹资活动支付现金

（1）偿还债务

内容：偿还借款本金、债券本金（不含利息）。

依据：短期借款、长期借款、应付债券、现金、银行存款。

（2）支付股利、利息、利润

内容：支付给其他单位的股利、利息、利润。

依据：应付股利、长期借款、财务费用、现金、银行存款。

（3）支付其他筹资活动

内容：捐赠支出、融资租赁支出、企业直接支付的发行股票债券的审计、咨询等费用等。

肯定有很多朋友照着这个公式一步一步地编制过现金流量表，除非公司的科目特别简单，一般用这个方法很难编对，为了让余额正确，不少朋友采取了挤数的办法，勉强完成任务。

我开始做审计的时候也是遇到了这个问题，一个不算很复杂的公司的现金流量表做了好几天，改了很多版就是做不对，挤数交上去的总是禁不住质控老师的质询。搞得觉都睡不好，然后一天早上睡不着，琢磨这个现金流量表的原理。忽然灵光乍现，既然现金流量表是根据资产负债表和利润表做成的，资产负债表做平了，现金流量表就应该对啊，如果我把做平的资产负债表的差额逐一用现金流量表的项目标示，然后再把标示好现金流数据一汇总，现金流量表就能做对了。想到这一点后赶紧起床按这个思路把现金流量表重新做了一遍，很容易就做对了，也顺利通过了质控，这个方法也成为我的独门秘籍。

后来我把这个思路集成到我这个报表系统里，设好公式，简单公司的现金流量表分分钟就能搞定，复杂公司的现金流量表也能利用模板快速编制。

6.2 现金流量表具体的编制方法

下面我解释下这个公式，如图 6-1 所示。

有借必有贷，借贷必相等，做会计的这个肯定都明白，所以利用这个原理，

（1）先把现金流量的正确值，即货币资金的借方发生额 - 贷方发生额 = 现金流量找到；

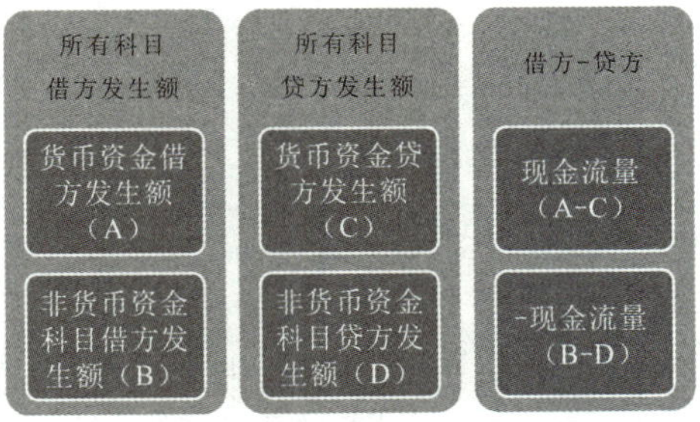

逻辑关系：因为 A+B=C+D　　所以 A-C=D-B　　所以 A-C=-(B-D)

图 6-1　借贷方公式

（2）货币资金的借方发生额就是现金流的总流入，贷方发生额就是现金的总流出，这个可以用来复核后面做的现金流量表是否正确。

（3）把非货币资金科目的所有借贷方差额分别用现金流量表主表和附注的项目标注分类（至于怎么标注分类，大家可以查看本章第一节中的公式）。

（4）在用 Excel 公式把第三步分类的数据汇总，一个合格的现金流量表就做出来了。

示例，如图 6-2 所示。

科目　(多项)
　　　(全部)

	报表科目	科目名称	借方	贷方	求和项：现金流量
产	货币资金		452,834,855.72	452,830,824.15	4,031.57
产	其他应收款	公司往来	25,000.00	-	25,000.00
产	其他应收款	个人往来	163,337,186.70	-	163,337,186.70
产	可供出售金融资产		32,700,000.00	42,800,000.00	-10,100,000.00
汇总			648,897,042.42	495,630,824.15	153,266,218.27
债	其他应付款		240,260,297.00	426,228,647.00	-185,968,350.00
汇总			240,260,297.00	426,228,647.00	-185,968,350.00
益	未分配利润	本年利润			-
益	未分配利润	未分配利润			-
益	实收资本	实收资本			-
汇总					-
益	财务费用	银行手续费	5,458.18	-	5,458.18
益	财务费用	利息收入	-3,326.45	-	-3,326.45
益	减：营业外支	营业外支出	32,700,000.00	-	32,700,000.00
汇总			32,702,131.73	-	32,702,131.73
			921,859,471.15	921,859,471.15	-

图 6-2　现金流量表 TB

第一步 & 第二步，这是一家公司的科目汇总表，比较简单的那种，所有的借方汇总减去所有的贷方汇总差额是 0，所以这个表右下角的汇总值是 0。右上角圈中是实际的现金流量 4031.57，货币资金的借贷方发生额我用灰方块标出来，是为了和做出的现金流量表比对，注意现金总流出不可能大于货币资金的贷方，因为货币资金可能内部互转造成发生额增加。

第三步，把非货币资金科目的所有借贷方差额分别用现金流量表主表和附注的项目标注分类，如图 6-3 所示。

		现金流量	-0.00	
		-4,031.57		
分类	一级科目	现金流量	现金流量表主表	附注
资产	货币资金	4,031.57		
资产	其他应收款	163,362,186.70		
资产	可供出售金融资产	-10,100,000.00	收到其他与投资活动有关的现金	
	其他应付款	-185,968,350.00		
	财务费用\手续费	5,458.18	支付其他与经营活动有关的现金	
	财务费用\利息收入	-3,326.45	收到其他与经营活动有关的现金	
	减：营业外支出	32,700,000.00	支付其他与经营活动有关的现金	
	其他应收款	163,362,186.70	支付其他与经营活动有关的现金	经营性应收项目的减少（增加以“－”号填列）
	其他应付款	240,260,297.00	支付其他与经营活动有关的现金	经营性应付项目的增加（减少以“－”号填列）
	其他应付款	-426,228,647.00	收到其他与经营活动有关的现金	经营性应付项目的增加（减少以“－”号填列）

图 6-3　现金流量表项目分类

因为按照公式法，其他应收和其他应付的借方发生额应当归类为支付的其他与经营活动有关的现金，贷方发生额要归类为收到的其他与经营活动有关的现金，所以这两个科目的借方发生额和贷方发生额都要列示出来，后面分别按主表和附注的项目标注。

大家如果觉得汇总数据太麻烦，也可以直接填这个表，资产负债表项目也可以用期末－期初的差额，因为资产负债表的借方－贷方＝期末－期初。利润表项目按利润表填列即可，但要注意方向，收入和投资收益是流入，在这个表上要标注为负号，表示现金流入，费用类的是正数，表示流出。

未分配利润要注意，如果本期没有调整期初数和分配利润，资产负债表的期末未分配利润－期初未分配利润，应该等于本期的净利润，所以只要把利润表的所有科目都填列之后，汇总数就是未分配利润的差额，所以未分配利润如果本期没有调整期初数和分配利润，期末减期初就是 0。

第四步，在用 Excel 公式把第三步分类的数据汇总，一个合格的现金流量表就做出来了，如图 6-4 所示。

现金流量表

编制单位：无无明（北京）管理咨询有限公司　　　　单位：人民币元

项　　目	附注	2018 年度	2017 年度
一、经营活动产生的现金流量：			
销售商品、提供劳务收到的现金		18,189,908.47	7,892,333.47
收到的税费返还		-	-
收到其他与经营活动有关的现金		5,866,914.88	6,482,167.62
经营活动现金流入小计		24,056,823.35	14,374,501.09
购买商品、接受劳务支付的现金		7,383,014.30	663,676.32
支付给职工以及为职工支付的现金		6,345,558.17	3,081,464.76

续上表

项　　目	附注	2018 年度	2017 年度
支付的各项税费		121,629.24	603,576.53
支付其他与经营活动有关的现金		10,577,397.63	8,772,970.81
经营活动现金流出小计		24,427,599.34	13,121,688.42
经营活动产生的现金流量净额		(370,775.99)	1,252,812.67
二、投资活动产生的现金流量：		-	-
收回投资收到的现金		-	-
取得投资收益收到的现金		-	-
投资活动现金流入小计		-	-
购建固定资产、无形资产和其他长期资产支付的现金		-	556,880.45
投资支付的现金		-	-
取得子公司及其他营业单位支付的现金净额		-	-
支付其他与投资活动有关的现金		-	-
投资活动现金流出小计		-	556,880.45
投资活动产生的现金流量净额		-	(556,880.45)
三、筹资活动产生的现金流量：		-	-
筹资活动产生的现金流量净额		-	-
四、汇率变动对现金及现金等价物的影响		-	-
五、现金及现金等价物净增加额		(370,775.99)	695,932.22
加：期初现金及现金等价物余额		808,450.33	112,518.11
六、期末现金及现金等价物余额		437,674.34	808,450.33

公司法定代表人：　　　　主管会计工作的公司负责人：　　　　公司会计机构负责人：

图 6-4　现金流量表主表

用 SUMIFS 函数在第三步的表里面把数据抓取到现金流量表里面，这个现金流量表就做好了，如图 6-5 所示。

补充资料	本期	上期
1、将净利润调节为经营活动现金流量：		
净利润	(6,069,233.97)	113,132.18
加：资产减值准备	-	-
固定资产折旧、油气资产折耗、生产性生物资产折旧	169,822.83	77,895.83
无形资产摊销	92,083.29	77,916.63
长期待摊费用摊销	-	-
处置固定资产、无形资产和其他长期资产的损失（收益以“－”号填列）	-	-
固定资产报废损失（收益以“－”号填列）	-	-
公允价值变动损失（收益以“－”号填列）	-	-
财务费用（收益以“－”号填列）	-	-

续上表

补充资料	本期	上期
投资损失（收益以“－”号填列）	-	-
递延所得税资产减少（增加以“－”号填列）	-	-
递延所得税负债增加（减少以“－”号填列）	-	-
存货的减少（增加以“－”号填列）	(399,136.60)	(1,173,952.17)
经营性应收项目的减少（增加以“－”号填列）	(5,734,265.12)	(6,113,046.86)
经营性应付项目的增加（减少以“－”号填列）	11,569,953.58	8,270,867.06
其他	-	-
经营活动产生的现金流量净额	-370,775.99	1,252,812.67
2、不涉及现金收支的重大投资和筹资活动：		
债务转为资本		
一年内到期的可转换公司债券		
融资租入固定资产		
3、现金及现金等价物净变动情况：		
现金的期末余额	437,674.34	808,450.33
减：现金的期初余额	808,450.33	112,518.11
加：现金等价物的期末余额	-	-
减：现金等价物的期初余额	-	-
现金及现金等价物净增加额	(370,775.99)	695,932.22

图 6-5　现金流附注

注意检查主表的经营活动产生的现金流量和附表的经营活动产生的现金流量一定要相等。

6.3 编制现金流量透视表

前面讲述的方法对于有些人来说可能还是觉得说的过于简略，肯定很多朋友需要那种把资产负债表、利润表录入进去，现金流量表就能出来的模板。这种模板网上到处都是，我也做了一个放到本书的附件里面，大家也可以加我微信、邮箱跟我索要。但因为现金流量表是一个分析型的报表，仅仅用资产负债表、利润表的数据生成现金流量表还远远达不到分析的要求，不过用来应对税务部门还是够用了，但要是面对证监会，这种报表肯定过不了关。

即使是这种用报表模板生成的现金流量表，如果不懂基本原理，也会漏洞百出的，后面我也会用一个专题讲解下怎么利用我这个基本原理用报表直接做一个用报表就能出来的现金流量表模板。

6.3.1　三步法

我用比较成熟的套路编制现金流量表分为三大步。

第一步，是用透视表把序时账或余额表的数据汇总，得出一个所有科目借方发生额减贷方发生额的差额。因为借方发生额和贷方发生额是相等的，所以总的差额是 0，只要总的差额是 0，这一步就完成了。本章就是讲解怎么做出 0 差额的现金流量汇总表。

第二步，是把这个汇总表得出的差额用现金流量表的项目逐一标示，重要的现金收入支出做出调整。

第三步，把调整好的数据过入现金流量表中。

这个套路我用了 5 年了，简单的公司可以做到一点不用挤，一分都不会差，复杂的公司因为成本效益原则，把大数分好，小数适当的挤一下也能很轻松地搞定。

在编写本书的过程中又激发了我的灵感，想到了一种只要把序时账贴到我这个模板里面，一刷新，自动生成现金流的方法。以前一直想实现这个功能，但是有个关键点：要编写一个极其复杂的函数，考虑到函数的稳定性，我一直未能测试，这次我忽然想到用一张辅助表格代替那个极其复杂的公式，而且辅助表格是可以随心所欲的设置，应该能比较完美地实现我想要的效果。

这个方法我准备在 2019 年的年审工作中应用一下，如果测试成功可以比我现在的方法更加高效，我会在下一本专门介绍现金流量表的书里面拿出来和大家分享。

6.3.2　如何做平、做对现金流量表

本书的现金流的编制方法重点是把现金流量表做平，但是真正的要做对，每一笔现金的流入流出应该放到哪里，在学界还有很多争议，下一本专门介绍现金流量表的书我会把相关知识整理出来，结合我们审计工作的惯例和大家一起探讨。

下面我先把用编制现金流量透视表的方法演示一遍。我把这个表命名为“模”，如图 6-6 所示。

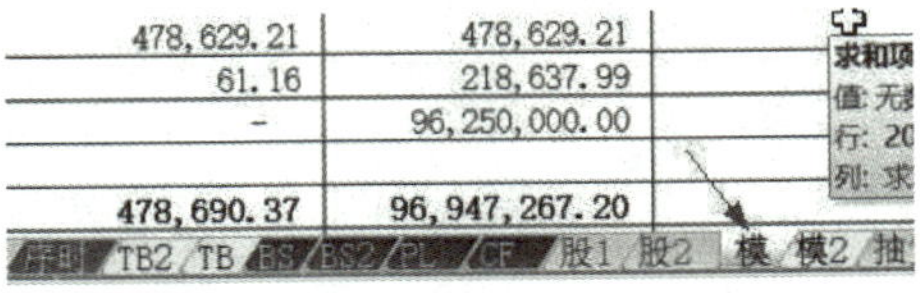

图 6-6　“模”

1. 模表的结构

制作报表的模表列结构一般分成两部分，共 10 列，这个结构理论上可以随意地修改，但是我自己多年沿用下来一直没变过，因为之后编制报表的时候所用的函数都是从这个结构的模表中抓取数据，如果结构变了就要更正报表中的公式。所以为了提

高工作效率，这个模表的模型我也一直没变过，这样拿出我的任何项目的模板，只要把模表覆盖掉，就会生成新的报表。

现在的思路是拿到新的项目数据，只要把期初余额表，序时账的数据更新一下，整个表格一刷新，模表、报表、各科目的明细表都会自动更新，成为新的报表系统，节约了制作报表的过程。如果需要数据分析，更新图表，也是只需要更新序时账和期初余额表就可以了。

下面我介绍一下文本列：共计五列，如图 6-7 所示。

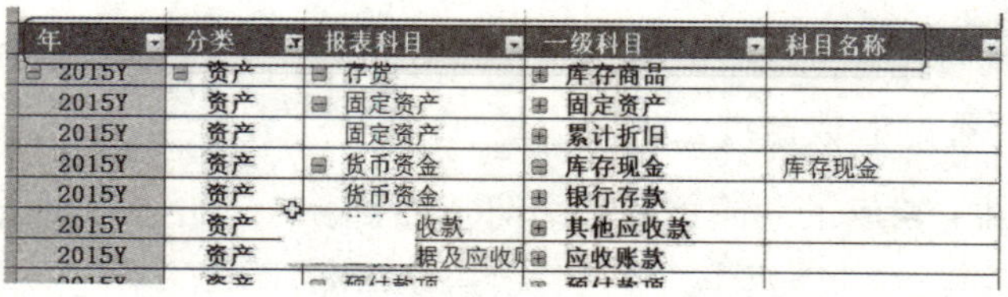

年	分类	报表科目	一级科目	科目名称
2015Y	资产	存货	库存商品	
2015Y	资产	固定资产	固定资产	
2015Y	资产	固定资产	累计折旧	
2015Y	资产	货币资金	库存现金	库存现金
2015Y	资产	货币资金	银行存款	
2015Y	资产	收款	其他应收款	
2015Y	资产	据及应收账	应收账款	

图 6-7　文本列

这四列数据都是取自序时账，直接用鼠标拖动过来即可，所以前面整理序时账我们费了很大的功夫，其实都是为了让这张表的可读性更强而做的准备工作。数据列一共 5 列，如图 6-8 所示。

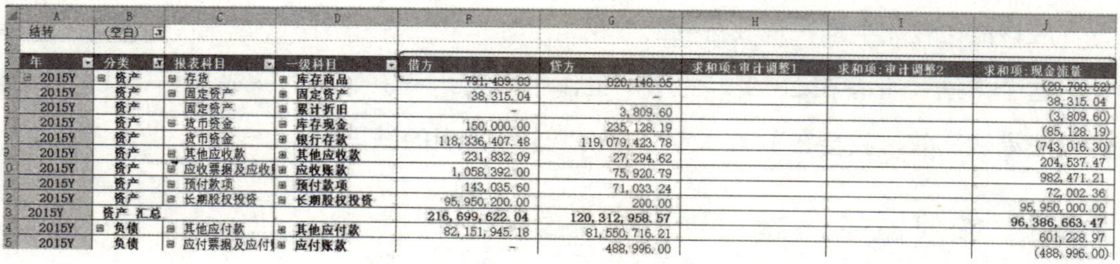

	A	B	C	D	F	G	H	I	J
1	结转	(空白)							
2									
3	年	分类	报表科目	一级科目	借方	贷方	求和项:审计调整1	求和项:审计调整2	求和项:现金流量
4	2015Y	资产	存货	库存商品	791,489.83	820,140.35			(28,708.52)
5	2015Y	资产	固定资产	固定资产	38,315.04	-			38,315.04
6	2015Y	资产	固定资产	累计折旧	-	3,809.60			(3,809.60)
7	2015Y	资产	货币资金	库存现金	150,000.00	235,128.19			(85,128.19)
8	2015Y	资产	货币资金	银行存款	118,336,407.48	119,079,423.78			(743,016.30)
9	2015Y	资产	其他应收款	其他应收款	231,832.09	27,294.62			204,537.47
10	2015Y	资产	应收票据及应收账	应收账款	1,058,392.00	75,920.79			982,471.21
11	2015Y	资产	预付款项	预付款项	143,035.60	71,033.24			72,002.36
12	2015Y	资产	长期股权投资	长期股权投资	95,950,200.00	200.00			95,950,000.00
13	2015Y	资产 汇总			216,699,622.04	120,312,958.57			96,386,663.47
14	2015Y	负债	其他应付款	其他应付款	82,151,945.18	81,550,716.21			601,228.97
15	2015Y	负债	应付票据及应付账	应付账款	-	488,996.00			(488,996.00)

图 6-8　数据列

模表数据列与序时账表数据列对应表 6-1。

表 6-1　模表数据列与序时账数据列对应表

模表列		序时账	
借方	F 列	借方金额列	U 列
贷方	G 列	贷方金额列	V 列
求和项：审计调整 1	H 列	审计调整 1 列	W 列
求和项：审计调整 2	I 列	审计调整 2 列	X 列
求和项：现金流量	J 列	= 借方金额 − 贷方金额 + 审计调整 1+ 审计调整 2	

2. 操作步骤

（1）选中序时账数据区域，插入透视表。

用鼠标左键选中序时 !$A$1:$AO$17，在菜单栏单击“插入 | 数据透视表”，如图 6-9 所示。

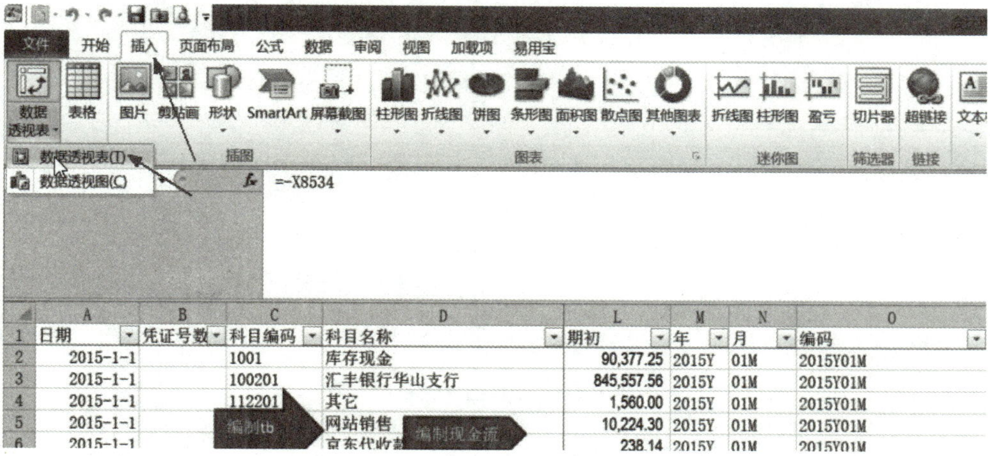

图 6-9　插入透视表

（2）修正数据透视表数据区域为序时 !$A$1:$AO$17000。

数据区域的列一定要选择到 AO 列，数据区域的行数可以根据自己需求任意选择，如图 6-10 所示。

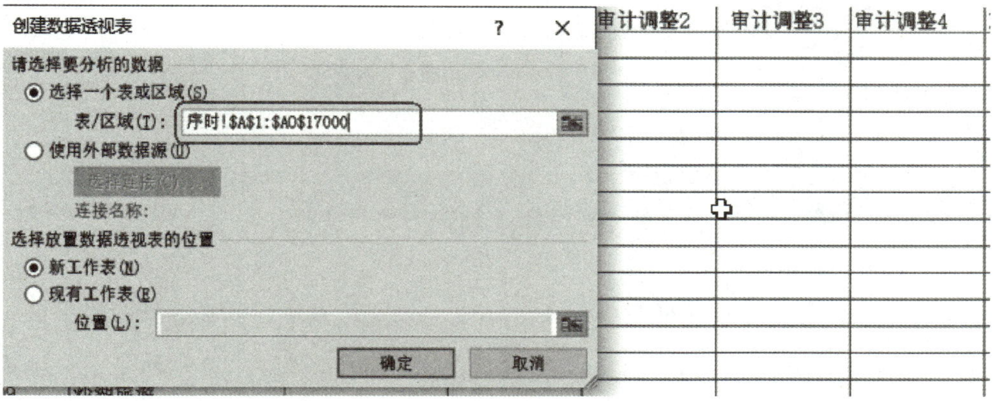

图 6-10　修正区域

（3）生成空的透视表。

上一步骤单击确定后 Excel 会新建一个工作表，见图 6-11，左侧是还没有任何数据的空透视表的样子；菜单栏多了数据透视表工具菜单；右侧出现了数据透视表字段列表。

下面的步骤就是选择要添加到透视表中的序时账中的列名字段拖动到适当的位置就可以了。

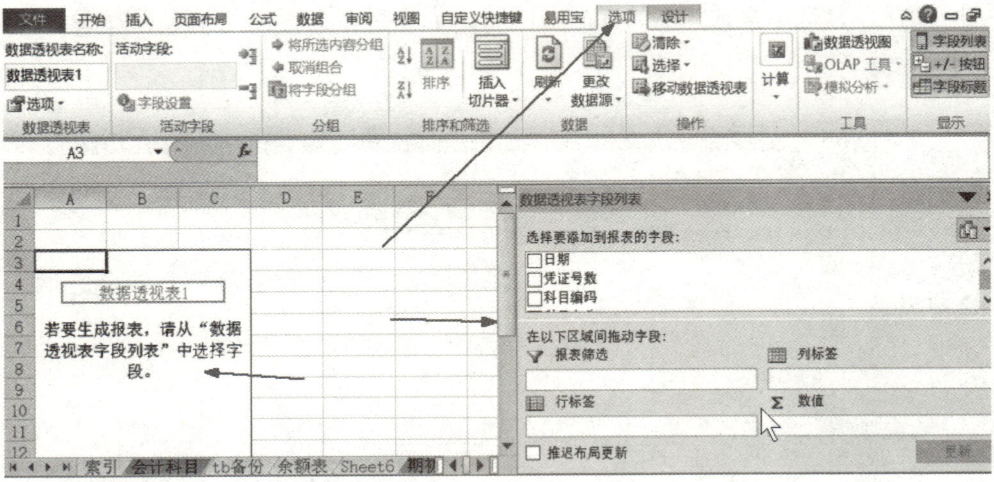

图 6-11　生成空的透视表

（4）拖动“年、分类、报表科目、一级科目”到行标签，如图 6-12 所示。

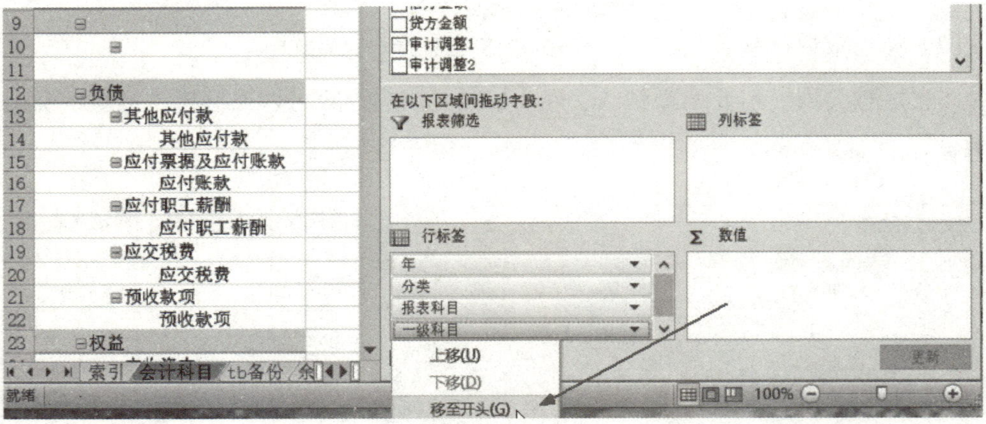

图 6-12　拖动标签

拖动完成后右侧行标签框内出现 4 个字段，分别是“年、分类、报表科目、一级科目”。这个行标签的次序是可以调整的，调整的方法有两种：第一种是用鼠标拖动即可，如图 6-13 所示；第二种是单击行标签右侧的箭头，会打开一个菜单，选择相应的位置就可以移动字段，如图 6-14 所示。

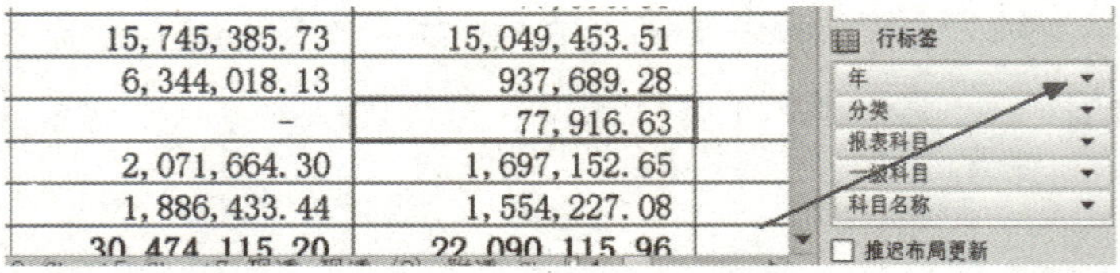

图 6-13　调整字段

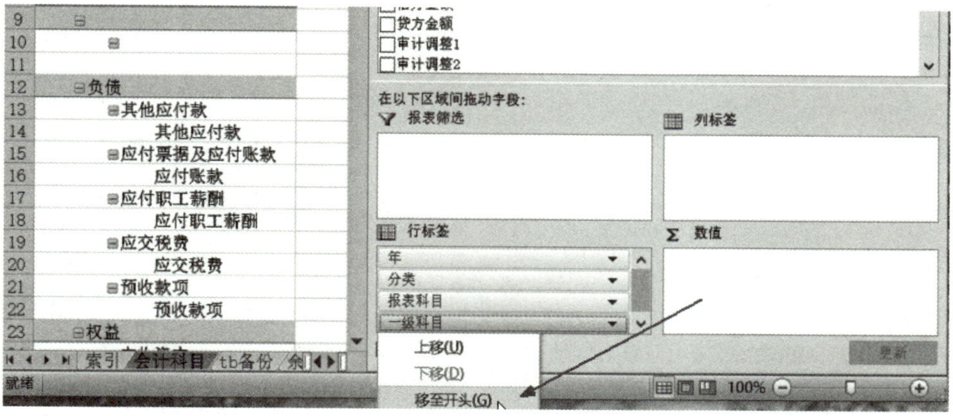

图 6-14　移动字段

有的读者会发现我的行标签字段框比较大。这个可以通过数据透视表字段列表工具栏右上角的小箭头选择字段列表的显示方式来实现，如图 6-15 所示。

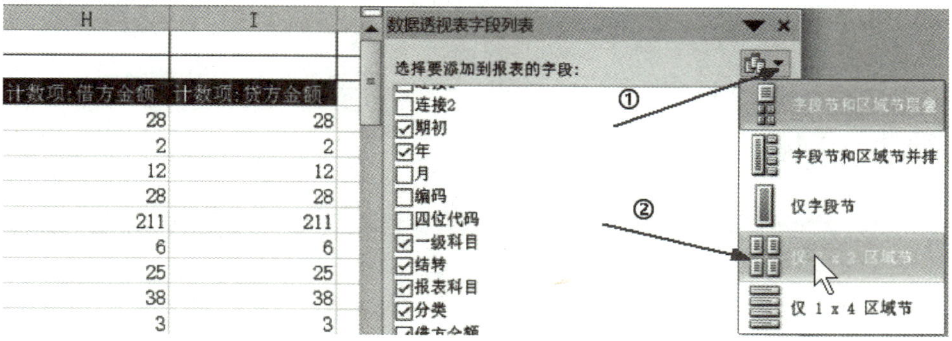

图 6-15　显示字段

拖动 5 个行标签字段完成后数据透视表结果如图 6-16 所示。

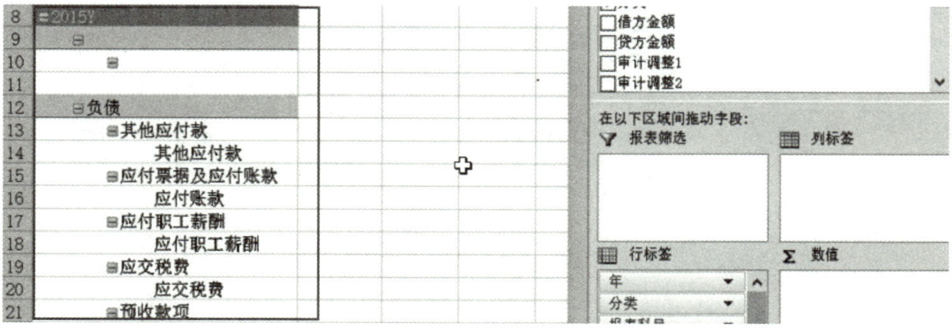

图 6-16　初步数据透视表

（5）第一次调整数据透视表的格式。

图 6-15 看着不太美观，我们可以先调整一下数据透视表的格式，这个报表系统的函数公式都是根据以表格形式显示设计的，所以只能以表格形式显示。

第一步：先选择一个样式，单击“数据透视表工具栏丨数据透视表样式”右下角的下拉箭头，如图6-17所示。

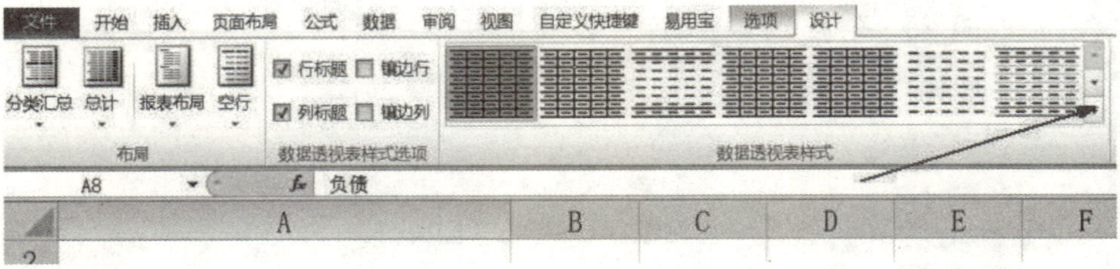

图6-17　数据透视表样式

第二步：选择一个心仪的样式，如果没有心仪的，也可以自行设计，如图6-18所示。

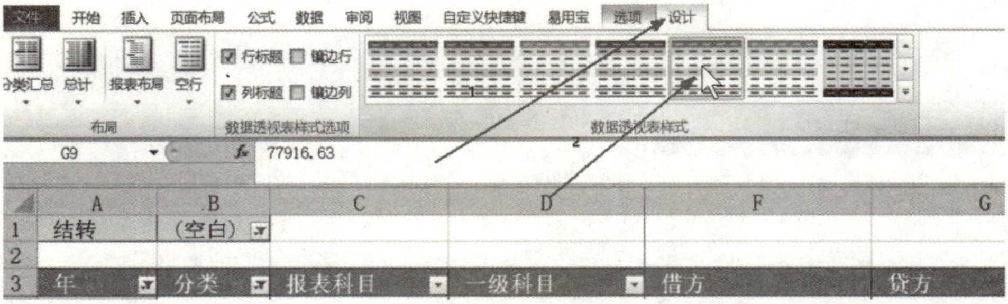

图6-18　选择样式

我一般选择蓝色或绿色，能够保护视力。

第三步：在“数据透视表工具丨设计丨报表布局”里面选择以“表格”形式显示，如图6-19所示。

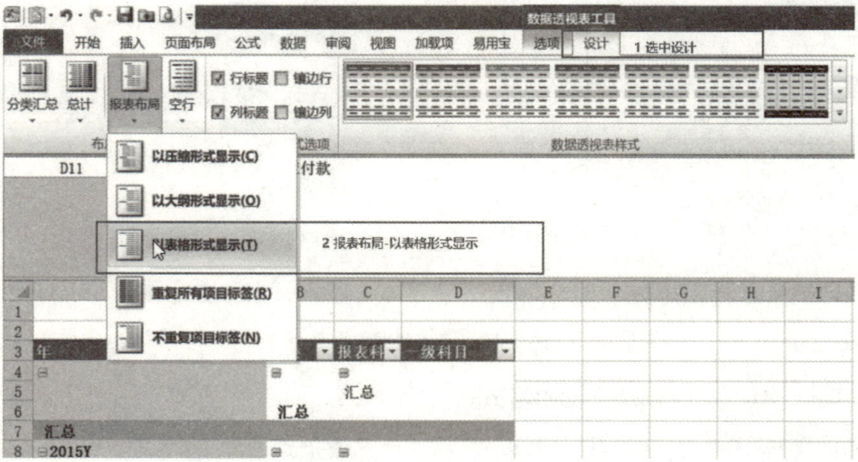

图6-19　以表格形式显示

第四步：调整数据透视表的列宽。

鼠标光标放到列名分界线上，变成图 6-20 箭头标注的小箭头的样子，按住鼠标左键来回拖动，就可以把列宽调整到自己想要的样子。也可选中那一列，直接输入列宽的数值，直到看着满意为止，如图 6-20 所示。

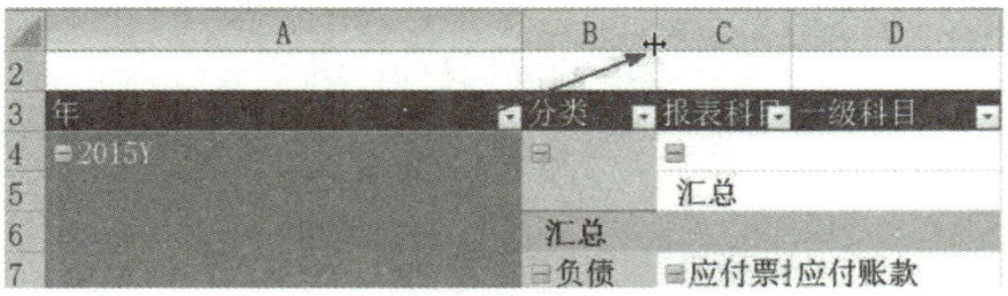

图 6-20　调整数据透视表列宽

第五步：去掉不需要的汇总。

鼠标左键选中不需要汇总列的“汇总”字样，右键出现图 6-21 的下拉菜单，把分类汇总前面小方块里面的对勾取消到即可。需要这一列汇总，同样的操作，勾选上对勾，如图 6-21 所示。

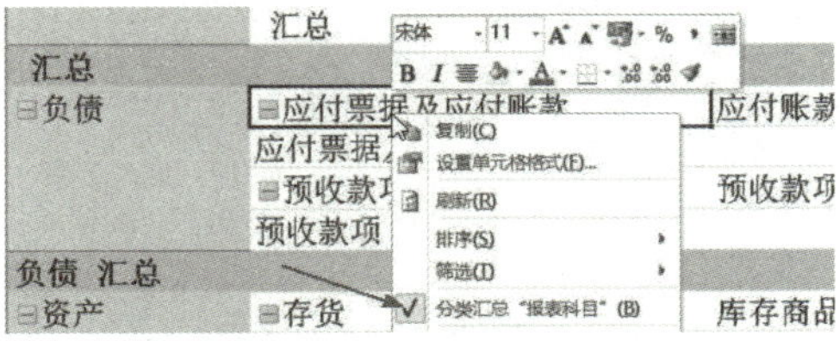

图 6-21　去掉不需要的汇总

第六步：筛选掉空白行和无用的或报错的数据。

分别单击“年”列和“分类”列下拉菜单的箭头，如图 6-22 所示。

图 6-22　筛选空白或者无用的数据

把空白行和和无用的或报错的数据前面方框的对勾去掉，如图 6-23、图 6-24 所示。

第七步：把分类列中资产类科目移动到最上面来。

鼠标左键选中“分类”列（B 列）“资产”字样，右键打开下拉菜单，选择移动（M），选择将“资产”移到开头，如图 6-25 所示。

接上图继续操作，如图 6-26 所示。

结果图的显示方式基本和财务报表的显示方式保持一致了，先资产，然后负债、权益、损益类科目依次排列，同理报表科目、一级科目也可以这样调整的和财务报表显示的次序一致会看起来更舒服。

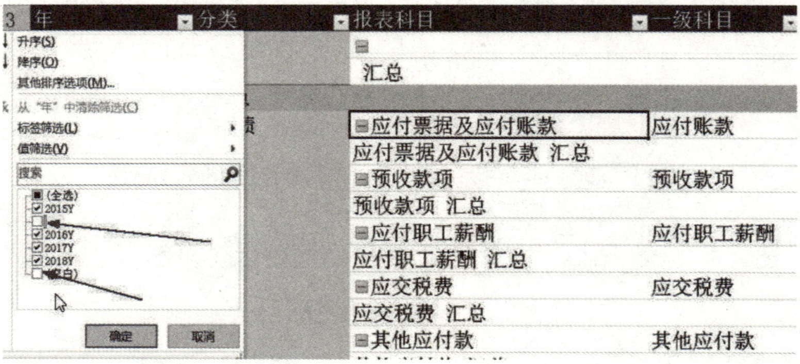

图 6-23　去掉空白行或无用的数据前面的对勾 -1

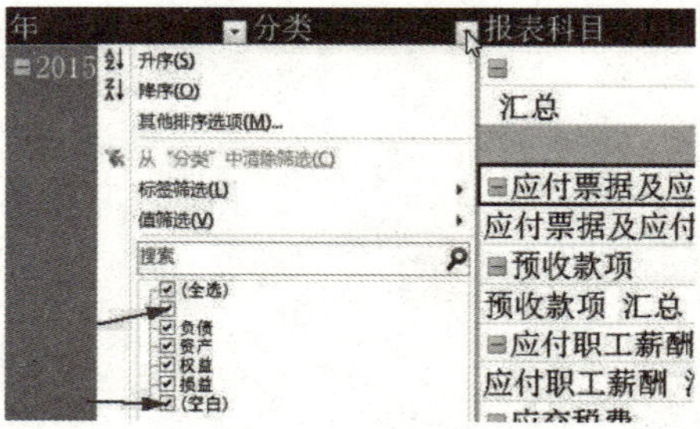

图 6-24　去掉空白行或无用的数据前面的对勾 -2

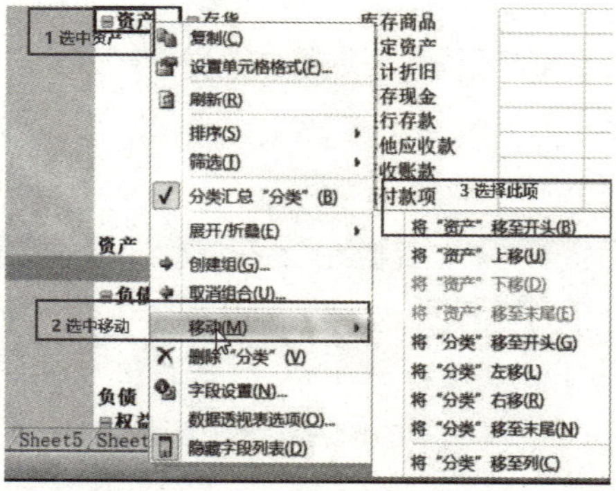

图 6-25　分类列中资产类科目移动到最上面来 -1

（6）结转列拖动到报表筛选框，如图 6-27 所示。

（7）拖动借方金额、贷方金额、审计调整 1 列、审计调整 2 列到数值字段，如图 6-28 所示。

结果如图 6-29 所示。

（8）计算现金流量。

第一步：选中数据透视表工具“菜单 / 选项 / 域、项目和集”，鼠标左键单击“计算字段”，如图 6-30 所示。

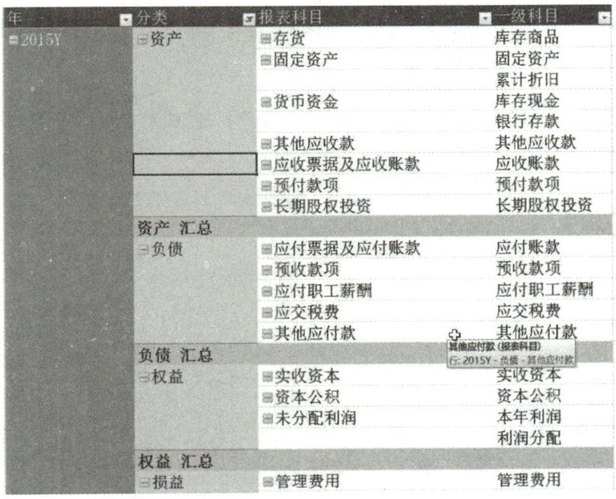

图 6-26　分类列中资产类科目移动到最上面来 -2

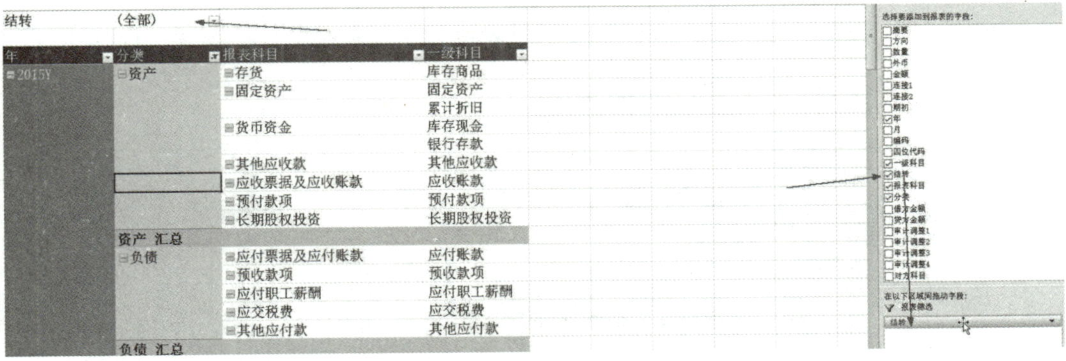

图 6-27　结转列拖动到报表筛选框

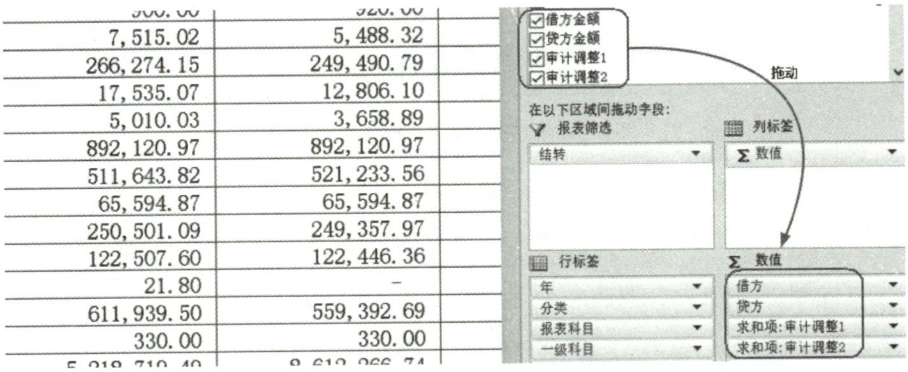

图 6-28　拖动字段

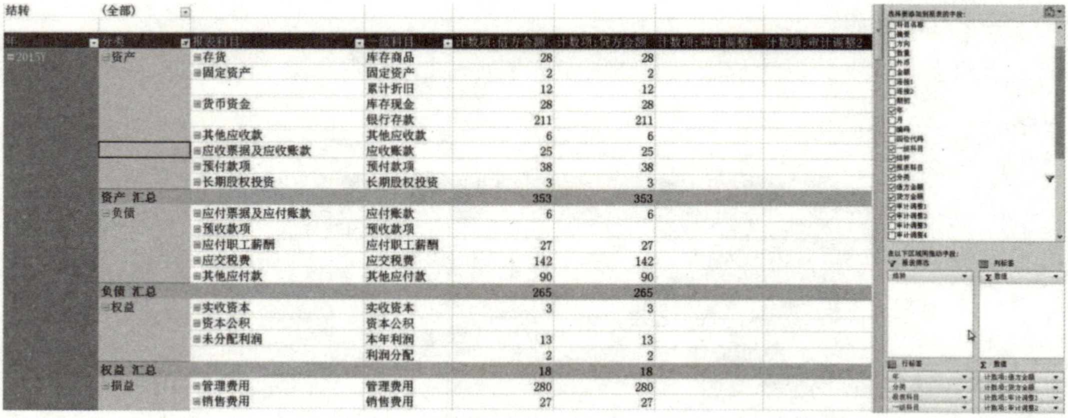

图 6-29　结果图

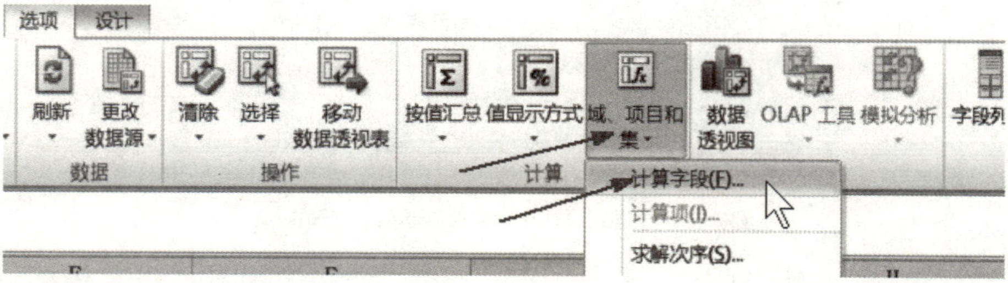

图 6-30　计算字段

第二步：打开对话框，如图 6-31 所示。

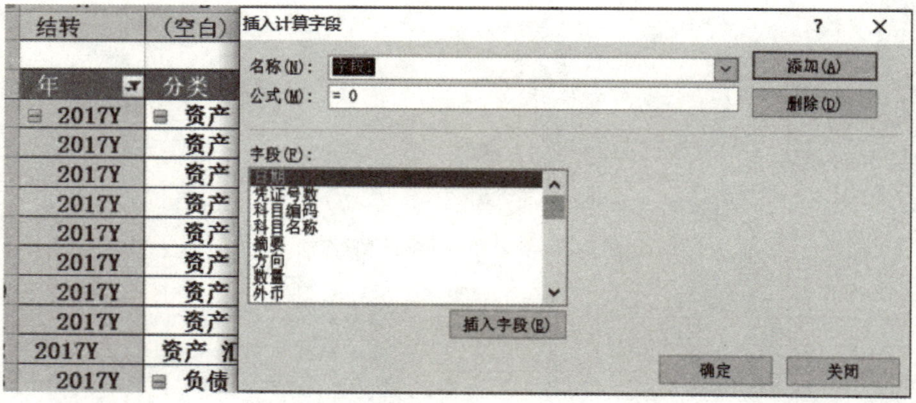

图 6-31　打开对话框

第三步：将名称修改为现金流量，如图 6-32 所示。

第四步：录入现金流量计算公式“= 借方金额 - 贷方金额 + 审计调整 1+ 审计调整 2”在字段选项找到借方金额，双击蓝色字段，或单击插入字段按钮，光标移动到公式框借方金额字符后面，录入“-”，找到贷方金额字段，单击“插入”字段按钮，“审计调整 1”字段和“审计调整 2”字段如法炮制，录入完毕后公式框显示如图 6-33 所示。

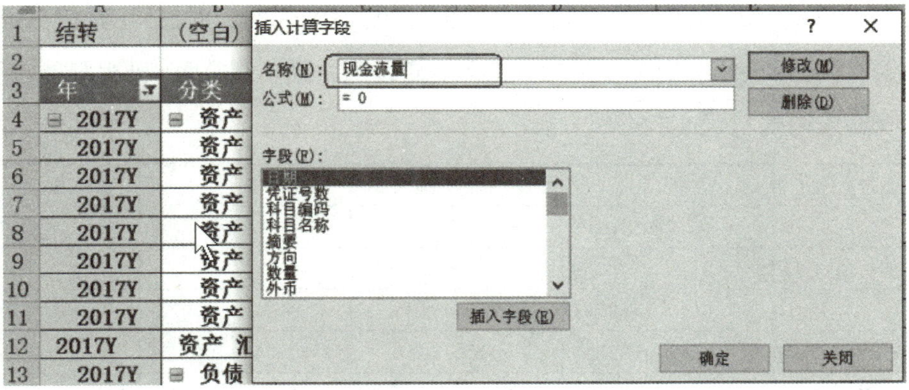

图 6-32　修改现金流量

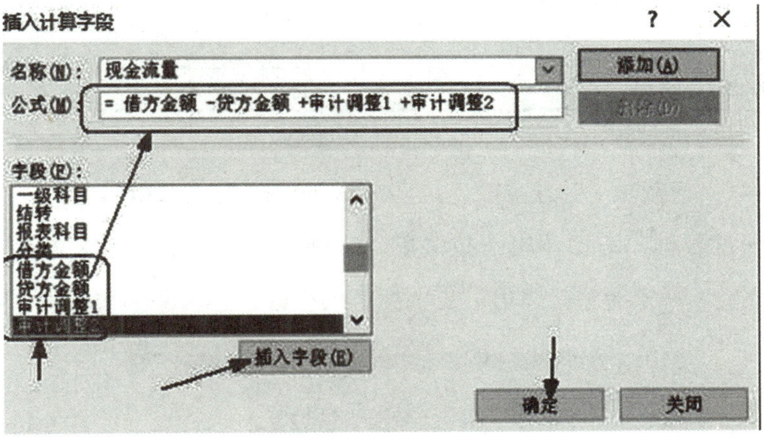

图 6-33　插入计算字段

接图 6-32 数据透视表多了一个“求和项：现金流量”列，如图 6-34 所示。

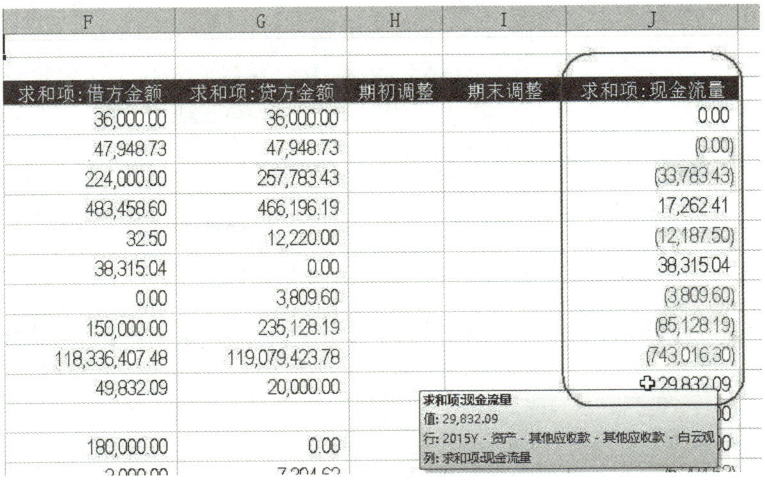

求和项:借方金额	求和项:贷方金额	期初调整	期末调整	求和项:现金流量
36,000.00	36,000.00			0.00
47,948.73	47,948.73			(0.00)
224,000.00	257,783.43			(33,783.43)
483,458.60	466,196.19			17,262.41
32.50	12,220.00			(12,187.50)
38,315.04	0.00			38,315.04
0.00	3,809.60			(3,809.60)
150,000.00	235,128.19			(85,128.19)
118,336,407.48	119,079,423.78			(743,016.30)
49,832.09	20,000.00			29,832.09
180,000.00	0.00			[illegible]

图 6-34　现金流量表

接图 6-33 把“计数项：审计调整 1”的列名更改为“期初调整”，鼠标左键选中，直接录入“期初调整”。“审计调整 2”的列名更改为“期末调整”，鼠标左键选中，直接录入“期末调整”，如图 6-35 所示。

借方	贷方	期初调整	期末调整	求和项：现金流量
3,869,733.15	2,695,780.98			1,173,952.17
556,880.45	-			556,880.45
-	77,895.83			(77,895.83)
15,745,385.73	15,049,453.51			695,932.22
6,344,018.13	937,689.28			5,406,328.85
-	77,916.63			(77,916.63)
2,071,664.30	1,697,152.65			374,511.65
1,886,433.44	1,554,227.08			332,206.36
30,474,115.20	22,090,115.96			8,383,999.24

图 6-35　现金流量结果

接图 6-34，“计数项 : 借方金额”值汇总依据修改为“求和”，选中“计数项：借方金额”列任意数据，右键调出下拉菜单，选择“值汇总依据｜求和”。依次把贷方金额、期初调整、期末调整的“值汇总依据”均修改为“求和”，如图 6-36 所示。

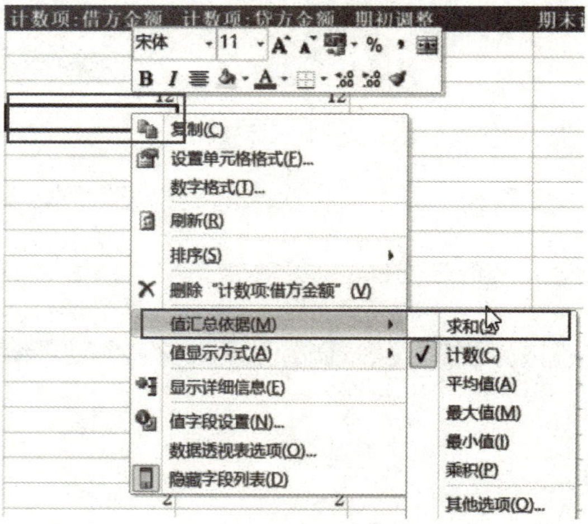

图 6-36　修改值汇总方式

接图 6-36，“计数项：借方金额”列的数值变为“求和”的显示结果，如图 6-37 所示。

接上图，如图 6-38 所示。

这时候发现数据透视表被数据透视表字段列表挡住一部分，这时候可以鼠标左键单击“数据透视表工具｜显示｜字段”列表，标黄就是显示数据透视表字段列表，反之就是不显示，如图 6-39 所示。

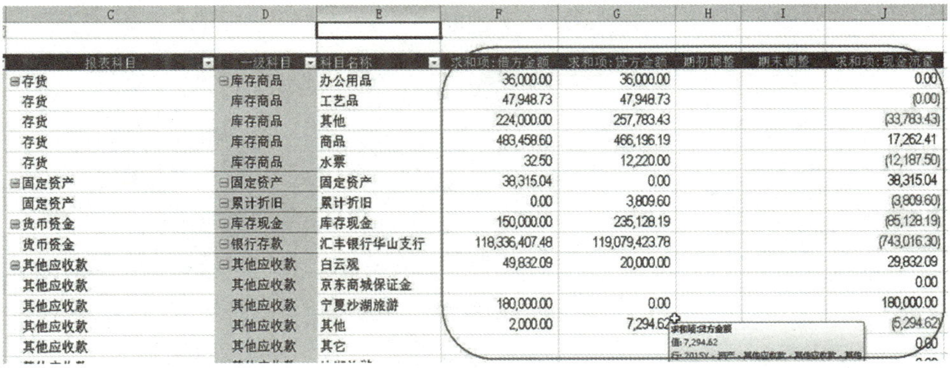

报表科目	一级科目	科目名称	求和项:借方金额	求和项:贷方金额	期初调整	期末调整	求和项:现金流量
⊟存货	⊟库存商品	办公用品	36,000.00	36,000.00			0.00
存货	库存商品	工艺品	47,948.73	47,948.73			(0.00)
存货	库存商品	其他	224,000.00	257,783.43			(33,783.43)
存货	库存商品	商品	483,458.60	466,196.19			17,262.41
存货	库存商品	水票	32.50	12,220.00			(12,187.50)
⊟固定资产	⊟固定资产	固定资产	38,315.04	0.00			38,315.04
固定资产	⊟累计折旧	累计折旧	0.00	3,809.60			(3,809.60)
⊟货币资金	⊟库存现金	库存现金	150,000.00	235,128.19			(85,128.19)
货币资金	⊟银行存款	汇丰银行华山支行	118,336,407.48	119,079,423.78			(743,016.30)
⊟其他应收款	⊟其他应收款	白云观	49,832.09	20,000.00			29,832.09
其他应收款	其他应收款	京东商城保证金					0.00
其他应收款	其他应收款	宁夏沙湖旅游	180,000.00	0.00			180,000.00
其他应收款	其他应收款	其他	2,000.00	7,294.62			(5,294.62)
其他应收款	其他应收款	其它					0.00

图 6-37　显示结果计数项

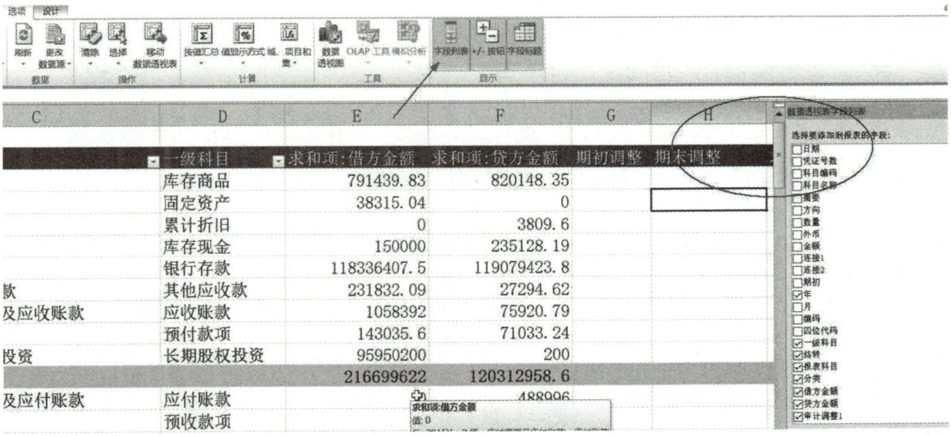

C	一级科目	求和项:借方金额	求和项:贷方金额	期初调整	期末调整
	库存商品	791439.83	820148.35		
	固定资产	38315.04	0		
	累计折旧	0	3809.6		
	库存现金	150000	235128.19		
	银行存款	118336407.5	119079423.8		
款	其他应收款	231832.09	27294.62		
及应收账款	应收账款	1058392	75920.79		
	预付款项	143035.6	71033.24		
投资	长期股权投资	95950200	200		
		216699622	120312958.6		
及应付账款	应付账款		488996		
	预收款项				

图 6-38　字段被遮挡

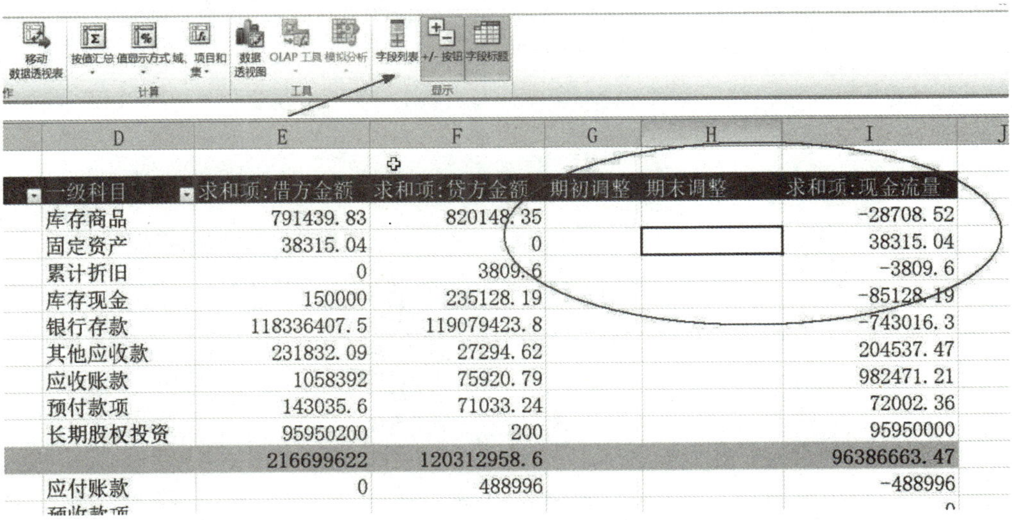

一级科目	求和项:借方金额	求和项:贷方金额	期初调整	期末调整	求和项:现金流量
库存商品	791439.83	820148.35			-28708.52
固定资产	38315.04	0			38315.04
累计折旧	0	3809.6			-3809.6
库存现金	150000	235128.19			-85128.19
银行存款	118336407.5	119079423.8			-743016.3
其他应收款	231832.09	27294.62			204537.47
应收账款	1058392	75920.79			982471.21
预付款项	143035.6	71033.24			72002.36
长期股权投资	95950200	200			95950000
	216699622	120312958.6			96386663.47
应付账款	0	488996			-488996

图 6-39　显示全部字段

第五步：完成后数据透视表字段列表，如图 6-40 所示。

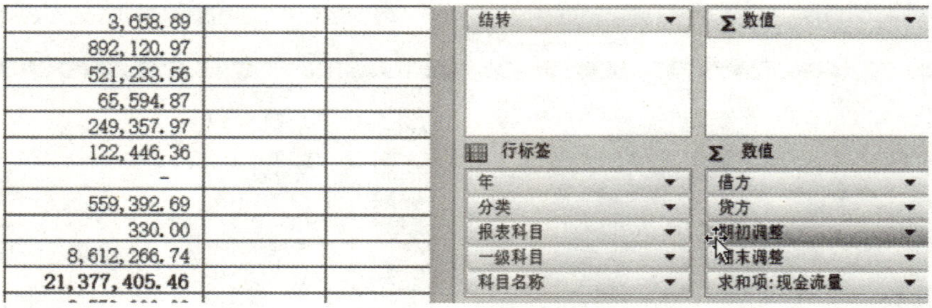

图 6-40　透视表全部字段

接图 6-40，鼠标左键单击“数据透视表工具栏｜显示｜字段”列表，让数据透视表字段列表不显示。

（9）第二次调整数据透视表格式。

第一步：筛掉损益结转分录。

未筛选前，损益类的借方金额和贷方金额是完全相等的，因为月末结转的时候会把损益类的期末余额全部结转为 0，如图 6-41 所示。

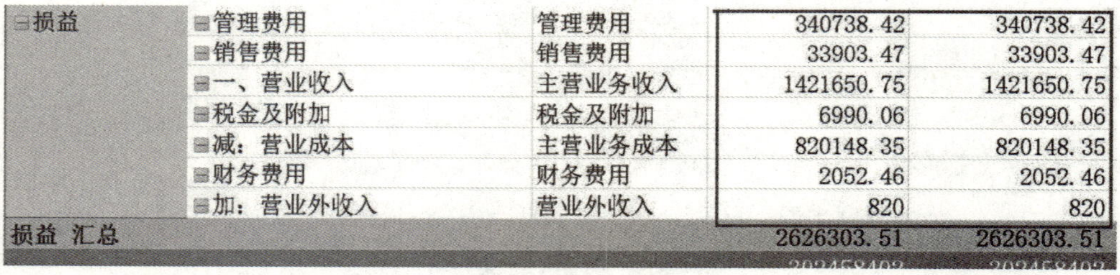

⊟损益	⊟管理费用	管理费用	340738.42	340738.42
	⊟销售费用	销售费用	33903.47	33903.47
	⊟一、营业收入	主营业务收入	1421650.75	1421650.75
	⊟税金及附加	税金及附加	6990.06	6990.06
	⊟减：营业成本	主营业务成本	820148.35	820148.35
	⊟财务费用	财务费用	2052.46	2052.46
	⊟加：营业外收入	营业外收入	820	820
损益 汇总			2626303.51	2626303.51

图 6-41　筛掉损益结转分录

在数据透视表的左上角 b1 单元格右侧的黑三角单击打开下拉菜单，先把下方的选择多项勾选上对勾，然后把损益结转的对勾去掉，按下“确定”，如图 6-42 所示。

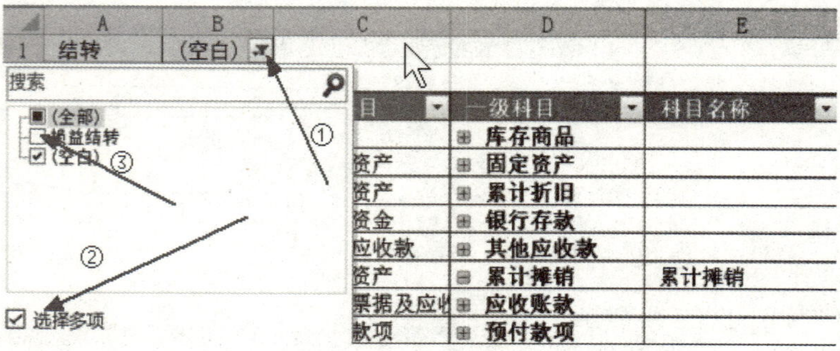

图 6-42　损益结转的对勾去掉

借方金额和贷方金额不再相等，现金流量字段的损益汇总就变成了本期净利润的相反数，如图 6-43 所示。

借方	贷方	期初调整	期末调整	求和项 : 现金流量
-	10,336,282.91			(10,336,282.91)
8,502.01	-			8,502.01
7,668,858.43	-			7,668,858.43
33,280.19	-			33,280.19
704,591.09	-			704,591.09
-	-		702,867.24	702,867.24
17,160.43	-			17,160.43
8.74	-			8.74
(1,389.14)	-			(1,389.14)
7,974,094.24	-		(702,867.24)	7,271,227.00
-	282.21			(282.21)
693.10	-			693.10
16,405,799.09	10,336,565.12		-	6,069,233.97
16,405,799.09	10,336,565.12		-	6,069,233.97

图 6-43　净利润相反数

第二步：调整数据格式。

把鼠标移到列名上面，鼠标光标变成一个黑色的小箭头，按住左键，选中所有的数值列，如图 6-44 所示。

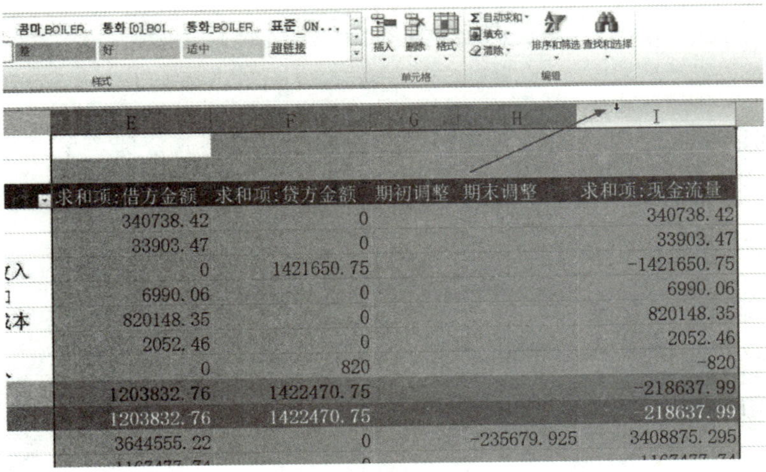

图 6-44　调整数据格式 -1

右键调出快捷菜单，选择列宽，如图 6-45 所示。

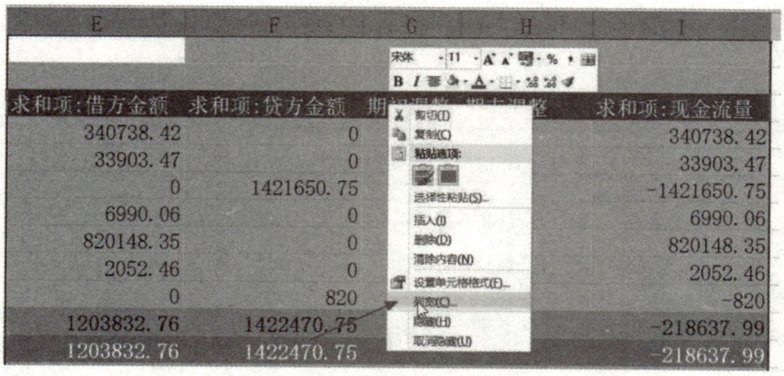

图 6-45　调整数据格式 -2

打开列宽对话框，输入“15”，单击“确定”，如图 6-46 所示。

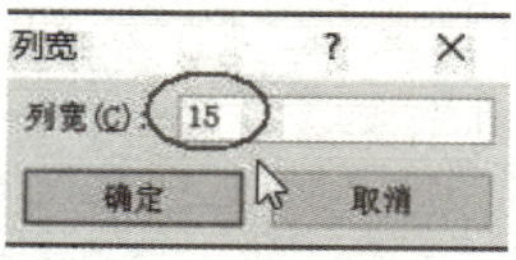

图 6-46　调整列宽

鼠标左键选中第三行列名称，对其方式选择居中，如图 6-47 所示。

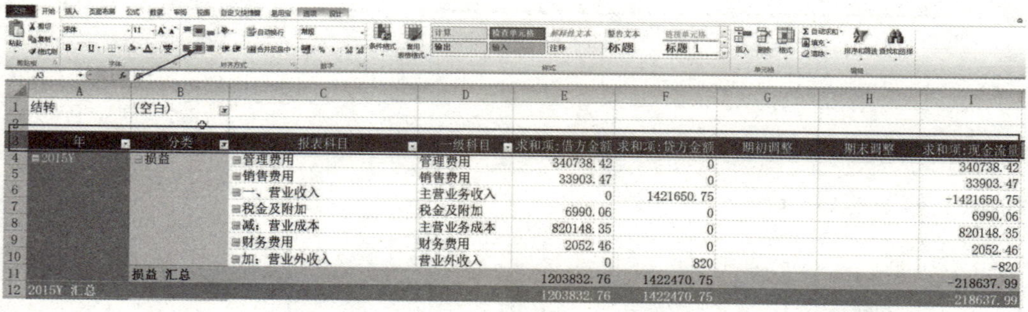

图 6-47　调整对齐方式

选中 E4:L1000, 键盘按 Ctrl+L 键，调出设置单元格格式快捷菜单，选择数值，选择小数位 2 位，选择使用千位分隔符，选择负数加括号并标红的负数格式，鼠标左键单击“确定”，如图 6-48 所示。

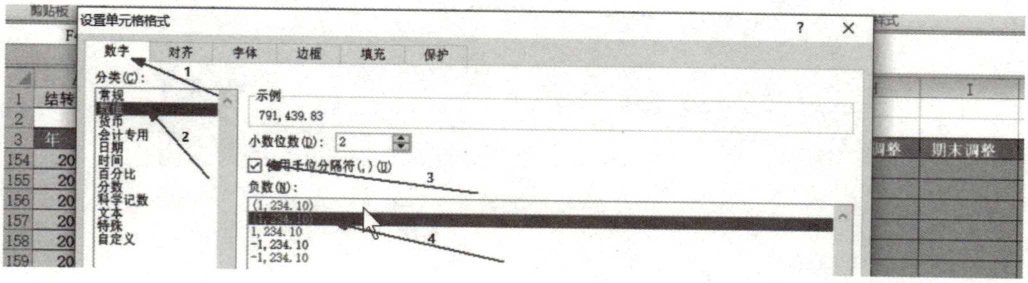

图 6-48　改变数值格式

很多比较长的数值不能正确显示，如图 6-49 所示。

借方	贷方	期初调整	期末调整	求和项 : 现金流量
791,439.83	820,148.35			(28,708.52)
38,315.04	0.00			38,315.04
0.00	3,809.60			(3,809.60)
150,000.00	235,128.19			(85,128.19)
############	############			(743,016.30)
231,832.09	27,294.62			204,537.47
1,058,392.00	75,920.79			982,471.21
143,035.60	71,033.24			72,002.36
				0.00
############	200.00			############
############	############			############

图 6-49　非正常显示

单击“开始丨字体丨选择 :ArialNarrow”字体，这是一个比较瘦的字体，可以有效的解决数值字符过宽的问题，之前我一直强调这个问题，如图 6-50 所示。

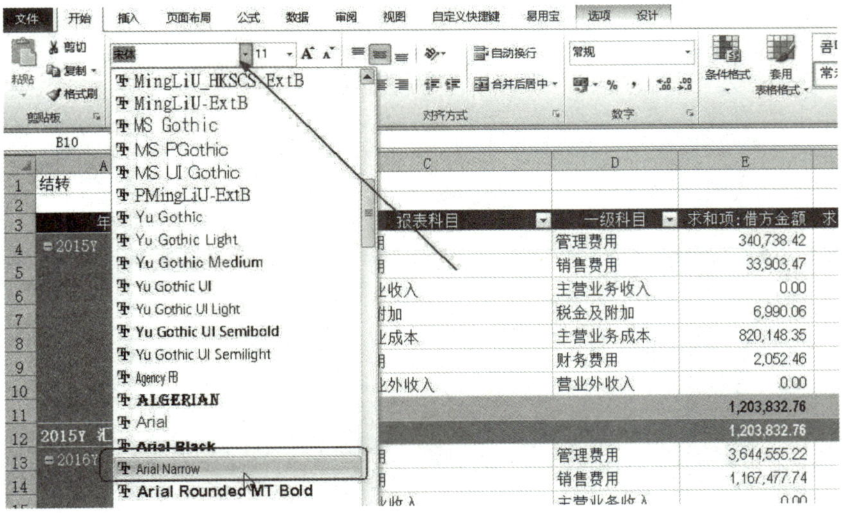

图 6-50　改变字体

数字显示不全的问题得到了解决，如图 6-51 所示。

报表科目、分类、年份的重复标签都没有显示，这样以后用函数的时候无法读取数据，选中报表科目列任意单元格，选择“数据透视表工具丨设计丨报表布局丨重复所有项目标签（R）”，如图 6-52 所示。

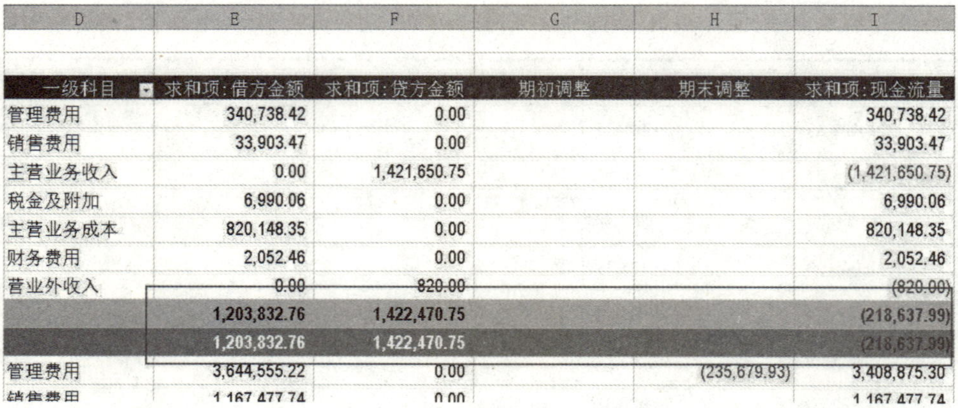

D	E	F	G	H	I
一级科目	求和项:借方金额	求和项:贷方金额	期初调整	期末调整	求和项:现金流量
管理费用	340,738.42	0.00			340,738.42
销售费用	33,903.47	0.00			33,903.47
主营业务收入	0.00	1,421,650.75			(1,421,650.75)
税金及附加	6,990.06	0.00			6,990.06
主营业务成本	820,148.35	0.00			820,148.35
财务费用	2,052.46	0.00			2,052.46
营业外收入	0.00	820.00			(820.00)
	1,203,832.76	1,422,470.75			(218,637.99)
	1,203,832.76	1,422,470.75			(218,637.99)
管理费用	3,644,555.22	0.00		(235,679.93)	3,408,875.30
销售费用	1,167,477.74	0.00			1,167,477.74

图 6-51　图片不全问题已经解决

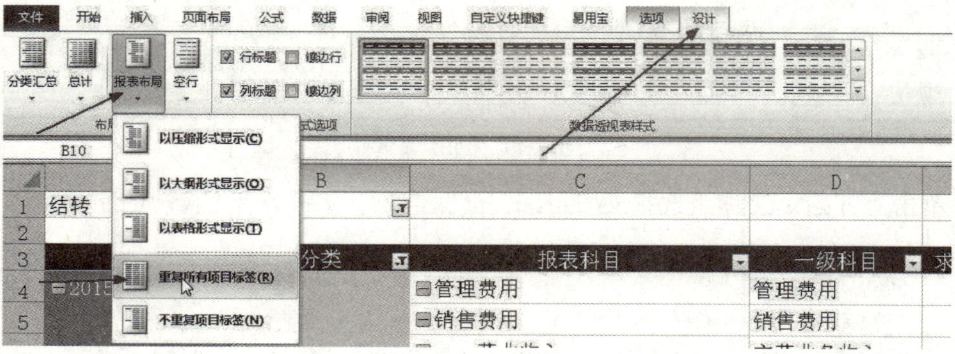

图 6-52　重复所有项目标签

年份列、分类列重复报表科目列的操作，结果如图 6-53 所示，标签列不能有空格，否则数据无法用函数抓取，如图 6-53 所示。

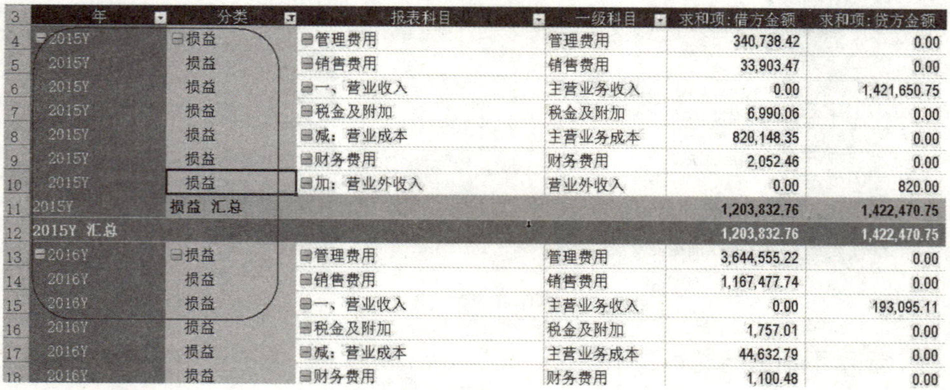

3	年	分类	报表科目	一级科目	求和项:借方金额	求和项:贷方金额
4	2015Y	损益	管理费用	管理费用	340,738.42	0.00
5	2015Y	损益	销售费用	销售费用	33,903.47	0.00
6	2015Y	损益	一、营业收入	主营业务收入	0.00	1,421,650.75
7	2015Y	损益	税金及附加	税金及附加	6,990.06	0.00
8	2015Y	损益	减：营业成本	主营业务成本	820,148.35	0.00
9	2015Y	损益	财务费用	财务费用	2,052.46	0.00
10	2015Y	损益	加：营业外收入	营业外收入	0.00	820.00
11	2015Y	损益 汇总			1,203,832.76	1,422,470.75
12	2015Y 汇总				1,203,832.76	1,422,470.75
13	2016Y	损益	管理费用	管理费用	3,644,555.22	0.00
14	2016Y	损益	销售费用	销售费用	1,167,477.74	0.00
15	2016Y	损益	一、营业收入	主营业务收入	0.00	193,095.11
16	2016Y	损益	税金及附加	税金及附加	1,757.01	0.00
17	2016Y	损益	减：营业成本	主营业务成本	44,632.79	0.00
18	2016Y	损益	财务费用	财务费用	1,100.48	0.00

图 6-53　年和分类重复项目标签

将表名称重命名为“模备份”，如图 6-54 所示。

年	分类	一级科目	借方	贷方	期初调整	期末调整	求和项 : 现金流量
2018Y	资产	库存商品	7,060,906.83	6,661,770.23			399,136.60
2018Y	资产	累计折旧	0.00	169,822.83			(169,822.83)
2018Y	资产	库存现金	6,000.00	6,480.00			(480.00)
2018Y	资产	银行存款	23,393,619.27	23,763,915.26			(370,295.99)
2018Y	资产	其他应收款	4,674,111.70	1,331,281.96		(59,504.00)	3,283,325.74
2018Y	资产	累计摊销	0.00	92,083.29			(92,083.29)
2018Y	资产	应收账款	12,336,457.00	12,123,309.03		2,195,435.21	2,408,583.18
2018Y	资产	预付款项	1,269,407.77	1,227,051.57			42,356.20
2018Y	资产 汇总		48,740,502.57	45,375,714.17		2,135,931.21	5,500,719.61
2018Y	负债	其他应付款	3,931,848.58	4,534,243.78		59,504.00	(542,891.20)
2018Y	负债	应付账款	916,650.00	2,952,560.21			(2,035,910.21)
2018Y	负债	应付职工薪酬	6,345,558.17	6,462,921.92			(117,363.75)
2018Y	负债		4,684,410.96	4,676,924.17			7,486.79
2018Y	负债	预收款项	1,275,000.00	7,960,840.00		(2,195,435.21)	(8,881,275.21)
2018Y	负债 汇总		17,153,467.71	26,587,490.08		(2,135,931.21)	(11,569,953.58)

图 6-54　将表名重命名为“模备份”

接上图，注意 I 列最后一行的合计数一定要为 0，这个现金流量的数据透视表就制作成功了，如图 6-55 所示。

2018Y	损益	主营业务收入 2	0.00	10,336,282.91			(10,336,282.91)
2018Y	损益	主营业务成本	8,502.01	0.00			8,502.01
2018Y	损益	主营业务成本 2	7,668,858.43	0.00			7,668,858.43
2018Y	损益	税金及附加	33,280.19	0.00			33,280.19
2018Y	损益	销售费用	704,591.09	0.00			704,591.09
2018Y	损益	研发费用	0.00	0.00		702,867.24	702,867.24
2018Y	损益	财务费用	17,160.43	0.00			17,160.43
2018Y	损益	财务费用	8.74	0.00			8.74
2018Y	损益	财务费用	(1,389.14)	0.00			(1,389.14)
2018Y	损益	管理费用	7,974,094.24	0.00		(702;867.24)	7,271,227.00
2018Y	损益	营业外收入	0.00	282.21			(282.21)
2018Y	损益	营业外支出	693.10	0.00			693.10
2018Y	损益 汇总		16,405,799.09	10,336,565.12		0.00	6,069,233.97
2018Y 汇总			82,299,769.37	82,299,769.37		0.00	(0.00)
总计			82,299,769.37	82,299,769.37		0.00	(0.00)

图 6-55　现金流量的数据透视表

到此为止，现金流量透视表（模备份表）的编制步骤全部演示完成。演示这个操作步骤的时候为了更好展示过程，我做了录屏处理，并且同时录制了“宏”。

录屏计时我边讲解边操作用时 13 分钟，如果不讲解直接操作，应该在 3 分钟左右能做好这个现金流量透视表（模备份表）。

因为同时录制了“宏”，并且在序时账里面设置了一个运行“宏”的箭头，在序时账表格里只要鼠标左键单击下编制模表这个箭头，这个现金流量透视表（模备份表）只需要几秒钟就可以编制好，如图 6-56 所示。

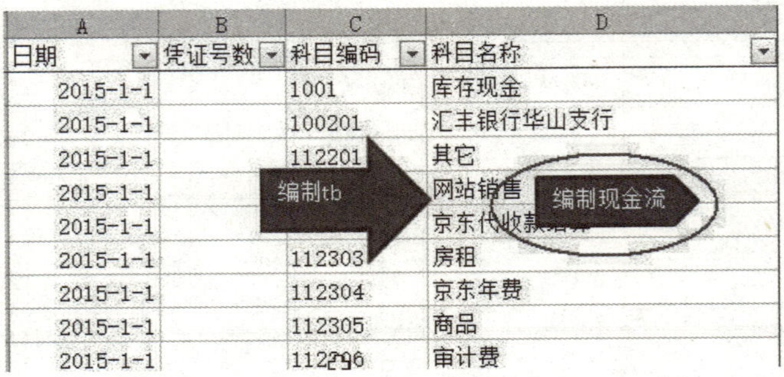

图 6-56　运行“宏”的现金流量表

模表包含了所有编制现金流量表的数据，在后面编制现金流量表时只要用函数把模表的数据抓取过去就可以了。如果账务发生变动，比如新增、更正，只要把序时账里面的原始数据部分更新一下，然后整个表格一刷新，模表、现金流量表就会更新成最新的报表，虽然不如财务软件可视化程度高，但原理是一样的，而且用 Excel 表格通用性强，基础的模型是自己做的，可以根据自己的业务需要任意修改。使用熟练的话，是不逊于财务软件的。现在我们公司记账，我做审计查看客户的账务都是采用的这个系统。

如果想很好地应用，最好把本书从头到尾自己操作一遍。会用了以后就不用这么麻烦了，只要把序时账、余额表录入进去，或导入进去，刷新一下下，剩下的工作都由表格的透视表，函数去完成，可以大大的提高工作效率。

第 7 章

编制现金流模板：财务现搬的救兵

编制现金流量表、所有者权益表讲解视频

本章介绍怎样把现金流量透视表的数据进一步整理，为形成最后的现金流量表和附注做好基础。

7.1 新建一个工作表，命名为“模 2”

这个起名规则全称“模”表，应该叫现金流量表模板 1，“模 2”叫现金流量表模板 2，但实际工作中尽量把表名称命名的短一点，这样在一个窗口里面就可以显示尽可能多的表格，所以简称“模”“模 2”。

在第三行填好列名：分类、一级科目、18 现金流量、17 现金流量、16 现金流量、15 现金流量、现金流量表主表、附注、筛选，如图 7-1 所示。

现金流量表模板

分类	一级科目	18 现金流量	现金流量表主表	附注	筛选
资产	库存现金	(480.00)			(480.00)
资产	银行存款	(370,295.99)			(370,295.99)
资产	其他货币资金	-			-
资产	短期投资	-		经营性应收项目的减少（增加以“－”号填列）	-
资产	应收账款	2,408,583.18	销售商品、提供劳务收到的现金	经营性应收项目的减少（增加以“－”号填列）	2,408,583.18
资产	预付款项	42,356.20	购买商品、接受劳务支付的现金	经营性应收项目的减少（增加以“－”号填列）	42,356.20
资产	其他应收款	3,283,325.74			3,283,325.74

图 7-1　新建“模 2”

我这个模板一次可以做 4 年的现金流量主表和附表，量大份足，但是为了简化，我只讲解一年的，其余的把公式拉一下就 OK。所以后面我会把 D 列、E 列、F 列隐藏。

7.2 把现金流量透视表(模表)的数据导到“模 2”表

7.2.1 A 列、B 列、C 列填写说明

1. A 列、B 列填写说明

A 列的“分类”现在可以不用考虑，只是在后面核对的时候如果发现有问题，可以把整体数据分类为资产、负债、权益和损益等分别核对。

B 列的“一级科目”对应的模表 D 列（一级科目列），只能比模表 D 列的科目多，不能少，如果少了，数据可能取不过来，而且 B 列的科目应该是唯一的，以免重复计算。

具体操作可以复制粘贴，手工填写，用公式“等于”过来都可以。

2．现金流量表主表项目（C 列）填写说明

> 函数组合说明
>
> 在 C4 单元格录入函数组合：
>
> =IF(B4="","",ROUND(SUM(SUMIFS(模 !$J$1:$J$2200, 模 !$D$1:$D$2200,TRIM(B4), 模 !$A$1:$A$2200,{"*2018*"})),2))

这个函数组合的核心函数还是 SUMIFS 函数，前面我已经讲过了，这个函数的组合和利润表中取数的公式完全一样。为了加深印象我再根据这个表的特殊情况详细的讲解一遍。

我们需要根据“模 2”表 B 列的会计科目把“模表”中的现金流量列（J 列）的数据汇总抓取过来，如图 7-2 所示。

C	D	E	J
报表科目	一级科目	科目名称	求和项:现金流量
⊟存货	⊟库存商品	办公用品	0.00
存货	库存商品	工艺品	(0.00)
存货	库存商品	其他	(33,783.43)
存货	库存商品	商品	17,262.41
存货	库存商品	水票	(12,187.50)
⊟固定资产	⊟固定资产	固定资产	38,315.04
固定资产	⊟累计折旧	累计折旧	(3,809.60)
⊟货币资金	⊟库存现金	库存现金	(85,128.19)
货币资金	⊟银行存款	汇丰银行华山支行	(743,016.30)
⊟其他应收款	⊟其他应收款	白云观	29,832.09
其他应收款	其他应收款	京东商城保证金	0.00
其他应收款	其他应收款	宁夏沙湖旅游	180,000.00
其他应收款	其他应收款	其他	(5,294.62)

图 7-2　现金流量表主表项目（C 列）填写说明

接上图，如图 7-3 所示。

A	B	C	G	H
		18现金流量370775.99	其他应收核对0	其他应收核对0
		(702,867.24)		
分类	一级科目	18现金流量	现金流量表主表	附注
资产	库存现金	(480.00)		
资产	银行存款	(370,295.99)		
资产	其他货币资金	-		
资产	短期投资	-		经营性应收项目的减少（增加以“—”号填列）
资产	应收账款	2,408,583.18	销售商品、提供劳务收到的现金	经营性应收项目的减少（增加以“—”号填列）
资产	预付款项	42,356.20	购买商品、接受劳务支付的现金	经营性应收项目的减少（增加以“—”号填列）
资产	其他应收款	3,283,325.74		
资产	坏账准备	-	不涉及现金流量	
资产	**原材料**	-		存货的减少（增加以“—”号填列）
资产	**周转材料**	-		存货的减少（增加以“—”号填列）
资产	**在途物资(新增)**	-		
资产	**库存商品**	399,136.60	购买商品、接受劳务支付的现金	存货的减少（增加以“—”号填列）
资产	固定资产	-	购建固定资产、无形资产和其他长期资产支付的现金	
资产	累计折旧	(169,822.83)	支付其他与经营活动有关的现金	固定资产折旧、油气资产折耗、生产性生物资产折旧
资产	**无形资产**	-	购建固定资产、无形资产和其他长期资产支付的现金	
资产	**累计摊销**	(92,083.29)	支付其他与经营活动有关的现金	无形资产摊销
资产				
资产				

图 7-3　现金流量表主表项目（B 列）填写说明

1 2 3 4 5 6 7 8 9 10 11 12

7.2.2 详细分解出 SUMIFS 函数公式

如果前面的公式觉得过于复杂，可以先把下面的核心公式录入到 C4 单元格，能正确读取数据后再逐层加其他函数的外套。

在“模 2”表 C4 单元格键入公式 =SUMIFS(模 !$J$1:$J$2200, 模 !$D$1:$D$2200,TRIM(B4), 模 !$A$1:$A$2200,{"*2018*"})。

下面，我分步把这个公式由内到外的作用详细讲解一遍。

第一步，模 !$J$1:$J$2200，是要“求和”的单元格区域。这个区域要求要绝对引用，所以表示列名的 J 前面加了 $，表示为 $J，表示行名的 1、2200 都加了 $，表示为 $2、$2200。

第二步，模 !$D$1:$D$2200，要作为条件进行判断的第 1 个单元格区域。这里面有个注意事项，就是行数的选取区域一定和要“求和”的单元格区域完全一致。我自己一开始用这个公式总报错，特别苦恼，后面发现是因为自己没那么细心，选取判断区域的时候没注意行号与要和“求和”区域的行号完全一样才行。也就是说“求和”区域选的 1~2200 行，条件区域也必须是 1~2200 行，如果选了 2~2200 行，那这个函数就会报错，我这个是 Excel2010 之前版本的经验，不知道 2013 之后是不是这个函数更智能了。

第三步，TRIM(B4)，要作为条件进行判断的第 1 个单元格区域。这里用到了一个 TRIM 函数，作用是去掉 B4 单元格内容两边的空格。

第四步，模 !$A$1:$A$2200，要作为条件进行判断的第 2 个单元格区域。

第五步 ,{"*2018*"} 要作为条件进行判断的第 2 个单元格区域的条件。这个大花括号的作用是如果有并列的条件。比如，需要选择 2017 和 2018 的数据就是这个样子 {"*2017*","*2018*"}。前面介绍资产负债表抓取数值的时候就会用到并列的条件，“*”的作用是通配符，前后都有“*”的情况下，只要这个字符串有 2018，就符合条件，不管 2018 前后是否有其他文本，如果没有 "*" 这个通配符，比如 {"2018"}，这种情况下条件第 2 个单元格区域的文本必须是“2018”这 4 个字符才行，咱们的字符是 2018Y 是不能选中的。因为后面加了“Y”, 所以只有 {"2018*"}、{"*2018*"} 这两种情况才能选中。

第六步，加一个 SUM 函数外套，SUM 函数的格式：SUM()，这个函数的作用是“求和”，如果不加这个外套，SUMIFS 函数的条件“求和”遇到条件中有并列条件的，就会只对第一个条件“求和”，忽略后面并列的条件。比如第五步中

{"*2017*","*2018*"}，这个参数的意思是要对 2017 年和 2018 年的数据“求和”，如果不加 SUM 函数的外套，SUMIFS 函数只会对 2017 年的数据求和。

第七步，加一个 ROUND 函数的外套。

ROUND 函数的语法是：ROUND(number,num_digits)，即：ROUND(数值，保留的小数位数)。

=ROUND(SUM(SUMIFS(模 !$J$1:$J$2200, 模 !$D$1:$D$2200,TRIM(B4), 模 !$A$1:$A$2200,{"*2018*"})),2)

输入后如图 7-4 所示。

图 7-4　ROUND 函数的外套

函数解释：对 SUM() 函数加总的数值进行保留两位小数的操作。

再次提醒，写入 Excel 表格的公式必须在半角状态，尤其是“"”，“,”，我自己的习惯是录入公式的这两个符号是切换到大写格式，有时候一个逗号写不对，公式就会报错，切记！切记！

第八步，加一个 IF 函数的外套。

=IF(B4="","",ROUND(SUM(SUMIFS(模 !$J$1:$J$2199, 模 !$D$1:$D$2199,TRIM(B4), 模 !$A$1:$A$2199,{"*2018*"})),2))

1.IF 函数语法

IF(logical_test,value_if_true,value_if_false)

2. 功能

IF 函数是条件判断函数：如果指定条件的计算结果为 TRUE，IF 函数将返回某个值；如果该条件的计算结果为 FALSE，则返回另一个值。

例如，IF(测试条件 , 结果 1, 结果 2)，即如果满足“测试条件”，则显示“结果 1”，如果不满足“测试条件”则显示“结果 2”。

3. 参数

（1）Logical_test 表示计算结果为 TRUE 或 FALSE 的任意值或表达式。

例如，A10=100 就是一个逻辑表达式，如果单元格 A10 中的值等于 100，表达式即为 TRUE，否则为 FALSE。本参数可使用任何比较运算符 [=（等于）、>（大于）、

≥（大于等于）、≤（小于等于等运算符）]。

（2）Value_if_true 表示 logical_test 为 TRUE 时返回的值。

例如，如果本参数为文本字符串“预算内”而且 logical_test 参数值为 TRUE，则 IF 函数将显示文本“预算内”。如果 logical_test 为 TRUE 而 value_if_true 为空，则本参数返回 0。如果要显示 TRUE，则请为本参数使用逻辑值 TRUE。value_if_true 也可以是其他公式。

（3）Value_if_false 表示 logical_test 为 FALSE 时返回的值。

公式解释：如果 B4 单元格为空，那么 C4 单元格为空，否则执行 ROUND 函数。

复制函数，鼠标光标移动到 C4 单元格的右下角，变成一个黑色的十字，如图 7-5 所示。按住鼠标左键，向下拖动，这样 C4 单元格的公式会被复制到下面的单元格。

C4　　fx　=IF(B4="","",ROUND(SUM(SUMIFS(模!$J$1:$J$2199,模!$D$1:$D$2199,TRIM(B4),模!$A$1:$A

	A	B	C	G
1			18现金流量370775.99	其他应收核对0
2			(702,867.24)	
3	分类	一级科目	18现金流量	现金流量表主表
4	资产	库存现金	(480.00)	
5	资产	银行存款	(370,295.99)	
6	资产	其他货币资金	-	
7	资产	短期投资	-	
8	资产	应收账款	2,408,583.18	销售商品、提供劳务收到的现金
9	资产	预付款项	42,356.20	购买商品、接受劳务支付的现金

图 7-5　复制函数

7.2.3　核对数据

第一步：看“模 2”表 C4:C76 汇总数据是不是 0，如果是 0，就是把“模表”的 J 列数据全部汇总导入到“模 2”表的 C 列了；如果不为 0，那么根据损益、权益、负债、资产四大类的顺序逐一核对，看那个科目的数据汇总的不对。

需要注意的是，到 C76 是任意选的，有的报表不需要选这么多，有的报表可能还不够，可以根据实际情况自行增减，如图 7-6 所示。

58	损益	管理费用	7,271,227.00	支付其他与经营活动有关的现金	净利润	7,271,227.00
59	损益	营业外收入	(282.21)	支付其他与经营活动有关的现金	净利润	(282.21)
60	损益	营业外支出	693.10	支付其他与经营活动有关的现金	净利润	693.10
61	损益			支付的各项税费	净利润	-
62	损益			收到其他与经营活动有关的现金	净利润	-
63	损益			购买商品、接受劳务支付的现金	净利润	-
74						-
75						-
76						-

图 7-6　核对数据

图 7-6 的右下角求和的数据不为 0，说明没有正确的把“模表”的 J 列数据全部汇总导入到“模 2”表的 C 列，下面几步我们分类核对。

第二步：核对损益类数据，如图 7-7 所示。

48		主营业务收入	-	销售商品、提供劳务收到的现金	净利润
49	损益	主营业务收入2	(10,336,282.91)	销售商品、提供劳务收到的现金	净利润
50	损益	主营业务成本	8,502.01	销售商品、提供劳务收到的现金	净利润
51	损益	主营业务成本2	7,668,858.43	购买商品、接受劳务支付的现金	净利润
52	损益	税金及附加	33,280.19	支付的各项税费	净利润
53	损益	销售费用	704,591.09	支付其他与经营活动有关的现金	净利润
54	损益	研发费用	702,867.24	支付其他与经营活动有关的现金	净利润
55	损益	财务费用	15,780.03		
56	损益				净利润
57	损益				净利润
58	损益	管理费用	7,271,227.00	支付其他与经营活动有关的现金	净利润
59	损益	营业外收入	(282.21)	支付其他与经营活动有关的现金	净利润
60	损益	营业外支出	693.10	支付其他与经营活动有关的现金	净利润
61	损益			支付的各项税费	净利润
62	损益			收到其他与经营活动有关的现金	净利润
63	损益			购买商品、接受劳务支付的现金	净利润

图 7-7　核对损益类数据

鼠标左键选中“模 2”表 C49:C63 单元格，右下角红框处求和的数据是 5,366,366.73，如图 7-8 所示。

主营业务收入 2	0.00	10,336,282.91			(10,336,282.91)
主营业务成本	8,502.01	0.00			8,502.01
主营业务成本 2	7,668,858.43	0.00			7,668,858.43
税金及附加	33,280.19	0.00			33,280.19
销售费用	704,591.09	0.00			704,591.09
研发费用	0.00	0.00		702,867.24	702,867.24
财务费用	17,160.43	0.00			17,160.43
财务费用	8.74	0.00			8.74
财务费用	(1,389.14)	0.00			(1,389.14)
管理费用	7,974,094.24	0.00		(702,867.24)	7,271,227.00
营业外收入	0.00	282.21			(282.21)
营业外支出	693.10	0.00			693.10
	16,405,799.09	10,336,565.12		0.00	6,069,233.97

图 7-8　TB 列数据

可是“模表”2018 年 J 列损益汇总的金额是 6,069,233.97，存在差异，所以要按科目逐一核对哪里错了，这种情况最大的可能是“模表”一级科目与“模 2”表的一级科目不对应，这时候可以把“模表”中损益类的一级科目直接复制粘贴过来，如图 7-9 所示。

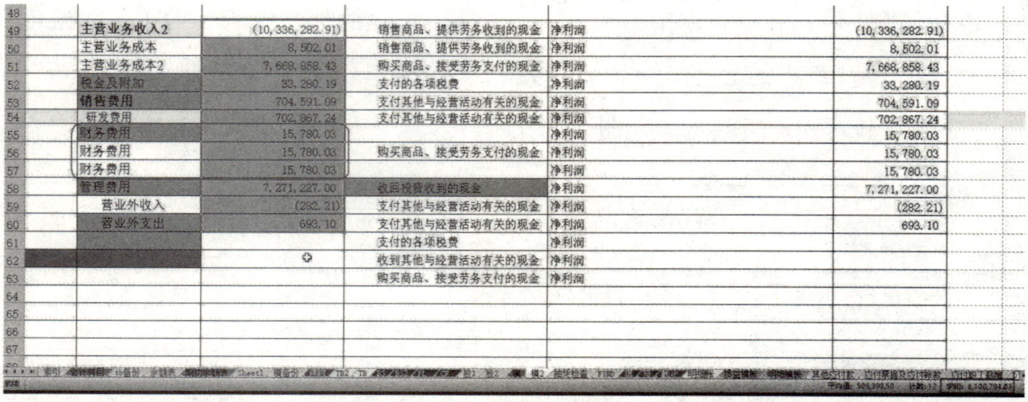

图 7-9　复制粘贴一级科目

把“模表”中的一级科目复制粘贴过来之后发现右下角的汇总数据还是不对，而且发现财务费用有 3 个数据是重复的，所以 C 列的数据是把财务费用汇总了 3 次，那么我们把 B 列的财务费用去掉 2 个，如图 7-10 所示。

鼠标左键选中多余的两个财务费用的单元格，右键调出快捷菜单，选中清除内容。

再次选中“模表 2”的损益汇总 C48:C63 单元格，右下角的汇总数据 6,069,233.97 和模表中损益汇总的数据相同，损益类的比对完成了，如图 7-11 所示。

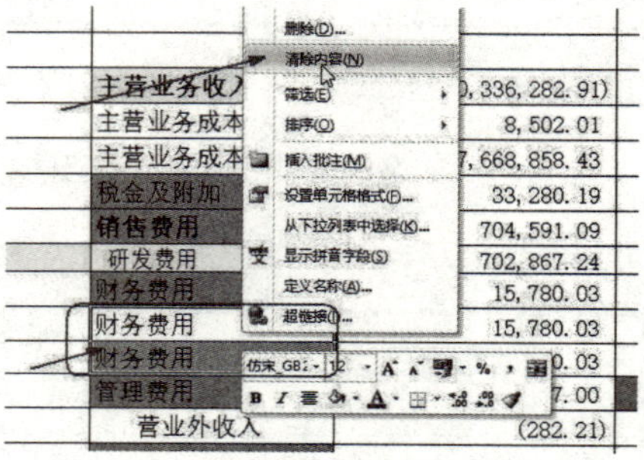

图 7-10　去除多余的财务费用

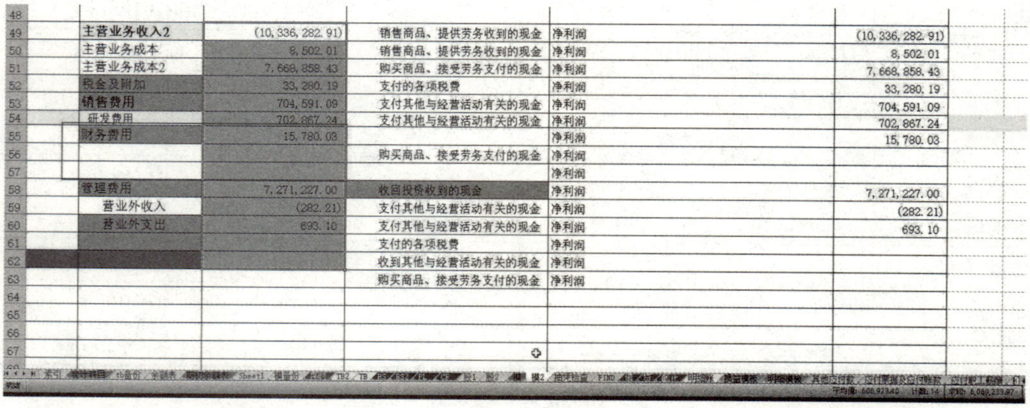

图 7-11　核对数据结果一致

第三步，核对权益类的数据，如图 7-12 所示。

“模表”2 本期权益类的数据没有变化，如图 7-13 所示。

“模表”本期权益类数据也没有，所以权益类数据比对完成。

第四步核对负债类数据，如图 7-14 所示。

实收资本	-	吸收投资收到的现金	
资本公积	-		
盈余公积	-	不涉及现金流量	
未分配利润	-		
利润分配	-	支付其他与经营活动有关的现金	
其他综合收益	-	不涉及现金流量	

图 7-12　核对权益类的数据

年	分类	报表科目	一级科目	科目名称	求和项:审计调整1	求和项:审计调整2	求和项:现金流量
2018Y	资产	存货	库存商品				399, 136. 60
2018Y	资产	固定资产	累计折旧				(169, 822. 83)
2018Y	资产	货币资金	库存现金	库存现金			(480. 00)
2018Y	资产	货币资金	银行存款				(370, 295. 99)
2018Y	资产	其他应收款	其他应收款			(59, 504. 00)	3, 283, 325. 74
2018Y	资产	无形资产	累计摊销	累计摊销			(92, 083. 29)
2018Y	资产	应收票据及应收	应收账款			2, 195, 435. 21	2, 408, 583. 18
2018Y	资产	预付款项	预付款项				42, 356. 20
2018Y	资产 汇总					**2, 135, 931. 21**	**5, 500, 719. 61**
2018Y	负债	其他应付款	其他应付款			59, 504. 00	(542, 891. 20)
2018Y	负债	应付票据及应付	应付账款				(2, 035, 910. 21)
2018Y	负债	应付职工薪酬	应付职工薪酬				(117, 363. 75)
2018Y	负债	应交税费	应交税费				7, 486. 79
2018Y	负债	预收款项	预收款项			(2, 195, 435. 21)	(8, 881, 275. 21)
2018Y	负债 汇总					**(2, 135, 931. 21)**	**(11, 569, 953. 58)**
2018Y	损益	一、营业收入	主营业务收入2				(10, 336, 282. 91)
2018Y	损益	减：营业成本	主营业务成本	主营业务成本			8, 502. 01
2018Y	损益	减：营业成本	主营业务成本2				7, 668, 858. 43
2018Y	损益	税金及附加	税金及附加				33, 280. 19
2018Y	损益	销售费用	销售费用				704, 591. 09
2018Y	损益	研发费用	研发费用	研发费用		702, 867. 24	702, 867. 24
2018Y	损益	财务费用	财务费用	手续费			17, 160. 43
2018Y	损益	财务费用	财务费用	网上商城手续费			8. 74
2018Y	损益	财务费用	财务费用	利息			(1, 389. 14)
2018Y	损益	管理费用	管理费用			(702, 8	
2018Y	损益	加：营业外收入	营业外收入				
2018Y	损益	减：营业外支出	营业外支出				
2018Y	损益 汇总						
2018Y 汇总						-	(0. 00)

求和项:审计调整2
值:无数值
行: 2018Y - 损益 - 财务费用 - 财务费用 - 利息
列: 求和项:审计调整2

图 7-13　“模表 2”本期权益类的数据

30					
31					
32	应付账款	(2, 035, 910. 21)	购买商品、接受劳务支付的现金	经营性应付项目的增加（减少以“—”号填列）	(2, 035, 910. 21)
33	应付职工薪酬	(117, 363. 75)	支付其他与经营活动有关的现金	经营性应付项目的增加（减少以“—”号填列）	(117, 363. 75)
34	应交税费	7, 486. 79	支付的各项税费	经营性应付项目的增加（减少以“—”号填列）	7, 486. 79
35	其他应付款	(542, 891. 20)			(542, 891. 20)
36	递延所得税负债(更名	-	不涉及现金流量		-
37	预收款项	(8, 881, 275. 21)	销售商品、提供劳务收到的现金		(8, 881, 275. 21)
38	预收账款	-		经营性应付项目的增加（减少以“—”号填列）	-
39	长期借款	-			-
40					-
41	实收资本	-	吸收投资收到的现金		-
42	资本公积	-			-
43	盈余公积	-	不涉及现金流量		-
44	未分配利润	-			-
45	利润分配	-	支付其他与经营活动有关的现金		-

平均值: (1,445,244.20)　计数: 9　求和: (11,569,953.58)

图 7-14　核对负债类数据

鼠标左键选中“模表 2”的 C32:C39，右下角“求和”(11,569,953.58)，如图 7-15 所示。

13	2018Y	负债	其他应付款	其他应付款		59, 504. 00	(542, 891. 20)
14	2018Y	负债	应付票据及应付	应付账款			(2, 035, 910. 21)
15	2018Y	负债	应付职工薪酬	应付职工薪酬			(117, 363. 75)
16	2018Y	负债	应交税费	应交税费			7, 486. 79
17	2018Y	负债	预收款项	预收款项		(2, 195, 435. 21)	(8, 881, 275. 21)
18	2018Y	负债 汇总				(2, 135, 931. 21)	(11, 569, 953. 58)

图 7-15　(C32:C39) 求和

查看“模表”J 列负债汇总数 (11,569,953.58)，与“模表 2”负债汇总数据一致，负债类数据比对完成。实际工作中如果C列数据所有一级科目的汇总数据求和是0了，可以不用每一类的汇总数据都要逐一比对，我在这里逐一比对是为了让大家更好地理解这个模板的逻辑关系，以后自己使用的时候出现错误便于查找，我写本书的目的希望大家会自己制作模板，而不是仅仅会使用模板。

第五步：核对资产类数据，如图7-16所示。

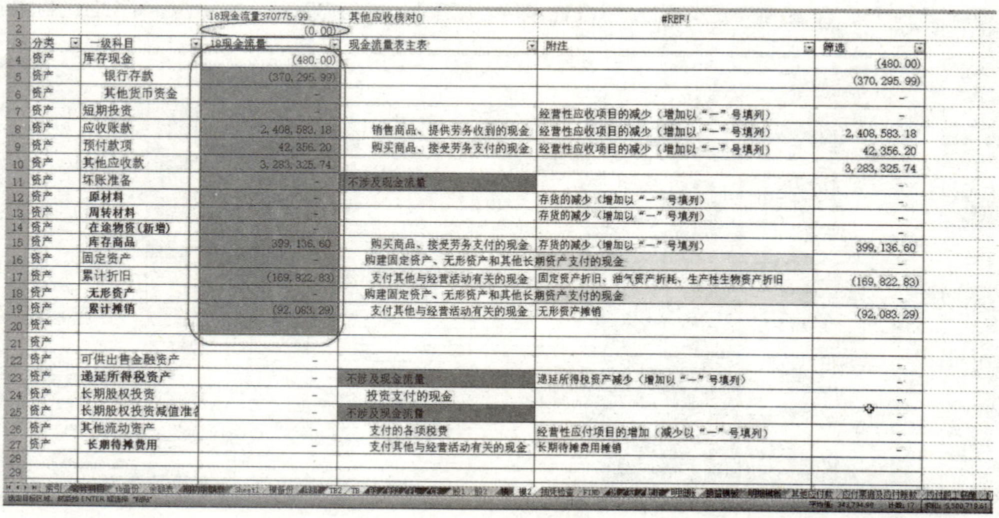

1			18现金流量370775.99	其他应收核对0	#REF!	
2			(0.00)			
3	分类	一级科目	18现金流量	现金流量表主表	附注	筛选
4	资产	库存现金	(480.00)			(480.00)
5	资产	银行存款	(370, 295.99)			(370, 295.99)
6	资产	其他货币资金	-			-
7	资产	短期投资	-		经营性应收项目的减少（增加以“—”号填列）	-
8	资产	应收账款	2, 408, 583.18	销售商品、提供劳务收到的现金	经营性应收项目的减少（增加以“—”号填列）	2, 408, 583.18
9	资产	预付款项	42, 356.20	购买商品、接受劳务支付的现金	经营性应收项目的减少（增加以“—”号填列）	42, 356.20
10	资产	其他应收款	3, 283, 325.74			3, 283, 325.74
11	资产	坏账准备	-	不涉及现金流量		-
12	资产	原材料	-		存货的减少（增加以“—”号填列）	-
13	资产	周转材料	-		存货的减少（增加以“—”号填列）	-
14	资产	在途物资(新增)	-			-
15	资产	库存商品	399, 136.60	购买商品、接受劳务支付的现金	存货的减少（增加以“—”号填列）	399, 136.60
16	资产	固定资产	-	购建固定资产、无形资产和其他长期资产支付的现金		-
17	资产	累计折旧	(169, 822.83)	支付其他与经营活动有关的现金	固定资产折旧、油气资产折耗、生产性生物资产折旧	(169, 822.83)
18	资产	无形资产	-	购建固定资产、无形资产和其他长期资产支付的现金		-
19	资产	累计摊销	(92, 083.29)	支付其他与经营活动有关的现金	无形资产摊销	(92, 083.29)
20	资产					
21	资产					
22	资产	可供出售金融资产	-			-
23	资产	递延所得税资产	-	不涉及现金流量	递延所得税资产减少（增加以“—”号填列）	-
24	资产	长期股权投资	-	投资支付的现金		-
25	资产	长期股权投资减值准备	-	不涉及现金流量		-
26	资产	其他流动资产	-	支付的各项税费	经营性应付项目的增加（减少以“—”号填列）	-
27	资产	长期待摊费用	-	支付其他与经营活动有关的现金	长期待摊费用摊销	-
28						
29						

图 7-16　核对资产类数据

鼠标左键选中“模2”表C4:C20，右下角汇总数5,500,719.61，如图7-17所示。

一级科目	借方	贷方	期初调整	期末调整	求和项：现金流量
库存商品	7,060,906.83	6,661,770.23			399,136.60
累计折旧	0.00	169,822.83			(169,822.83)
库存现金	6,000.00	6,480.00			(480.00)
银行存款	23,393,619.27	23,763,915.26			(370,295.99)
其他应收款	4,674,111.70	1,331,281.96		(59,504.00)	3,283,325.74
累计摊销	0.00	92,083.29			(92,083.29)
应收账款	12,336,457.00	12,123,309.03		2,195,435.21	2,408,583.18
预付款项	1,269,407.77	1,227,051.57			42,356.20
	48,740,502.57	45,375,714.17		2,135,931.21	5,500,719.61

图 7-17　汇总 C4:C20

查看“模表”的资产汇总数据5,500,719.61与“模2”表的资产类汇总数据一致，资产类数据比对完成。

第六步：再次查看“模2”表C4：C76的汇总数据是不是0。在C2单元格录入公式=SUM(C4:C76)，如图7-18所示。

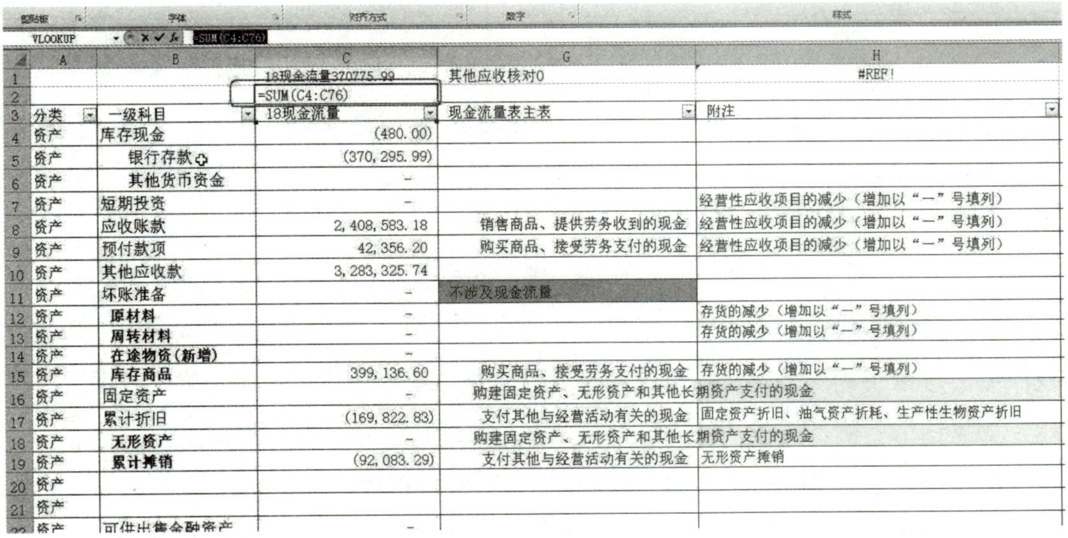

	A	B	C	G	H
1			18现金流量370775.99	其他应收核对0	#REF!
2			=SUM(C4:C76)		
3	分类	一级科目	18现金流量	现金流量表主表	附注
4	资产	库存现金	(480.00)		
5	资产	银行存款	(370,295.99)		
6	资产	其他货币资金	-		
7	资产	短期投资	-		经营性应收项目的减少（增加以“—”号填列）
8	资产	应收账款	2,408,583.18	销售商品、提供劳务收到的现金	经营性应收项目的减少（增加以“—”号填列）
9	资产	预付款项	42,356.20	购买商品、接受劳务支付的现金	经营性应收项目的减少（增加以“—”号填列）
10	资产	其他应收款	3,283,325.74		
11	资产	坏账准备	-	不涉及现金流量	
12	资产	**原材料**	-		存货的减少（增加以“—”号填列）
13	资产	**周转材料**	-		存货的减少（增加以“—”号填列）
14	资产	**在途物资(新增)**	-		
15	资产	**库存商品**	399,136.60	购买商品、接受劳务支付的现金	存货的减少（增加以“—”号填列）
16	资产	固定资产	-	购建固定资产、无形资产和其他长期资产支付的现金	
17	资产	累计折旧	(169,822.83)	支付其他与经营活动有关的现金	固定资产折旧、油气资产折耗、生产性生物资产折旧
18	资产	**无形资产**	-	购建固定资产、无形资产和其他长期资产支付的现金	
19	资产	**累计摊销**	(92,083.29)	支付其他与经营活动有关的现金	无形资产摊销
20	资产				
21	资产				
22	资产	可供出售金融资产	-		

图 7-18　录入公式

回车后结果见图 7-19，C4:C76 的汇总数是 0。

第七步：计算货币资金的差额汇总。

在 C1 单元格录入公式 ="18 现金流量 "&-SUM(C4:C6), 如图 7-19 所示。

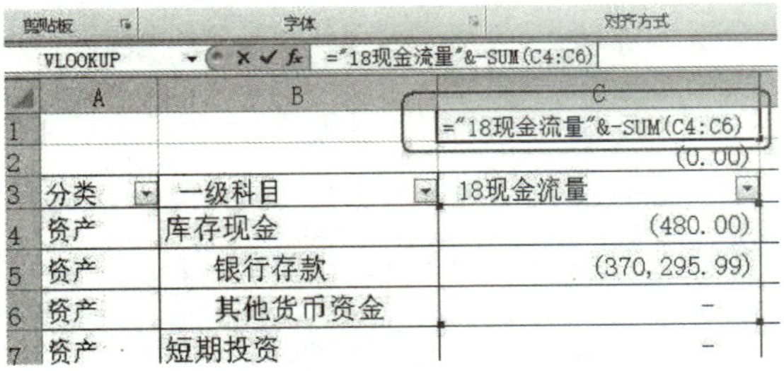

	A	B	C
1			="18现金流量"&-SUM(C4:C6)
2			(0.00)
3	分类	一级科目	18现金流量
4	资产	库存现金	(480.00)
5	资产	银行存款	(370,295.99)
6	资产	其他货币资金	-
7	资产	短期投资	-

图 7-19　计算货币资金差额汇总

继续回车，显示本期的现金流量是“18 现金流量 370775.99”，如图 7-20 所示。

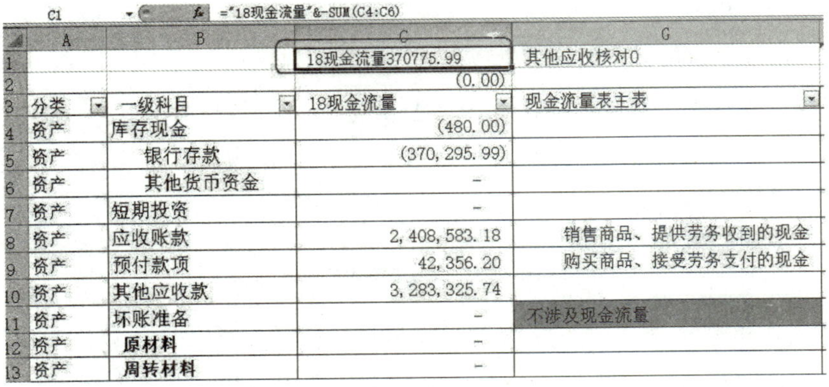

	A	B	C	G
1			18现金流量370775.99	其他应收核对0
2			(0.00)	
3	分类	一级科目	18现金流量	现金流量表主表
4	资产	库存现金	(480.00)	
5	资产	银行存款	(370,295.99)	
6	资产	其他货币资金	-	
7	资产	短期投资	-	
8	资产	应收账款	2,408,583.18	销售商品、提供劳务收到的现金
9	资产	预付款项	42,356.20	购买商品、接受劳务支付的现金
10	资产	其他应收款	3,283,325.74	
11	资产	坏账准备	-	不涉及现金流量
12	资产	**原材料**	-	
13	资产	**周转材料**	-	

图 7-20　18 现金流量汇总

至此“模表”中的数据已经被完整地转移到了“模2”当中了，实际工作中不需要这样复杂，因为模板是做好的，公式是做好的，有时候刷新了现金流量透视表（模表），现金流量表基本就做好了。我这么详细地讲解还是希望用的人自己学会做现金流量模板，明白里面的钩稽关系，这样出现错误的时候才知道怎么去处理。

7.2.4 添加调整数据

C76之前的数据都是用序时账的一级科目的本期借方发生额汇总数减去本期贷方发生额汇总数得到的差额，再根据差额的性质逐一用现金流量主表和附表的项目去标示，如果这个差额是正数，表示现金的流出，如果差额是正数，表示现金的流入。

按现金流量表公式法，大部分科目只要把差额标注好，现金流量表项目就可以了。但是有的科目，仅标注差额是不行的。比如其他应收款、其他应付款，等等。按照公式法，其他应收、应付的借方发生额是“支付的其他与经营活动有关的现金流量”，贷方发生额是“收到的其他与经营活动有关的现金流量”。财务费用中收到的利息是一个现金的流入，计入“收到的其他与经营活动有关的现金流量”，手续费是现金流出，要标示为“支付的其他与经营活动有关的现金流量”，所以如果报表中科目繁多，这些科目一定要逐一标注。当然如果自己公司的报表科目一般比较固定，根据自己的需要把模板做好，后面的工作就简单了。

之所以一直强调要学会自己制作模板是因为各种公司的会计科目差异很大，不管是谁也很难制作出全部通用的模板，而且即使制作出来，因为模板的大而全，肯定异常烦琐。所以我更希望我的读者学会自己制作模板，根据自己的需要去取舍科目，而不是制作一个大而全的模板，让读者削足适履。

所以C76之后的调整读者可以根据自己的需要任意增删，我在这里讲解一些典型的科目，希望读者朋友们能够举一反三。

下面，我分步讲解一些经常需要调整的科目。

第一步，调整财务费用科目，如图7-21所示。

⊟ 财务费用	手续费				17,160.43
财务费用	网上商城手续费				8.74
财务费用	利息				(1,389.14)

图7-21 调整财务费用科目

“模表”中的财务费用分别在三个明细科目，加号手续费是正数，表示现金流出，应该标示为支付的其他与经营活动有关的现金，所以“模2”表中的“财务费用\手

续费 \" 对应的数值等于模表中 J25+J26，“财务费用 \ 利息收益 \” 等于“模表”的 J27，如图 7-22 所示。

C82 | f_x =模!J25+模!J26

	A	B	C
1			18现金流量370775.99
2			(0.00)
3	分类	一级科目	18现金流量
63	损益		
82	调整	财务费用\手续费\	17,169.17
83	调整	财务费用\利息收益\	(1,389.14)

图 7-22 调整手续费公式

续上图，如图 7-23 所示。

33 | f_x =模!J27

A	B	C
		18现金流量370775.99
		(0.00)
类	一级科目	18现金流量
益		
整	财务费用\手续费\	17,160.43
整	财务费用\利息收益\	(1,389.14)

图 7-23 调整利息收益公式

核对一下“财务费用 \ 手续费 \ 17,169.17+ 财务费用 \ 利息收益 \（1,389.14）”的和 15,780.03 是否和 C55 的财务费用汇总数相等，如果相等，根据现金流量方向分别标示为“支付其他与经营活动有关的现金”“收到其他与经营活动有关的现金”，如图 7-24 所示。

		18现金流量370775.99	其他应收核对0
		(0.00)	
分类	一级科目	18现金流量	现金流量表主表
损益	主营业务成本2	7,668,858.43	购买商品、接受劳务支付的现金
损益	税金及附加	33,280.19	支付的各项税费
损益	销售费用	704,591.09	支付其他与经营活动有关的现金
损益	研发费用	702,867.24	支付其他与经营活动有关的现金
损益	财务费用	15,780.03	
损益			
损益			
损益	管理费用	7,271,227.00	收回投资收到的现金
损益	营业外收入	(282.21)	支付其他与经营活动有关的现金
损益	营业外支出	693.10	支付其他与经营活动有关的现金
损益			支付的各项税费
损益			收到其他与经营活动有关的现金
损益			购买商品、接受劳务支付的现金
调整	财务费用\手续费\	17,169.17	支付其他与经营活动有关的现金
调整	财务费用\利息收益\	(1,389.14)	收到其他与经营活动有关的现金

图 7-24 标注现金流量表主表

注意在 G 列标示现金流量项目的时候财务费用汇总 G55 单元格一定要空着，因为后面会用一个 SUMIFS 函数组合。根据 G 列的标示把 C 列的数据汇总到现金流量表当中去，如果 G55 不空着就会重复抓取数据了。

第二步，调整其他应收款，如图 7-25 所示。

D	E	F	G
一级科目	科目名称	借方	贷方
⊞ 库存商品		7,060,906.83	6,661,770.23
⊞ 累计折旧		-	169,822.83
⊟ 库存现金	库存现金	6,000.00	6,480.00
⊞ 银行存款		23,393,619.27	23,763,915.26
⊞ 其他应收款		4,674,111.70	1,331,281.96
⊟ 累计摊销	累计摊销	-	92,083.29
⊞ 应收账款		12,336,457.00	12,123,309.03
⊞ 预付款项		1,269,407.77	1,227,051.57

图 7-25　调整其他应收款

其他应收款科目需要把“模表”中的借方发生额和贷方发生额分别填写到“模 2”表中的其他应收款借方、其他应收款贷方，注意贷方数要加上负号，如图 7-26 所示。

	A	B	C
1			18现金流量370775.99
2			(0.00)
3	分类	一级科目	18现金流量
0	损益	营业外支出	693.10
1	损益		
2	损益		
3	损益		
2	调整	财务费用\手续费\	17,169.17
3	调整	财务费用\利息收益\	(1,389.14)
4	调整		
5	调整	其他应收款借方	4,674,111.70
6	调整	其他应收款贷方	(1,331,281.96)

图 7-26　其他应收款借方与贷方填写

核对其他应收款借方发生额与贷方发生额的负数相加 4,674,111.70+ (1,331,281.96)= 3,342,829.74 是否等于“模 2”表其他应收款汇总数 C10 的数值 3,283,325.74，结果发现不相等，因为汇总数取的“模表”J 列的数，J 列的数是借方发生额 – 贷方发生额 + 审计调整 1+ 审计调整 2，而此处仅仅计算借方发生额和贷方发生额的差额肯定不对。所以需要把调整数加到其他应收款的借方发生额里面。

所以“模 2”表里面的其他应收款借方发生额 = 模表的借方发生额（F8）4,674,111.70+H8+I8((59,504.00)), 修改后的“模 2”表的借方发生额加上其他应收款贷方负数 = 4,614,607.70+ (1,331,281.96)= 3,283,325.74，与模 2 表其他应收款汇总数 C10 的数值 3,283,325.74 相同。

然后将在 G 列其他应收款借方标示为“支付其他与经营活动有关的现金”，将其他应收款贷方标示为“收到其他与经营活动有关的现金”，如图 7-27 所示。

A	B	C	G	H
		18现金流量370775.99	其他应收核对0	#REF!
		(0.00)		
分类	一级科目	18现金流量	现金流量表主表	附注
调整	财务费用\手续费\	17,169.17	支付其他与经营活动有关的现金	
调整	财务费用\利息收入\	(1,389.14)	收到其他与经营活动有关的现金	
调整				
调整	其他应收款借方	4,614,607.70	支付其他与经营活动有关的现金	经营性应收项目的减少（增加以“—”号填列）
调整	其他应收款贷方	(1,331,281.96)	收到其他与经营活动有关的现金	经营性应收项目的减少（增加以“—”号填列）
调整				
调整	其他应付款借方	3,931,848.58	支付其他与经营活动有关的现金	经营性应付项目的增加（减少以“—”号填列）
调整	其他应付款贷方	(4,534,243.78)	收到其他与经营活动有关的现金	经营性应付项目的增加（减少以“—”号填列）
调整				

图 7-27　现金流量表主表标注

同理，G10 单元格还是空着，免得后面现金流量表取数的时候取重，如图 7-28 所示。

	A	B	C	G	H
1			18现金流量370775.99	其他应收核对0	#REF!
2			(0.00)		
3	分类	一级科目	18现金流量	现金流量表主表	附注
4	资产	库存现金	(480.00)		
5	资产	银行存款	(370,295.99)		
6	资产	其他货币资金	-		
7	资产	短期投资	-		经营性应收项目的减少（增加以“—”号填列）
8	资产	应收账款	2,408,583.18	销售商品、提供劳务收到的现金	经营性应收项目的减少（增加以“—”号填列）
9	资产	预付款项	42,356.20	购买商品、接受劳务支付的现金	经营性应收项目的减少（增加以“—”号填列）
10	资产	其他应收款	3,283,325.74		

图 7-28　后面已经标注的前面就空着

第三步，调整其他应付款。这一步和第二步调整其他应收款的步骤完全相同，所有需要借方发生额、贷方发生额分别列示的会计科目都可以按照上一步的方法调整，比如可供出售金融资产的借方是“投资支付的现金”，贷方是“收回投资收到的现金”等依此类推，分别标示。

第四步，调整应付职工薪酬。

应付职工薪酬的借方发生额标示为“支付给职工以及为职工支付的现金”，分录如下。

借：应付职工薪酬

　贷：货币资金

形成应付职工薪酬时。

借：管理费用、销售费用、主营业务成本、生产成本、制造费用

　贷：应付职工薪酬

所以此处的应付职工薪酬借方数比较容易统计，就是应付职工薪酬的借方发生

额，但是贷方数要仔细统计，究竟是进了管理费用、销售费用还是其他一些科目，但是好在很多中小企业薪酬都放在管理费用里面核算，所以此处我就简化为应付职工薪酬的借方数直接冲减管理费用中的“支付其他与经营活动有关的现金”，如图 7-29 所示。

	A	B	C	G
1			18现金流量370775.99	其他应收核对0
2			(0.00)	
3	分类	一级科目	18现金流量	现金流量表主表
85	调整	其他应收款借方	4,614,607.70	支付其他与经营活动有关的现金
86	调整	其他应收款贷方	(1,331,281.96)	收到其他与经营活动有关的现金
87	调整			
88	调整	其他应付款借方	3,931,848.58	支付其他与经营活动有关的现金
89	调整	其他应付款贷方	(4,534,243.78)	收到其他与经营活动有关的现金
90	调整			
91	调整	支付的职工薪酬借方数	6,345,558.17	支付给职工以及为职工支付的现
92	调整	薪酬冲减管理费用	(6,345,558.17)	支付其他与经营活动有关的现金
93	调整	薪酬冲减销售费用		支付其他与经营活动有关的现金
94	调整	薪酬冲减营业成本		

图 7-29　调整应付职工薪酬

注意：这边的薪酬的借方数和冲减数相加是 0，而且上面应付职工薪酬的汇总数也要标示为“支付其他与经营活动有关的现金”，如图 7-30 所示。

	A	B	C	G
1			18现金流量370775.99	其他应收核对0
2			(0.00)	
3	分类	一级科目	18现金流量	现金流量表主表
15	资产	库存商品	399,136.60	购买商品、接受劳务支付的现金
16	资产	固定资产	-	购建固定资产、无形资产和其他长
17	资产	累计折旧	(169,822.83)	支付其他与经营活动有关的现金
18	资产	无形资产	-	购建固定资产、无形资产和其他长
19	资产	累计摊销	(92,083.29)	支付其他与经营活动有关的现金
20	资产			
21	资产			
22	资产	可供出售金融资产	-	
23	资产	递延所得税资产	-	不涉及现金流量
24	资产	长期股权投资	-	投资支付的现金
25	资产	长期股权投资减值准备	-	不涉及现金流量
26	资产	其他流动资产	-	支付的各项税费
27	资产	长期待摊费用	-	支付其他与经营活动有关的现金
32	负债	应付账款	(2,035,910.21)	购买商品、接受劳务支付的现金
33	负债	应付职工薪酬	(117,363.75)	支付其他与经营活动有关的现金
34	负债	应交税费	7,486.79	支付的各项税费
35	负债	其他应付款	(542,891.20)	
36	负债	递延所得税负债(更名	-	不涉及现金流量

图 7-30　标注应付职工薪酬的现金流主表

第五步，调整应交税费。

现金支付的各项税费这个项目包括增值税和其他税种，这里只调整增值税，因为其他税种会通过税金及附加这个科目。税金及附加这个科目的借方发生额已经标示为“支付的各项税费”，所以此处不需要考虑。

发生增值税销售时。

借：货币资金

　　贷：收入＋销项税

所以销项税应标示为销售商品、提供劳务收到的现金。

购买可以抵扣的原材料时。

借：原材料＋进项税

　　贷：货币资金

所以进项税应标示为“购买商品、接受劳务支付的现金”。

销项和进项的差额我们会做分录。

借：应交税费——应交增值税——转出未交增值税

　　贷：应交税费——未交增值税

实际缴税时。

借：应交税费——未交增值税

　　贷：货币资金

所以把销项税和进项税的差额标示为现金支付的各项税费，同时把应交税费的期末余额也标示为现金支付的各项税费，如果没交，会正负相抵，比较准确的披露现金支付的各项税费，如图 7-31 所示。

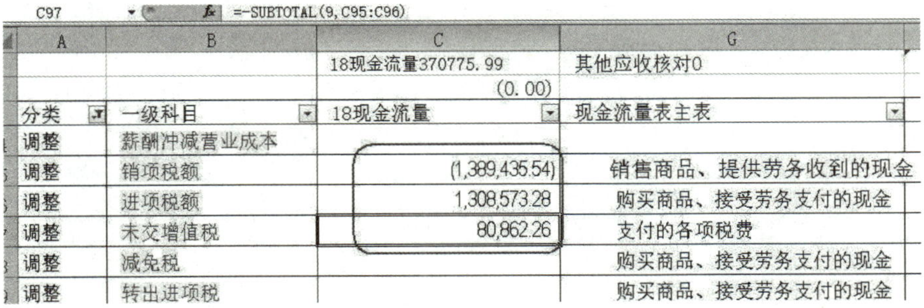

C97　=-SUBTOTAL(9,C95:C96)

A	B	C	G
		18现金流量370775.99	其他应收核对0
		(0.00)	
分类	一级科目	18现金流量	现金流量表主表
调整	薪酬冲减营业成本		
调整	销项税额	(1,389,435.54)	销售商品、提供劳务收到的现金
调整	进项税额	1,308,573.28	购买商品、接受劳务支付的现金
调整	未交增值税	80,862.26	支付的各项税费
调整	减免税		购买商品、接受劳务支付的现金
调整	转出进项税		购买商品、接受劳务支付的现金

图 7-31　调整应交税费

至此我这个例子中需要调整的会计科目全部调整完了。实务中，每个公司使用的会计科目可能不完全相同，但是原理是完全一样的，C76 之前的汇总数能准确描述现金流量的，直接采用 C76 之前的数据即可。如果不能准确描述的，在 C76 单元格之后详细描述，但是一定要注意不能重复计算。

7.2.5 标示现金流量表主表项目

逐一标示现金流量表主表的项目。标示结果如图 7-32 所示。

分类	一级科目	18 现金流量	现金流量表主表
资产	应收账款	2,408,583.18	销售商品、提供劳务收到的现金
资产	预付款项	42,356.20	购买商品、接受劳务支付的现金
资产	库存商品	399,136.60	购买商品、接受劳务支付的现金
资产	累计折旧	(169,822.83)	支付其他与经营活动有关的现金
资产	累计摊销	(92,083.29)	支付其他与经营活动有关的现金
负债	应付账款	(2,035,910.21)	购买商品、接受劳务支付的现金
负债	应付职工薪酬	(117,363.75)	支付其他与经营活动有关的现金
负债	应交税费	7,486.79	支付的各项税费
负债	预收款项	(8,881,275.21)	销售商品、提供劳务收到的现金
损益	主营业务收入 2	(10,336,282.91)	销售商品、提供劳务收到的现金
损益	主营业务成本	8,502.01	销售商品、提供劳务收到的现金
损益	主营业务成本 2	7,668,858.43	购买商品、接受劳务支付的现金
损益	税金及附加	33,280.19	支付的各项税费
损益	销售费用	704,591.09	支付其他与经营活动有关的现金
损益	研发费用	702,867.24	支付其他与经营活动有关的现金
损益	管理费用	7,271,227.00	支付其他与经营活动有关的现金
损益	营业外收入	(282.21)	支付其他与经营活动有关的现金
损益	营业外支出	693.10	支付其他与经营活动有关的现金
调整	财务费用\手续费\	17,169.17	支付其他与经营活动有关的现金
调整	财务费用\利息收益\	(1,389.14)	收到其他与经营活动有关的现金
调整	其他应收款借方	4,674,111.70	支付其他与经营活动有关的现金
调整	其他应收款贷方	(1,331,281.96)	收到其他与经营活动有关的现金
调整	其他应付款借方	3,931,848.58	支付其他与经营活动有关的现金
调整	其他应付款贷方	(4,534,243.78)	收到其他与经营活动有关的现金
调整	支付的职工薪酬借方数	6,345,558.17	支付给职工以及为职工支付的现金
调整	薪酬冲减管理费用	(6,345,558.17)	支付其他与经营活动有关的现金

图 7-32 逐一标示现金流量表主表的项目

图 7-32 根据现金流量表公式法的内容将每个一级科目的余额逐一标示为现金流量表的项目。有的读者朋友可能看我这个表比较紧凑，没有空行，这个用筛选功能就可以实现。单击 C3 单元格的筛选箭头，打开下拉菜单，把空白和“-”的对勾去掉，如图 7-33 所示。

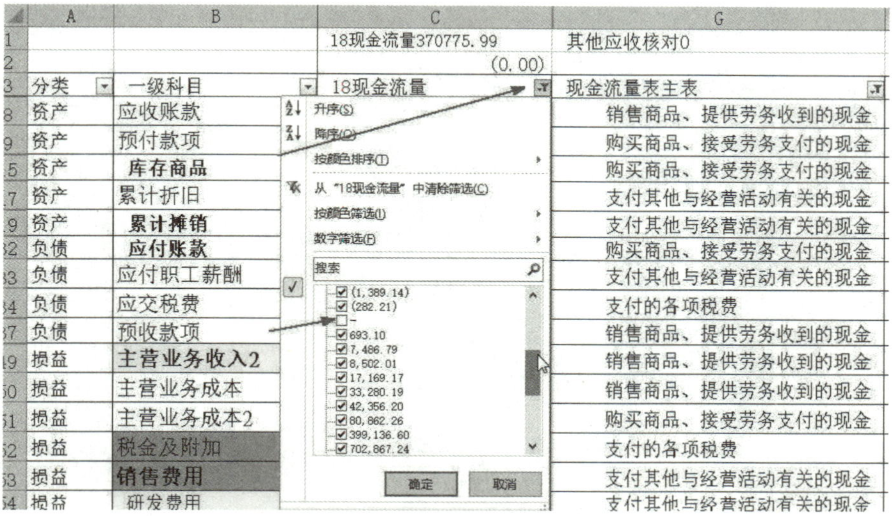

图 7-33　去掉对勾

单击 G3 单元格，打开下拉菜单，把空白字段前面的对勾去掉，结果如图 7-34 所示。

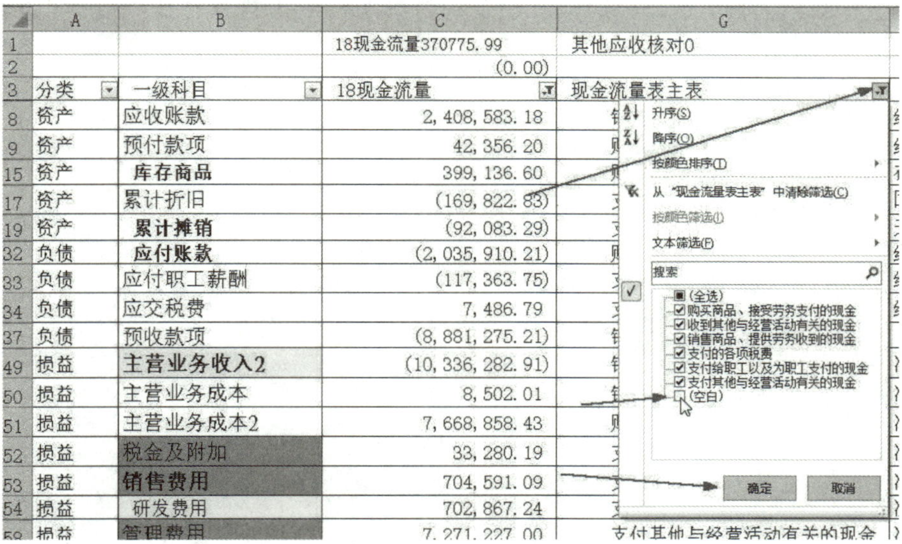

图 7-34　去掉主表列空白项

选中 C 列所有有数据的单元格，表右下角的求和是 370775.99，与 18 现金流量 370775.99 相同，如图 7-35 所示。

	A	B	C	G	H	I	J
1			18现金流量370775.99	其他应收核对0	#REF!		
2			(0.00)				
3	分类	一级科目	18现金流量	现金流量表主表	附注	筛选	
51	损益	主营业务成本2	7,668,858.43	购买商品、接受劳务支付的现金	净利润	7,668,858.43	
52	损益	税金及附加	33,280.19	支付的各项税费	净利润	33,280.19	
53	损益	销售费用	704,591.09	支付其他与经营活动有关的现金	净利润	704,591.09	
54	损益	研发费用	702,867.24	支付其他与经营活动有关的现金	净利润	702,867.24	
58	损益	管理费用	7,271,227.00	支付其他与经营活动有关的现金	净利润	7,271,227.00	
59	损益	营业外收入	(282.21)	支付其他与经营活动有关的现金	净利润	(282.21)	
60	损益	营业外支出	693.10	支付其他与经营活动有关的现金	净利润	693.10	
82	调整	财务费用\手续费\	17,169.17	支付其他与经营活动有关的现金		17,169.17	
83	调整	财务费用\利息收益\	(1,389.14)	收到其他与经营活动有关的现金		(1,389.14)	
85	调整	其他应收款借方	4,614,607.70	支付其他与经营活动有关的现金	经营性应收项目的减少（增加以“—”号填列）	4,614,607.70	
86	调整	其他应收款贷方	(1,331,281.96)	收到其他与经营活动有关的现金	经营性应收项目的减少（增加以“—”号填列）	(1,331,281.96)	
88	调整	其他应付款借方	3,991,352.58	支付其他与经营活动有关的现金	经营性应付项目的增加（减少以“—”号填列）	3,991,352.58	
89	调整	其他应付款贷方	(4,534,243.78)	收到其他与经营活动有关的现金	经营性应付项目的增加（减少以“—”号填列）	(4,534,243.78)	
91	调整	支付的职工薪酬借方数	6,345,558.17	支付给职工以及为职工支付的现金		6,345,558.17	
92	调整	薪酬冲减管理费用	(6,345,558.17)	支付其他与经营活动有关的现金		(6,345,558.17)	
95	调整	销项税额	(1,389,435.54)	销售商品、提供劳务收到的现金		(1,389,435.54)	
96	调整	进项税额	1,308,573.28	购买商品、接受劳务支付的现金		1,308,573.28	
97	调整	未交增值税	80,862.26	支付的各项税费		80,862.26	
129						-	
130						-	
131		可供出售金融资产		不涉及现金流量		-	
132		可供出售金融资产		收回投资收到的现金		-	
133						-	
134						-	
135						-	
136						-	
137							

图 7-35　核对数据

现在把“模 2”表的数据用公式写入现金流量表（CF 表），编制现金流量表主表的工作就完成了。下一章我会给读者朋友们讲解怎样用函数组合把“模 2”表的数据读取到现金流量表。

7.2.6　标示现金流量表附注项目

逐一标示现金流量表附注项目，如图 7-36 所示。

		18现金流量370775.99	17现金流量-695932.22	其他应收核对4.19095158576965E-09	
		(0.00)	0.00		
分类	一级科目	18现金流量	17现金流量	现金流量表主表	附注
资产	银行存款	(370,295.99)	695,932.22		
资产	应收账款	2,408,583.18	374,511.65	销售商品、提供劳务收到的现金	经营性应收项目的减少（增加以“—”号填列）
资产	预付款项	42,356.20	332,206.36	购买商品、接受劳务支付的现金	经营性应收项目的减少（增加以“—”号填列）
资产	其他应收款	3,283,325.74	5,406,328.85		
资产	库存商品	399,136.60	1,173,952.17	购买商品、接受劳务支付的现金	存货的减少（增加以“—”号填列）
资产	固定资产	-	556,880.45	购建固定资产、无形资产和其他长期资产支付的现金	
资产	累计折旧	(169,822.83)	(77,895.83)	支付其他与经营活动有关的现金	固定资产折旧、油气资产折耗、生产性生物资产折旧
资产	累计摊销	(92,083.29)	(77,916.63)	支付其他与经营活动有关的现金	无形资产摊销
负债	应付账款	(2,035,910.21)	(1,222,959.36)	购买商品、接受劳务支付的现金	经营性应付项目的增加（减少以“—”号填列）
负债	应付职工薪酬	(117,363.75)	(133,781.74)	支付其他与经营活动有关的现金	经营性应付项目的增加（减少以“—”号填列）
负债	应交税费	7,486.79	69,053.40	支付的各项税费	经营性应付项目的增加（减少以“—”号填列）
负债	其他应付款	(542,891.20)	(3,589,632.11)		
负债	预收款项	(8,881,275.21)	(3,393,547.25)	销售商品、提供劳务收到的现金	经营性应付项目的增加（减少以“—”号填列）
	主营业务收入	-	(6,925,837.02)	销售商品、提供劳务收到的现金	净利润
损益	主营业务收入2	(10,336,282.91)	(1,513.67)	销售商品、提供劳务收到的现金	净利润
损益	主营业务成本	8,502.01	2,946,173.79	销售商品、提供劳务收到的现金	净利润
损益	主营业务成本2	7,668,858.43	-	购买商品、接受劳务支付的现金	净利润
损益	税金及附加	33,280.19	22,879.31	支付的各项税费	净利润
损益	销售费用	704,591.09	379,562.04	支付其他与经营活动有关的现金	净利润
损益	研发费用	702,867.24	471,359.85	支付其他与经营活动有关的现金	净利润
损益	财务费用	15,780.03	5,839.30		
损益	管理费用	7,271,227.00	3,145,958.23	支付其他与经营活动有关的现金	净利润
损益	营业外收入	(282.21)	(155,174.01)	支付其他与经营活动有关的现金	净利润
损益	营业外支出	693.10	(2,380.00)	支付其他与经营活动有关的现金	净利润
调整	财务费用\手续费\	17,169.17	6,225.30	支付其他与经营活动有关的现金	净利润

图 7-36　逐一标示现金流量表附注项目

图 7-36 根据现金流量表公式法的内容将每个一级科目的余额逐一标示为现金流量表附注的项目。

比如应收账款、预付款项、其他应收款统一标注为“经营性应收项目的减少（增加以“－”号填列）”，应付款项、预收款项、其他应付款项、应交税费、应付职工薪酬等标注为“经营性应付项目的增加（减少以“－”号填列）”，损益类的所有科目均标识为净利润。

累计折旧对应“固定资产折旧、油气资产折耗、生产性生物资产折旧”；累计摊销对应“无形资产摊销”；库存商品、原材料等对应“存货的减少（增加以‘－’号填列）”。注意附注里面有其他项，但一般不用填写。

因为“模 2”表这个现金流量模板的主表项目和附注项目是同时标注的，所以汇总之后附注的经营活动产生的现金流量和现金流量主表的经营活动产生的现金流量必然是相等的。

第 8 章

编制现金流量表：终于等到花开了

经过前两章的准备工作，本章正式的编制标准的现金流量表了。现金流量表分为主表和附注两部分。

本章我会介绍三种常见的现金流量表的编制方法：第一种，就是接着上一章已经整理好的数据，用一个 SUMIFS 组合函数把已经整理好的序时账或余额表数据抓取过来生成现金流量表；第二种，是利用我这种方法的基本原理用资产负债表加利润表再做一些调整生成现金流量表的方法；第三种，我介绍一种直接把货币资金的明细账筛选出来根据摘要标示现金流量项目生成现金流量表的方法。

8.1 序时账法编制现金流量主表

关于现金流量表的准则其实存在一个严重的漏洞。《现金流量准则》第三章第八条要求经营活动产生的现金流量采用直接法编制，但是第六章第十六条又要求披露附注，附注中的折旧、摊销、往来款的增减往往不涉及现金流量，所以附注的编制只能用间接法。也就是说用间接法的现金流量表附注计算出的“经营活动产生的现金流量”要和用直接法计算出的现金流量主表的“经营活动产生的现金流量”要相等，理论上确实应该相等，但实务中企业的数据量巨大，两种方法计算的结果很难相等。因为毕竟计算的口径不一样。所以把附注中“经营活动的现金流量”与“主表经营活动产生的现金流量”做到相等就成了很多审计工作者的一道坎儿。

还好我没做审计多久就悟到了反向的方法：即先用间接法做平。如果复核老师用直接法核对，再用直接法逐项分解，甚至分解到每一笔分录，这样做业务简单的公司可以做到严丝合缝，一分不差；复杂的公司主要的现金流也是确保按直接法分类正确，一些其实不涉及现金流量的科目挤一下也就 OK 了。

用序时账的数据分类汇总编制而成的现金流量表，可以精确到每一笔分录，所以称之为序时账法。

8.1.1 现金流量表主表项目

现金流量主表样表，见表 8-1。

表 8-1　现金流量表

编制单位：无无明（北京）管理咨询有限公司　　　　单位：人民币元

项　　目	附注	2018 年度	2017 年度
一、经营活动产生的现金流量：			
销售商品、提供劳务收到的现金		18,189,908.47	892,120.97
收到的税费返还		-	-
收到其他与经营活动有关的现金		5,866,914.88	386.00
经营活动现金流入小计		-	892,506.97
购买商品、接受劳务支付的现金		(7,383,014.30)	380,477.15
支付给职工以及为职工支付的现金		(6,345,558.17)	#REF!
支付的各项税费		(121,629.24)	511,643.82
支付其他与经营活动有关的现金		(10,577,397.63)	#REF!
经营活动现金流出小计		-	#REF!

续上表

项　目	附注	2018 年度	2017 年度
经营活动产生的现金流量净额		-	#REF!
二、投资活动产生的现金流量：		-	-
收回投资收到的现金		-	-
取得投资收益收到的现金		-	-
处置固定资产、无形资产和其他长期资产收回的现金净额		-	-
处置子公司及其他营业单位收到的现金净额		-	-
收到其他与投资活动有关的现金		-	-
投资活动现金流入小计		-	-
购建固定资产、无形资产和其他长期资产支付的现金		-	-
投资支付的现金		-	-
取得子公司及其他营业单位支付的现金净额		-	-
支付其他与投资活动有关的现金		-	-
投资活动现金流出小计		-	-
投资活动产生的现金流量净额		-	-
三、筹资活动产生的现金流量：		-	-
吸收投资收到的现金		-	-
取得借款收到的现金		-	-
发行债券收到的现金		-	-
收到其他与筹资活动有关的现金		-	-
筹资活动现金流入小计		-	-
偿还债务支付的现金		-	-
分配股利、利润或偿付利息支付的现金		-	-
支付其他与筹资活动有关的现金		-	-
筹资活动现金流出小计		-	-
筹资活动产生的现金流量净额		-	-
四、汇率变动对现金及现金等价物的影响		-	-
五、现金及现金等价物净增加额		-	#REF!
加：期初现金及现金等价物余额		808,450.33	112,518.11
六、期末现金及现金等价物余额		808,450.33	#REF!
公司法定代表人：　　主管会计工作的公司负责人：　　公司会计机构负责人：			

这个样表是尚未编制完成的表格，所以有的单元格会报错，读者朋友们不用考虑报错的问题，这些显示是希望模拟编制现金流量表中从错误到正确的全部过程，便于大家学习。

8.1.2　录入函数

在 CF 表 C6 单元格录入函数 =-IFERROR(SUMIFS(模 2!$D$3:$D$1200, 模 2!$G$3:$G$1200,'CF '!$A6),"")，如图 8-1 所示。

C6　=-IFERROR(SUMIFS(模2!$C$3:$C$1200,模2!$G$3:$G$1200,'CF '!$A6),"")

A	B	C	D
现金流量表			
编制单位：无无明（北京）管理咨询有限公司			单位：人民币元
项　　目	附注	2018年度	2017年度
一、经营活动产生的现金流量：			
销售商品、提供劳务收到的现金		18,189,908.47	7,892,333.47
收到的税费返还		-	-

图 8-1　录入销售商品、提供劳务收到的现金函数

续上图，如图 8-2 所示。

	A	B	C
1			18现金流量370775.99
2			(0.00)
3	分类	一级科目	18现金流量
4	资产	库存现金	(480.00)
5	资产	银行存款	(370,295.99)
6	资产	其他货币资金	-
7	资产	短期投资	-
8	资产	应收账款	2,408,583.18
9	资产	预付款项	42,356.20

图 8-2　现金流量汇总

下面我分步把这个公式由内到外的作用详细讲解一遍。

第一步，模 2!$C$3:$C$1200，是要“求和”的单元格区域。这个区域要求要绝对引用，所以表示列名的 C 前面加了 $，表示为 $C，表示行名的 3、1200 都加了 $，表示为 $3、$1200。

第二步，模 2!$G$3:$G$1200，要作为条件进行判断的第 1 个单元格区域，这里面有个注意事项，就是行数的选取区域一定和要求“和”的单元格区域的完全一致。我自己一开始用这个公式总报错，原来是选取判断区域的时候没注意行号与要和“求和”区域的行号完全一样才行。也就是说求和区域选的 3~1200 行，条件区域也必须是 3~1200 行，如果选了 2~1200 行，那这个函数就会报错。

第三步，'CF'!$A6，要作为条件进行判断的第 1 个单元格区域，这里和以前不一样的地方是没有用 TRIM 函数，因为我标示的时候直接从 CF 表中把现金流量表的项目（A 列）复制粘贴到了“模 2”表 G 列，空格都完全一样，所以就没用 TRIM 函数，

如果填写“模 2”表的时候是手工录入的就要加 TRIM 函数了，一定要注意“模 2”表的现金流量表项目列（G 列）一定要和 CF 表 A 列的项目完全一样。

第四步，加一个 -IFERROR 函数外套，防止报错。

8.1.3 复制函数

鼠标放到 CF 表 C6 单元格右下角，变成一个黑色的小“十”字，按住鼠标左键向下拖动到 C40, 这时右下角红框处“求和”会显示（370,775.99），如图 8-3 所示。

图 8-3 复制函数

8.1.4 调整报表正负号

通过前面 3 个步骤已经把现金流量表的正确数据计算了出来，然后再调整下正负号的问题，现金流量表就可以做好了。

第一步，光标移动到 C9, 经营活动现金流入小计，按“Alt+=”，调出 SUM() 函数，累加 C6:C8, 得出经营活动现金流入小计 24,056,823.35，如图 8-4 所示。

现金流量表

编制单位：无无明（北京）管理咨询有限公司　　　　单位：人民币元

项　目	附注	2018 年度	2017 年度
一、经营活动产生的现金流量:			
销售商品、提供劳务收到的现金		16,800,472.93	
收到的税费返还		-	
收到其他与经营活动有关的现金		5,866,914.88	
经营活动现金流入小计		22,667,387.81	

图 8-4 调整报表

第二步，调整负数。

我们发现 C10:C13 都是负数，因为前面的模板是“借正贷负”，这个表不需要“借正贷负”，所以需要把负值调整为正值，如图 8-5 所示。

VLOOKUP　=-IFERROR(SUMIFS(模2!$C$3:$C$1200,模2!$G$3:$G$1200,'CF　(2)'!$A10),"")

现金流量表			
编制单位：无无明（北京）管理咨询有限公司			单位：人民币元
项　　目	附注	2018年度	2017年度
一、经营活动产生的现金流量：			
销售商品、提供劳务收到的现金		18,189,908.47	7,892,333.47
收到的税费返还		-	-
收到其他与经营活动有关的现金		5,866,914.88	6,482,167.62
经营活动现金流入小计		24,056,823.35	14,374,501.09
购买商品、接受劳务支付的现金		=-IFERROR(SUMIF	663,676.32
支付给职工以及为职工支付的现金		(6,345,558.17)	3,081,464.76
支付的各项税费		(121,629.24)	603,576.53
支付其他与经营活动有关的现金		(10,577,397.63)	8,772,970.81
经营活动现金流出小计		-	13,121,688.42
经营活动产生的现金流量净额		-	1,252,812.67

图 8-5　调整负数

C10 单元格的公式是 =-IFERROR(SUMIFS(模 2!$C$3:$C$1200, 模 2!$G$3:$G$1200, 'CF '!$A10),"")，有一个负号，我们可以去掉负号，也可以再加上一个负号，负负为正，我一般会加上一个负号，这样能给人一种很厉害的感觉。=--IFERROR(SUMIFS(模 2!$C$3:$C$1200, 模 2!$G$3:$G$1200,'CF '!$A10),"")。

修改完 C10 的公式之后，鼠标光标移动到 C10 单元格右下角，变成一个黑色的十字，按住鼠标左键，向下拖动到 C13, 这样经营活动流出的现金的数值都变成正值了。

鼠标选中 C14 单元格，按按“Alt+=”，调出 SUM() 函数，累加 C10:C13 得出经营活动现金流出小计：24,427,599.34，如图 8-6 所示。

C14　=SUM(C10:C13)

现金流量表			
编制单位：无无明（北京）管理咨询有限公司			单位：人民币元
项　　目	附注	2018年度	2017年度
一、经营活动产生的现金流量：			
销售商品、提供劳务收到的现金		18,189,908.47	7,892,333.47
收到的税费返还		-	-
收到其他与经营活动有关的现金		5,866,914.88	6,482,167.62
经营活动现金流入小计		24,056,823.35	14,374,501.09
购买商品、接受劳务支付的现金		7,383,014.30	663,676.32
支付给职工以及为职工支付的现金		6,345,558.17	3,081,464.76
支付的各项税费		121,629.24	603,576.53
支付其他与经营活动有关的现金		10,577,397.63	8,772,970.81
经营活动现金流出小计		24,427,599.34	13,121,688.42
经营活动产生的现金流量净额		-	1,252,812.67

图 8-6　求和

第三步，计算经营活动产生的现金流量净额。

经营活动产生的现金流量净额 = 经营活动现金流入小计 – 经营活动流出小计

在 C15 单元格录入公式 =C9-C14，如图 8-7 所示。

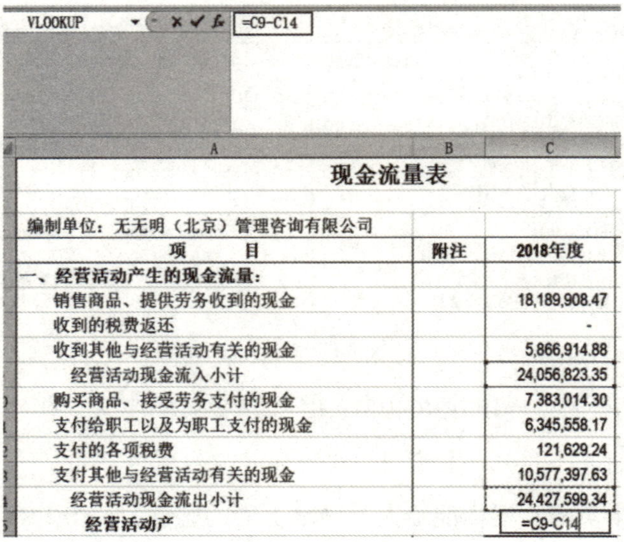
VLOOKUP　=C9-C14

A	B	C
现金流量表		
编制单位：无无明（北京）管理咨询有限公司		
项　　目	附注	2018年度
一、经营活动产生的现金流量：		
销售商品、提供劳务收到的现金		18,189,908.47
收到的税费返还		-
收到其他与经营活动有关的现金		5,866,914.88
经营活动现金流入小计		24,056,823.35
购买商品、接受劳务支付的现金		7,383,014.30
支付给职工以及为职工支付的现金		6,345,558.17
支付的各项税费		121,629.24
支付其他与经营活动有关的现金		10,577,397.63
经营活动现金流出小计		24,427,599.34
经营活动产		=C9-C14

图 8-7　计算经营活动产生的现金流量净额

计算出 2018 年度现金流量 =（370,775.99）。

因为示例 2018 年度没有投资活动和筹资活动产生的现金流量，所以投资和筹资的可以不考虑，经营活动产生的现金流量净额就是本期的现金流量净额。

第四步，计算期末现金余额。

期末现金余额 = 期初现金余额 + 本期现金流量

= 808,450.33+（370,775.99）= 437,674.34（元）

得出计算结果与资产负债表货币资金期末余额 437,674.34 相同。至此现金流量主表编制完毕。

2017 年的现金流量主表也按照上述步骤操作一遍即可，一般年报现金流量表需要披露两期。

8.2　序时账法编制现金流量附注

8.2.1　现金流量表附注项目

现金流量表附注样表，如图 8-8 所示。

	补充资料	本期	上期
2	**1、将净利润调节为经营活动现金流量：**		
3	净利润	(6,069,233.97)	113,132.18
4	加：资产减值准备	-	-
5	固定资产折旧、油气资产折耗、生产性生物资产折旧	169,822.83	77,895.83
6	无形资产摊销	92,083.29	77,916.63
7	长期待摊费用摊销	-	-
8	处置固定资产、无形资产和其他长期资产的损失（收益以“－”号填列）	-	-
9	固定资产报废损失（收益以“－”号填列）	-	-
10	公允价值变动损失（收益以“－”号填列）	-	-
11	财务费用（收益以“－”号填列）	-	-
12	投资损失（收益以“－”号填列）	-	-
13	递延所得税资产减少（增加以“－”号填列）	-	-
14	递延所得税负债增加（减少以“－”号填列）	-	-
15	存货的减少（增加以“－”号填列）	(399,136.60)	(1,173,952.17)
16	经营性应收项目的减少（增加以“－”号填列）	(5,734,265.12)	(6,113,046.86)
17	经营性应付项目的增加（减少以“－”号填列）	11,569,953.58	8,270,867.06
18	其他	-	-
19	**经营活动产生的现金流量净额**	-370,775.99	1,252,812.67
20	**2、不涉及现金收支的重大投资和筹资活动：**		
21	债务转为资本		
22	一年内到期的可转换公司债券		
23	融资租入固定资产		
24	**3、现金及现金等价物净变动情况：**		
25	现金的期末余额	437,674.34	808,450.33
26	减：现金的期初余额	808,450.33	
27	加：现金等价物的期末余额	-	-
28	减：现金等价物的期初余额	-	-
29	**现金及现金等价物净增加额**	(370,775.99)	808,450.33

图 8-8　现金流量表附注样式

8.2.2　录入函数

打开现金流附注文档，如图 8-9 所示。

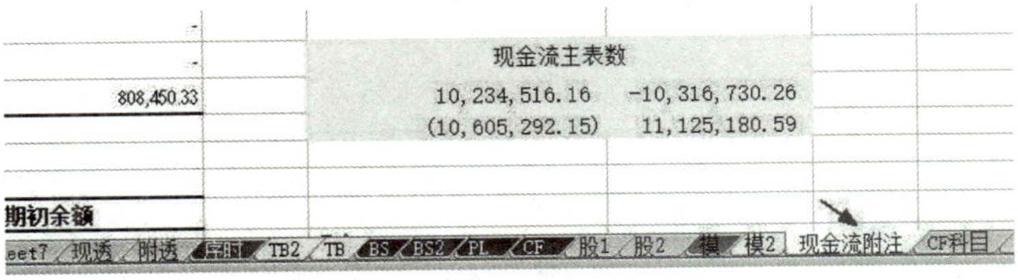

图 8-9　打开现金流附注文档

在现金流附注 B3 单元格录入函数组合 =-IFERROR(SUM(SUMIFS(模 2!$C$3:$C$1266, 模 2!$H$3:$H$1266, 现金流附注 !A3)),0)，如图 8-10 所示。

下面我分步把这个公式由内到外的作用详细讲解一遍。

第一步，“模 2!$C$3:$C$1266，”是要“求和”的单元格区域，这个区域要求要绝对引用，所以表示列名的 C 前面加了 $，表示为 $C，表示行名的 3、1266 都加了 $，表示为 $3、$1266。

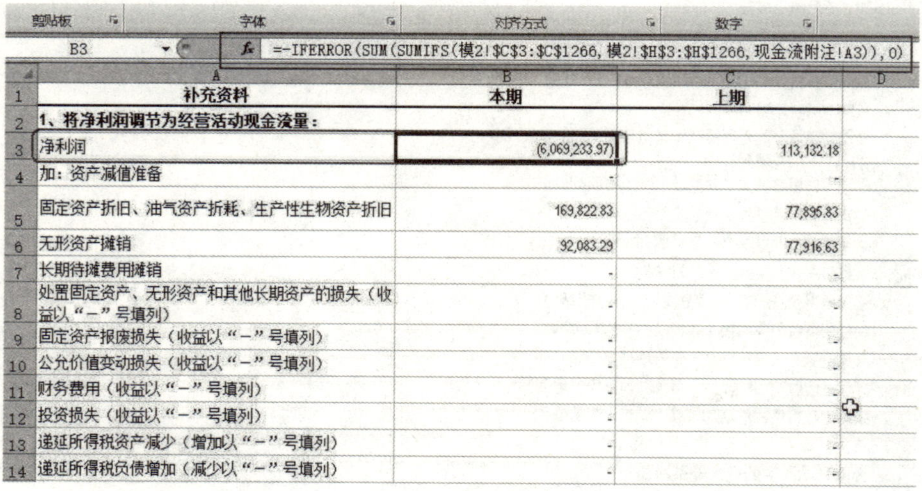

	A	B	C	D
1	补充资料	本期	上期	
2	1、将净利润调节为经营活动现金流量：			
3	净利润	(6,069,233.97)	113,132.18	
4	加：资产减值准备	-	-	
5	固定资产折旧、油气资产折耗、生产性生物资产折旧	169,822.83	77,895.83	
6	无形资产摊销	92,083.29	77,916.63	
7	长期待摊费用摊销	-	-	
8	处置固定资产、无形资产和其他长期资产的损失（收益以“－”号填列）	-	-	
9	固定资产报废损失（收益以“－”号填列）	-	-	
10	公允价值变动损失（收益以“－”号填列）	-	-	
11	财务费用（收益以“－”号填列）	-	-	
12	投资损失（收益以“－”号填列）	-	-	
13	递延所得税资产减少（增加以“－”号填列）	-	-	
14	递延所得税负债增加（减少以“－”号填列）	-	-	

图 8-10　录入函数

第二步，“模 2!$G$3:$G$1266，”要作为条件进行判断的第 1 个单元格区域，这里面有个注意事项，就是行数的选取区域一定和要“求和”的单元格区域的完全一致。也就是说“求和”区域选的 3~1266 行，条件区域也必须是 3~1266 行，如果选了 2~1266 行，那这个函数就会报错。

第三步，“现金流附注 !A3,”要作为条件进行判断的第 1 个单元格区域，这里和以前不一样的地方是没有用 TRIM 函数，因为我标示的时候直接从现金流附注表中把现金流量表的项目（A 列）复制粘贴到了“模 2”表 H 列，空格都完全一样，所以就没用 TRIM 函数，如果填写“模 2”表的时候是手工录入的就要加 TRIM 函数了，应注意“模 2”表的现金流量表项目列（H 列）一定要和现金流附注表 A 列的项目完全一样。

第四步，加一个 -IFERROR 函数外套，防止报错。

8.2.3　复制函数

鼠标放到现金流附注表 B3 单元格右下角，变成一个黑色的小十字，按住鼠标左键向下拖动到 B18，这时右下角红框处求和会显示（370,775.99）。B19 单元个也会显示 -370,775.99，如图 8-11 所示。

这样一次性就把现金流量附注做好了。为了核对现金流量附注的经营活动的现金流量与主表的经营活动的现金流量，我在右侧还加了辅助列，用来核对，如图 8-12 所示。

B3　=-IFERROR(SUM(SUMIFS(模2!$C$3:$C$1266,模2!$H$3:$H$1266,现金流附注!A3)),0)

	A	B	C	D
1	补充资料	本期	上期	
2	**1、将净利润调节为经营活动现金流量：**			
3	净利润	(6,069,233.97)	113,132.18	
4	加：资产减值准备	-	-	
5	固定资产折旧、油气资产折耗、生产性生物资产折旧	169,822.83	77,895.83	
6	无形资产摊销	92,083.29	77,916.63	
7	长期待摊费用摊销	-	-	
8	处置固定资产、无形资产和其他长期资产的损失（收益以“－”号填列）	-	-	
9	固定资产报废损失（收益以“－”号填列）	-	-	
10	公允价值变动损失（收益以“－”号填列）	-	-	
11	财务费用（收益以“－”号填列）	-	-	
12	投资损失（收益以“－”号填列）	-	-	
13	递延所得税资产减少（增加以“－”号填列）	-	-	
14	递延所得税负债增加（减少以“－”号填列）	-	-	
15	存货的减少（增加以“－”号填列）	(399,136.60)	(1,173,952.17)	
16	经营性应收项目的减少（增加以“－”号填列）	(5,734,265.12)	(6,113,046.86)	
17	经营性应付项目的增加（减少以“－”号填列）	11,569,953.58	8,270,867.06	
18	其他	-	-	
19	**经营活动产生的现金流量净额**	-370,775.99	1,252,812.67	
20	**2、不涉及现金收支的重大投资和筹资活动：**			
21	债务转为资本			
22	一年内到期的可转换公司债券			
23	融资租入固定资产			

图 8-11　复制函数

B	C	D	E	F	G	H
本期	上期		核对辅助列			
			报表净利润			
(6,069,233.97)	113,132.18		(6, 069, 233. 97)	113, 132. 18		
-	-		-	(0. 00)		
169,822.83	77,895.83					
92,083.29	77,916.63					
-	-			347040. 62		
-	-					
-	-					
-	-					
-	-		调整后现金流主表经营活动产生的现金流量			
-	-		(370, 775. 99)	1, 252, 812. 67		
-	-		0. 00	(0. 00)		
-	-					
(399,136.60)	(1,173,952.17)					
(5,734,265.12)	(6,113,046.86)					
11,569,953.58	8,270,867.06		1,829,628,298.92	-1,828,375,486.25		
-	-					
-370,775.99	1,252,812.67		809,566,239.78	-809,937,015.77		
437,674.34	808,450.33					
808,450.33	112,518.11					
-	-					
-	-		现金流主表数			
(370,775.99)	695,932.22		-370, 775. 99	695, 932. 22		
			0. 00	0. 00		

图 8-12　辅助列进行核对

至此，我用序时账编写现金流量表的方法就讲解完毕了，核心内容其实很简单，有人也说叫“左边等于右边大法”，啰里啰唆说了这么多是用 Excel 把这个“左边等于右边大法”贯彻下去。如果能塌下心来把我这个表的整个过程学习一遍，将能收获下列技能。

常用函数的使用、数据透视表、高级筛选，这三项功能活学活用，组合使用之后用序时账生成财务报表就相当于拥有了自制财务软件的能力，财务软件自制，很多数据的统计、分析就会更加得心应手，在工作中逐渐成长为大神级高手。

8.3 四大会计师事务所现金流量模板

工作中有时候也会和一些外资所合作一些项目，他们的现金流量表模板很有特色，比较立体，如图 8-13 所示。

	分类 资产	一级科目			负债				
	库存商品	其他应收款	应收账款	预付款项	其他应付款	应付账款	应付职工薪酬	应交税费	预收款项
购买商品、接受劳务支付的现金	4,534,821.60	0.00	0.00	1,174,027.55	0.00	900,000.00	0.00	0.00	0.00
收到其他与经营活动有关的现金	0.00	(186,980.00)	0.00	0.00	(4,489,718.60)	0.00	0.00	0.00	[illegible]
销售商品、提供劳务收到的现金	0.00	0.00	(10,017,540.23)	0.00	0.00	0.00	0.00	0.00	[illegible]
支付的各项税费	0.00	0.00	0.00	0.00	0.00	0.00	0.00	920,908.75	0.00
支付给职工以及为职工支付的现金	0.00	0.00	0.00	0.00	0.00	0.00	6,320,251.05	0.00	0.00
支付其他与经营活动有关的现金	0.00	4,670,734.93	0.00	0.00	2,764,536.58	0.00	(618,023.23)	0.00	0.00
	4,534,821.60	4,483,754.93	(10,017,540.23)	1,174,027.55	(1,725,182.02)	900,000.00	5,702,227.82	920,908.75	(7,960,840.00)
	4,534,821.60	4,483,754.93	(10,017,540.23)	1,174,027.55	(1,725,182.02)	900,000.00	5,702,227.82	920,908.75	(7,960,840.00)

图 8-13 普华永道现金流量编制示意图

图 8-13 是普华永道的现金流量表编制示意图。第一列是现金流的项目，第二列开始每个科目占一列。例如：其他应收款的借方放在支付其他与经营活动有关的现金，是一个现金的流出，其他应收款的贷方放在收到其他与经营活动有关的现金。所有科目加在一起现金流就出来了。

这种方法的原理和我的方法原理是一样的，都可以归类为“左边等于右边大法”，而且这种方法更立体，可以一目了然。

但实际操作的时候遇到比较复杂的公司科目太多列数就很多，图 8-13 这个简单的公司也是截断的，一个 A4 的页面不能显示全部，而且现金流量表附注也要单做一个表，还是存在现金流量表附注的经营活动产生的现金流量与现金流量表主表的经营活动产生的现金流量不容易做平的问题。

8.4 直接法编制现金流量表主表

这种方法就超级简单了，把货币资金明细账导出来，根据摘要逐项标示属于现金流量表那个项目，然后一汇总就好了。问题是简单的公司这种方法会很好用，也准确，如果公司货币资金笔数特别多，几千行的，逐条看摘要就效率太低了，而且也存在现金流量表附注的经营活动产生的现金流量与现金流量表主表的经营活动产生的现金流量不容易做平的问题。

让我们回顾一下《企业会计准则》对现金流量表的规定吧。

企业会计准则第 31 号——现金流量表

第一章　总则

第一条 为了规范现金流量表的编制和列报，根据《企业会计准则——基本准则》，制定本准则。

第二条 现金流量表，是指反映企业在一定会计期间现金和现金等价物流入和流出的报表。

现金，是指企业库存现金以及可以随时用于支付的存款。

现金等价物，是指企业持有的期限短、流动性强、易于转换为已知金额现金、价值变动风险很小的投资。

本准则提及现金时，除非同时提及现金等价物，均包括现金和现金等价物。

第三条合并现金流量表的编制和列报，适用《企业会计准则第 33 号——合并财务报表》。

第二章　基本要求

第四条 现金流量表应当分别经营活动、投资活动和筹资活动列报现金流量。

第五条 现金流量应当分别按照现金流入和现金流出总额列报。

但是，下列各项可以按照净额列报：

（一）代客户收取或支付的现金；

（二）周转快、金额大、期限短项目的现金流入和现金流出；

（三）金融企业的有关项目，包括短期贷款发放与收回的贷款本金、活期存款的吸收与支付、同业存款和存放同业款项的存取、向其他金融企业拆借资金，以及证券的买入与卖出等。

第六条 自然灾害损失、保险索赔等特殊项目，应当根据其性质，分别归并到经营活动、投资活动和筹资活动现金流量类别中单独列报。

第七条 外币现金流量以及境外子公司的现金流量，应当采用现金流量发生日的即期汇率或按照系统合理的方法确定的、与现金流量发生日即期汇率近似的汇率折算。

汇率变动对现金的影响额应当作为调节项目，在现金流量表中单独列报。

第三章 经营活动现金流量

第八条 企业应当采用直接法列示经营活动产生的现金流量。经营活动，是指企业投资活动和筹资活动以外的所有交易和事项。

直接法，是指通过现金收入和现金支出的主要类别列示经营活动的现金流量。

第九条 有关经营活动现金流量的信息，可以通过下列途径之一取得：

（一）企业的会计记录。

（二）根据下列项目对利润表中的营业收入、营业成本以及其他项目进行调整：

1. 当期存货及经营性应收和应付项目的变动；

2. 固定资产折旧、无形资产摊销、计提资产减值准备等其他非现金项目；

3. 属于投资活动或筹资活动现金流量的其他非现金项目。

第十条 经营活动产生的现金流量至少应当单独列示反映下列信息的项目：

（一）销售商品、提供劳务收到的现金；

（二）收到的税费返还；

（三）收到其他与经营活动有关的现金；

（四）购买商品、接受劳务支付的现金；

（五）支付给职工以及为职工支付的现金；

（六）支付的各项税费；

（七）支付其他与经营活动有关的现金。

第十一条金融企业可以根据行业特点和现金流量实际情况，合理确定经营活动现金流量项目的类别。

第四章 投资活动现金流量

第十二条 投资活动，是指企业长期资产的购建和不包括在现金等价物范围的投资及其处置活动。

第十三条 投资活动产生的现金流量至少应当单独列示反映下列信息的项目：

（一）收回投资收到的现金；

（二）取得投资收益收到的现金；

（三）处置固定资产、无形资产和其他长期资产收回的现金净额；

（四）处置子公司及其他营业单位收到的现金净额；

（五）收到其他与投资活动有关的现金；

（六）购建固定资产、无形资产和其他长期资产支付的现金；

（七）投资支付的现金；

（八）取得子公司及其他营业单位支付的现金净额；

（九）支付其他与投资活动有关的现金。

第五章 筹资活动现金流量

第十四条 筹资活动，是指导致企业资本及债务规模和构成发生变化的活动。

第十五条 筹资活动产生的现金流量至少应当单独列示反映下列信息的项目：

（一）吸收投资收到的现金；

（二）取得借款收到的现金；

（三）收到其他与筹资活动有关的现金；

（四）偿还债务支付的现金；

（五）分配股利、利润或偿付利息支付的现金；

（六）支付其他与筹资活动有关的现金。

第六章 披露

第十六条 企业应当在附注中披露将净利润调节为经营活动现金流量的信息。至少应当单独披露对净利润进行调节的下列项目：

（一）资产减值准备；

（二）固定资产折旧；

（三）无形资产摊销；

（四）长期待摊费用摊销；

（五）待摊费用；

（六）预提费用；

（七）处置固定资产、无形资产和其他长期资产的损益；

（八）固定资产报废损失；

（九）公允价值变动损益；

（十）财务费用；

（十一）投资损益；

（十二）递延所得税资产和递延所得税负债；

（十三）存货；

（十四）经营性应收项目；

（十五）经营性应付项目。

第十七条 企业应当在附注中以总额披露当期取得或处置子公司及其他营业单位的下列信息：

（一）取得或处置价格；

（二）取得或处置价格中以现金支付的部分；

（三）取得或处置子公司及其他营业单位收到的现金；

（四）取得或处置子公司及其他营业单位按照主要类别分类的非现金资产和负债。

第十八条 企业应当在附注中披露不涉及当期现金收支、但影响企业财务状况或在未来可能影响企业现金流量的重大投资和筹资活动。

第十九条 企业应当在附注中披露与现金和现金等价物有关的下列信息：

（一）现金和现金等价物的构成及其在资产负债表中的相应金额。

（二）企业持有但不能由母公司或集团内其他子公司使用的大额现金和现金等价物金额。

第 9 章

编制科目明细账：长到变态的函数组合

这一章本来安排在第四章的一节，但我写着写着觉得这一章中的函数组合编制的太复杂了，怕读者朋友学习困难，所以写了一些内容后把编制科目明细账的内容挪到了第九章。经过前面编制报表的训练，读者朋友们肯定对 Excel 的函数已经比较熟悉了，所以本章长到变态的函数组合只要静下心来，抽丝剥茧的去分析其实一点也不难。

第四章编制的试算平衡表透视表展示的整个账套的数据。我们看账的时候需要了解具体到每一个科目的数据。下面分别讲述怎样把试算平衡表的透视表变成具体科目的透视表，这里我一共做了两种类型：一种是把报表科目按二级科目或辅助核算项目汇总；另一种是具体到每一笔分录的报表科目明细账。

编制损益类科目汇总讲解视频

9.1 按二级科目或辅助核算项目编制资产、负债、权益类明细科目汇总表

9.1.1 新建明细模板表

我们新建一个表格，命名为明细模板，如图 9-1 明所示。

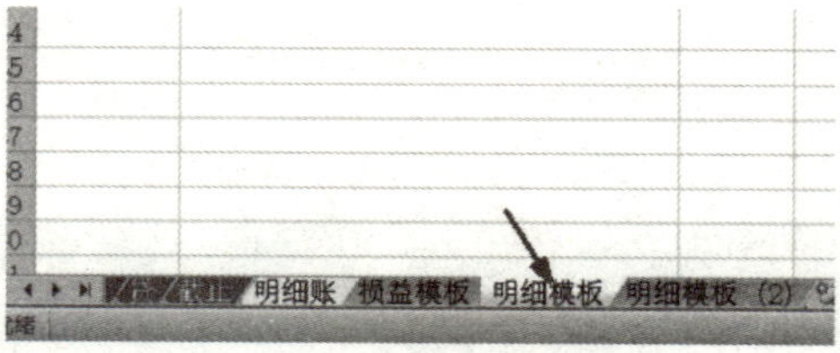

图 9-1 明细模板名称

9.1.2 设置编制单位和截止日

在 B2 单元格录入函数 =BS!B3，B3 单元格录入函数 =" 截止日："&BS!D4，把 BS 表的公司名称、截止日期引用到明细模板表中，结果如图 9-2 所示。

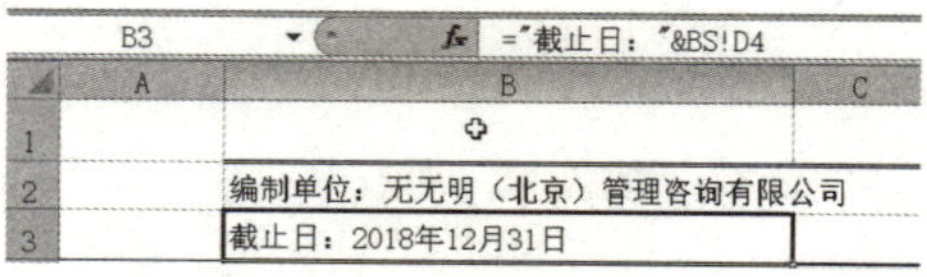

图 9-2 明细模板表名称

9.1.3 编制货币资金明细透视表草稿

（1）把 tb 备份表修改为货币资金明细透视表草稿。

在 tb 备份表透视表内任意位置右键鼠标调出快捷菜单，选择最下方的显示字段列表，如图 9-3 所示。

（2）整理透视表。

把报表科目拖动到报表筛选框，把结转字段去掉，行标签只留下“一级科目、科目名称、分类”三个字段，数值框只留下“期末审定数”，其余数值字段均去掉，在报表科目筛选小三角处单击，选择“货币资金”，如图 9-4、图 9-5 所示。

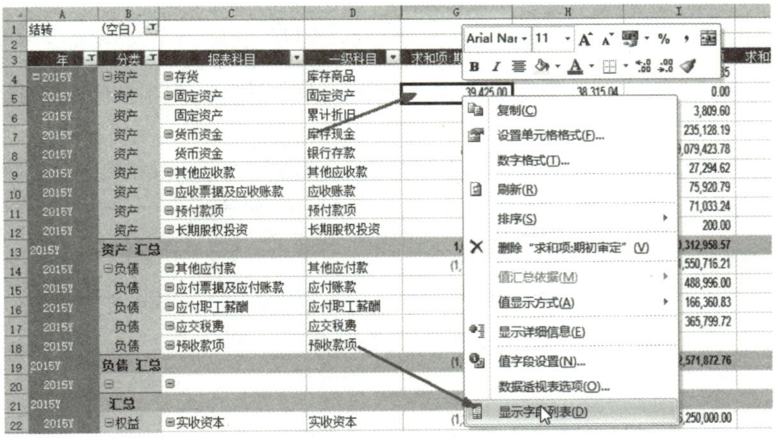

图 9-3　tb 备份表

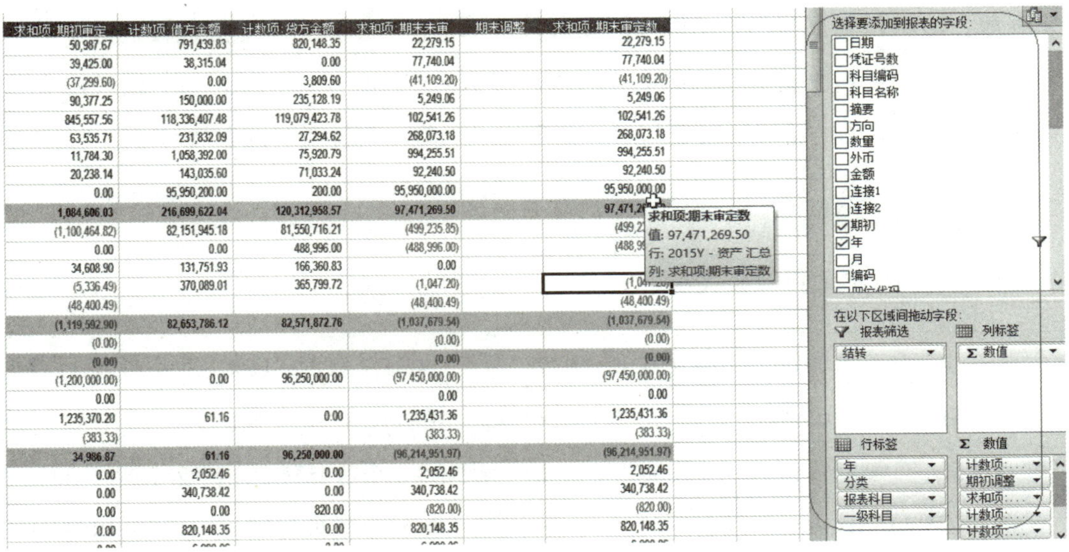

效果图 9-4

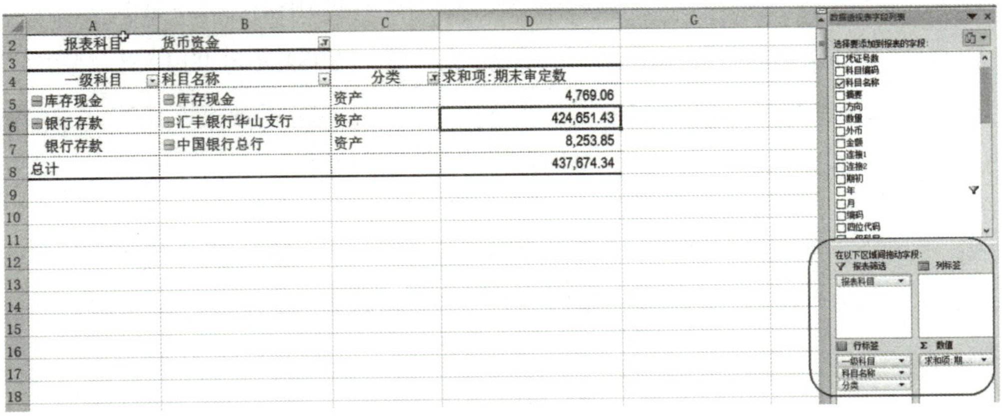

图 9-5　货币资金明细表

9.1.4 把整理好的货币资金明细透视表草稿复制粘贴到明细模板表

选中透视表 A2:D8, 复制粘贴到明细模板表 A4 的位置，如图 9-6 所示。

	A	B	C	D	M	N	O	P
1					无无明（北京）管理咨询有限公司货币资金明细表			
2		编制单位：无无明（北京）管理咨询有限公司						编制人：贾鑫源
3		截止日：2018年12月31日						复核人：范宏伟
4	报表科目	货币资金		437,674.34	期初报表数	差异	期初合计数	本期借方合计
5					808,450.33	(0.00)	808,450.33	23,399,619.27
6	一级科目	科目名称	分类	求和项:审定数	期初数	期初调整	期初审定	本期借方
7	⊟ 库存现金	⊟ 库存现金	资产	4, 769. 06	5,249.06	-	5,249.06	6,000.00
8	⊟ 银行存款	⊟ 汇丰银行华山支行	资产	424, 651. 43	803,201.27	-	803,201.27	23,183,579.42
9	银行存款	⊟ 中国银行总行	资产	8, 253. 85	-	-	-	210,039.85
10								

图 9-6　货币资金明细表

在 D4 录入公式 =SUM(D7:D530)，求和的结果是 437,674.34，刚好是货币资金的期末数。用透视表得到的货币资金的期末数是用于核对的，这个明细模板的数据科目名称部分用透视表取出来，数据部分用函数直接从序时账里面计算汇总，汇总结果分别和透视表计算的结果与报表数核对。如果核对正确，则说明明细表做对了。

9.1.5 计算明细科目期初数

长到变态的函数组合公式在这里：

> 在 M7 录入函数组合 =IFERROR(IF(C7=" 资产 ",IF(B7="","",SUMIFS(序时 !L:L, 序时 !$D:$D, 明细模板 !$B7, 序时 !$S:$S, 明细模板 !$B$4)+SUM(SUMIFS(序时 !U:U, 序时 !$D:$D, 明细模板 !$B7, 序时 !$S:$S, 明细模板 !$B$4, 序时 !$M:$M,{"*2015*","*2016*","*2017*"}))-SUM(SUMIFS(序时 !V:V, 序时 !$D:$D, 明细模板 !$B7, 序时 !$S:$S, 明细模板 !$B$4, 序时 !$M:$M,{"*2015*","*2016*","*2017*"}))),-IF(B7="","",SUMIFS(序时 !L:L, 序时 !$D:$D, 明细模板 !$B7, 序时 !$S:$S, 明细模板 !$B$4)+SUM(SUMIFS(序时 !U:U, 序时 !$D:$D, 明细模板 !$B7, 序时 !$S:$S, 明细模板 !$B$4, 序时 !$M:$M,{"*2015*","*2016*","*2017*"}))-SUM(SUMIFS(序时 !V:V, 序时 !$D:$D, 明细模板 !$B7, 序时 !$S:$S, 明细模板 !$B$4, 序时 !$M:$M,{"*2015*","*2016*","*2017*"})))),"")

估计看到这串公式的时候，读者朋友们头都大了。没关系，我看到这个公式的时候头一点也不小，我也需要一步一步的分解才能逐步理解我怎么搞了一个这么复杂的函数。

（1）函数的整体逻辑。

我们先捋一捋整体的逻辑，这个明细表是 2018 年的明细表，期初数是 2018 年的期初数，也就是 2017 年的期末数。序时账里面的数据是从 2015 年到 2018 年的所有会计分录和 2015 年的期初数，那么如果我想得到 B7 库存现金 2018 年的期初数我需要用 2015 年库存现金的期初余额 +2015 年至 2017 年库存现金的借方发生额 -2015 年至 2017 年库存现金的贷方发生额。整体逻辑明白了，我们用 SUMIFS() 函数分别计算出我们想要的三列数的汇总数，再把函数组合在一起不是就 OK 了吗？

（2）计算期初数。

计算期初数的函数是这个样子的：

=SUMIFS(序时 !L:L, 序时 !$D:$D, 明细模板 !$B7, 序时 !$S:$S, 明细模板 !$B$4)

这个函数组合的核心函数是 SUMIFS 函数，SUMIFS 函数用于计算单元格区域或数组中符合多个指定条件的数字的总和。说了这么多，还是先了解下函数吧。

> SUMIFS 函数格式：
>
> SUMIFS(sum_range,criteria_range1,criteria1,[criteria_range2],[criteria2],…)
>
> 参数说明：
>
> sum_range(必选)：表示要求和的单元格区域。指序时 !L:L。
>
> criteria_range1(必选)：表示要作为条件进行判断的第 1 个单元格区域。指序时 !$D:$D。
>
> criteria_range2,…(可选)：表示要作为条件进行判断的第 2~127 个单元格区域。指序时 !$S:$S。
>
> criteria1(必选)：表示要进行判断的第 1 个条件，形式可以为数字、文本或表达式。例如，16、"16"、">16"、" 图书 " 或 ">"&A1。这个公式中指明细模板 !$B7 单元格中的数据。是文本“库存现金”。
>
> criteria2,…(可选)：表示要进行判断的第 2~127 个条件，形式可以为数字、文本或表达式。这个公式中指明细模板 !$B$4 单元格中的数据，是文本“货币资金”。

通过上面这个公式，我们可以得到 2015 年的期初数。

（3）计算 2015 年至 2017 年的借方发生额。

+SUM(SUMIFS(序时 !U:U, 序时 !$D:$D, 明细模板 !$B7, 序时 !$S:$S, 明细模板 !$B$4, 序时 !$M:$M,{"*2015*","*2016*","*2017*"}))

这个函数组合比计算期初数的函数组合多了一个条件，序时 !$M:$M,{"*2015*","*2016*","*2017*"}，这个函数的整体解释是对报表科目是货币资金的，科目名称是库存现金的，发生年份是 2015 年、2016 年、2017 年的 U 列数据求和。

（4）计算 2015 年至 2017 年的贷方发生额。

-SUM(SUMIFS(序时 !V:V, 序时 !$D:$D, 明细模板 !$B7, 序时 !$S:$S, 明细模板 !$B$4, 序时 !$M:$M,{"*2015*","*2016*","*2017*"}))

这个函数组合和计算借方发生额的函数只有一个差别，就是它计算的是 V 列贷方发生额。

（5）计算资产类科目的期初余额。

=SUMIFS(序时 !L:L, 序时 !$D:$D, 明细模板 !$B7, 序时 !$S:$S, 明细模板 !$B$4)+SUM(SUMIFS(序时 !U:U, 序时 !$D:$D, 明细模板 !$B7, 序时 !$S:$S, 明细模板 !$B$4, 序时 !$M:$M,{"*2015*","*2016*","*2017*"}))-SUM(SUMIFS(序时 !V:V, 序时 !$D:$D, 明细模板 !$B7, 序时 !$S:$S, 明细模板 !$B$4, 序时 !$M:$M,{"*2015*","*2016*","*2017*"}))

把前三步的函数合在一起就是这个公式：期初余额 + 借方发生额 – 贷方发生额。

（6）计算负债类、权益类科目的期初余额。

也就是整个函数的逻辑，如果 C7 是资产类的科目，即期初余额 + 借方发生额 – 贷方发生额，如果不是资产类科目，变形为“– 期初余额 + 贷方发生额 – 借方发生额”，然后所有的函数外面加一个 IFERROR() 外套，这个期初余额的函数组合就做好了。

（7）复制函数到 530 行，如图 9-7 所示。

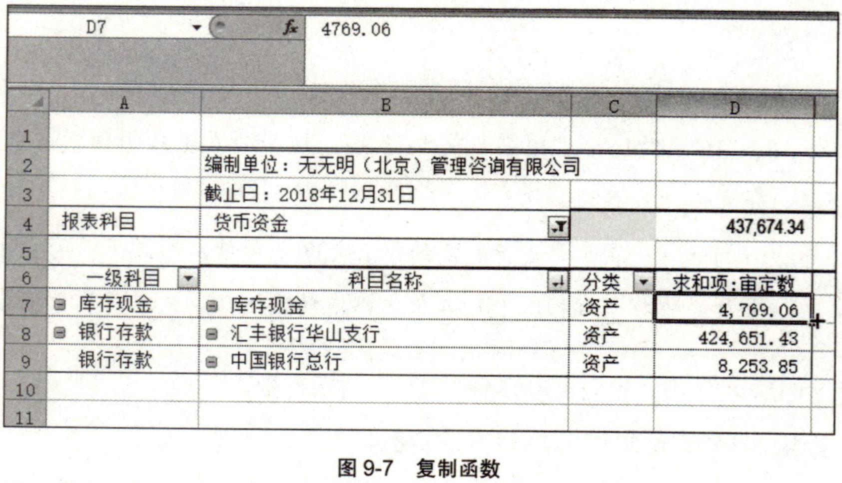

D7 fx 4769.06

	A	B	C	D
1				
2		编制单位：无无明（北京）管理咨询有限公司		
3		截止日：2018年12月31日		
4	报表科目	货币资金		437,674.34
5				
6	一级科目	科目名称	分类	求和项:审定数
7	库存现金	库存现金	资产	4,769.06
8	银行存款	汇丰银行华山支行	资产	424,651.43
9	银行存款	中国银行总行	资产	8,253.85
10				
11				

图 9-7　复制函数

1 2 3 4 5 6 7 8 9 10 11 12

9.1.6　计算期初调整数

在 N7 录入函数组合 IFERROR(IF($B7="","",(SUMIFS(序时 !W:W, 序时 !$D:$D, 明细模板 !$B7, 序时 !$S:$S, 明细模板 !$B$4)+SUM(SUMIFS(序时 !X:X, 序时 !$D:$D, 明细模板 !$B7, 序时 !$S:$S, 明细模板 !$B$4, 序时 !$M:$M,{"*2015*","*2016*","*2017*"})))),"")

这个函数的意思是把序时账报表科目列（S 列）为货币资金、科目名称列（D 列）为库存现金的序时账中的审计调整 1 列（W 列）数据汇总加上序时账报表科目列（S 列）为货币资金、科目名称列（D 列）为库存现金、年份为 2015、2016、2016 的序时账中的审计调整 2 列（X 列）数据汇总。

9.1.7　计算期初审定数

在 O7 录入函数 =IFERROR(IF(C7=" 资产 ",M7+N7,M7-N7),"")

这个函数的意思是如果 C7= 资产，即“期初数 + 调整数”，否则“期初数 - 调整数”。

9.1.8　计算本期借方发生额

在 P7 录入函数 =IFERROR(IF($B7="","",SUM(SUMIFS(序时 !U:U, 序时 !$D:$D, 明细模板 !$B7, 序时 !$S:$S, 明细模板 !$B$4, 序时 !$M:$M,{"*2018*"}))),"")

SUM、SUMIFS 函数组合的意思是把序时账报表科目列（S 列）为货币资金、科目名称列（D 列）为库存现金、年份列（M 列）为 2018 的序时账中的借方发生额列（U 列）数据汇总 ,IF() 函数的意思是如果 B7 单元格为空，那么 P7 单元格也为空，否则执行 SUM() 函数，IFERROR() 的意思是如果 IF() 函数返回的值报错，那么 P7 单元格为空。

9.1.9　计算本期贷方发生额

在 Q7 录入函数 =IFERROR(IF(B7="","",SUM(SUMIFS(序时 !V:V, 序时 !$D:$D, 明细模板 !$B7, 序时 !$S:$S, 明细模板 !$B$4, 序时 !$M:$M,{"*2018*"}))),"")

SUM、SUMIFS 函数组合的意思是把序时账报表科目列（S 列）为货币资金、科目名称列（D 列）为库存现金、年份列（M 列）为 2018 的序时账中的贷方发生额列（V 列）数据汇总 ,IF() 函数的意思是如果 B7 单元格为空，那么 P7 单元格也为空，否则执行 SUM() 函数，IFERROR() 的意思是如果 IF() 函数返回的值报错，那么 P7 单元格为空。

9.1.10　计算期末未审数

在 R7 录入函数 =IFERROR(IF(C7=" 资产 ",M7+P7-Q7,M7-P7+Q7),"")

1 2 3 4 5 6 7 8 9 10 11 12

函数的意思如果 C7= 资产，即“未审期初数 + 借方发生额 - 贷方发生额”；否则“未审期初数 - 借方发生额 + 贷方发生额”。

9.1.11 计算期末调整数

在 R7 录入函数 =IFERROR(IF($B7="","",SUMIFS(序时 !X:X, 序时 !$D:$D, 明细模板 !$B7, 序时 !$S:$S, 明细模板 !$B$4, 序时 !$M:$M,{"*2018*"})),"")

这里的期末调整数仅指本期期末的调整金额，也就是只有 2018 年度的期末调整金额。SUMIFS 函数的意思是把序时账报表科目列（S 列）为货币资金、科目名称列（D 列）为库存现金、年份列（M 列）为 2018 的序时账中的 " 审计调整 2" 列（X 列）数据汇总。

9.1.12 计算期末审定数

在 T7 录入函数 =IFERROR(IF(C7=" 资产 ",R7+N7+S7,R7-N7-S7),"")

函数的意思如果 C7= 资产，即“审定期初数 + 期初调整 + 期末调整”，否则“审定期初数 - 期初调整 - 期末调整”。

9.1.13 复制函数到 530 行

选中 M7:T7, 鼠标光标移动到 T7 右下角，光标变成一个黑色的小十字，如图 9-7 所示，按住鼠标左键向下拖动到 530 行，把公式全部复制。这个 530 行是任意的，实务中根据自己的需要拖动即可，没有固定的限制。

9.1.14 期初审定数与报表核对

通过函数把序时账报表科目的数据汇总得到的数值需要和报表的数值核对一遍，所以需要先用函数把报表对应的期初数据获取过来。

在 M5 单元格录入函数 =IF(C7=" 资产 ",SUMIFS(BS!$E$4:$E$34,BS!$A$4:$A$34,$B$4）,--SUMIFS('BS2'!$E$4:$E$34,'BS2'!$A$4:$A$34,$B$4))

这个函数的意义是根据报表科目的属性，如果 C7 是资产，根据 $B$4 的内容把 BS 表对应的期初数据获取过来，否则，就根据 $B$4 的内容把 BS2 表对应的期初数据获取过来。

O5 单元格录入函数 =SUM(O7:O531)，这个函数是把 O 列所有明细科目的汇总数求和。

N5 单元格录入函数“=M5-O5”，这个函数是用报表数减这个明细表的合计数，如果等于 0，说明报表数与明细表合计数一致。

9.1.15　期末审定数与报表核对

在 R5 单元格录入函数 =IF(C7=" 资产 ",SUMIFS(BS!$D$4:$D$34,BS!$A$4:$A$34,$B$4）,--SUMIFS('BS2'!$D$4:$D$34,'BS2'!$A$4:$A$34,$B$4))

这个函数的意义是根据报表科目的属性，如果 C7 是资产，根据 $B$4 的内容把 BS 表对应的期末数据获取过来，否则，就根据 $B$4 的内容把 BS2 表对应的期末数据获取过来。

在 T5 单元格录入函数 =SUM(T7:T531)，这个函数是把 T 列所有明细科目的汇总数求和。

S5 单元格录入函数 =R5-T5，这个函数是用报表数减这个明细表的合计数，如果等于 0，说明报表数与明细表合计数一致。

上述步骤完成了一个报表科目的科目明细表，完成后的结果如图 9-8 所示。

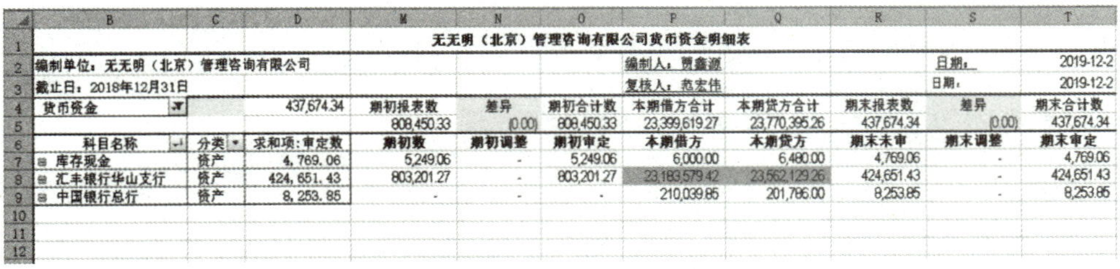

	B	C	D	M	N	O	P	Q	R	S	T
1				无无明（北京）管理咨询有限公司货币资金明细表							
2	编制单位：无无明（北京）管理咨询有限公司						编制人：贾鑫源			日期：	2019-12-2
3	截止日：2018年12月31日						复核人：范宏伟			日期：	2019-12-2
4	货币资金		437,674.34	期初报表数	差异	期初合计数	本期借方合计	本期贷方合计	期末报表数	差异	期末合计数
5				808,450.33	(0.00)	808,450.33	23,399,619.27	23,770,395.26	437,674.34	(0.00)	437,674.34
6	科目名称	分类	求和项:审定数	期初数	期初调整	期初审定	本期借方	本期贷方	期末未审	期末调整	期末审定
7	库存现金	资产	4,769.06	5,249.06	-	5,249.06	6,000.00	6,480.00	4,769.06	-	4,769.06
8	汇丰银行华山支行	资产	424,651.43	803,201.27	-	803,201.27	23,183,579.42	23,562,129.26	424,651.43	-	424,651.43
9	中国银行总行	资产	8,253.85	-	-	-	210,039.85	201,786.00	8,253.85	-	8,253.85
10											
11											
12											

图 9-8　科目明细表效果图

这个图做好后，如果需要看其他科目的明细汇总，只要在 B4 单元格点选需要的报表科目即可。后面我还用 VBA 做了一个小程序，可以用这个科目明细汇总表作为模板，生成所有的资产、负债和权益类科目的科目明细汇总表，所以这个表命名为明细模板。

9.2　按二级科目或辅助核算项目编制损益类明细科目汇总表

9.2.1　新建损益模板表

我们新建一个表格命名为损益模板，如图 9-9 所示。

1 2 3 4 5 6 7 8 9 10 11 12

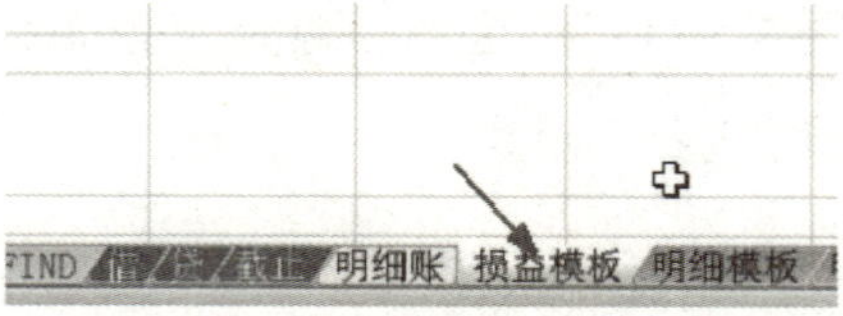

图 9-9　损益模板名称

9.2.2　设置编制单位和截止日

在 B2 单元格录入函数 =BS!B3，B3 单元格录入函数 =" 截止日："&BS!D4，把 BS 表的公司名称、截止日期引用到明细模板表中，结果如图 9-10 明细模板表名称。

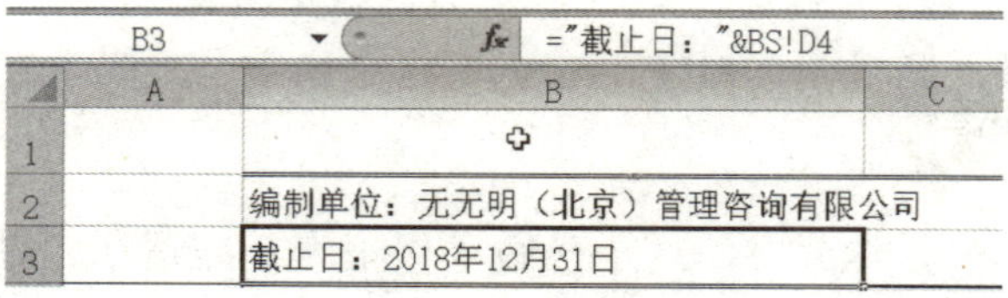

图 9-10　损益模板表名称

9.2.3　编制收入明细透视表草稿

（1）把货币资金明细表模板修改为主营业务收入明细透视表草稿。

选中明细模板表 A4:D20, 复制粘贴这个透视表到损益模板表的 A4。

（2）整理透视表。

把报表科目字段、结转字段拖动到报表筛选框，行标签留下“一级科目、科目名称、分类”三个字段，数值框把借方余额、审计调整 2、期末审定数三个数值字段拖动到数值框，把年字段拖动到列标签框，如图 9-11、图 9-12 所示。

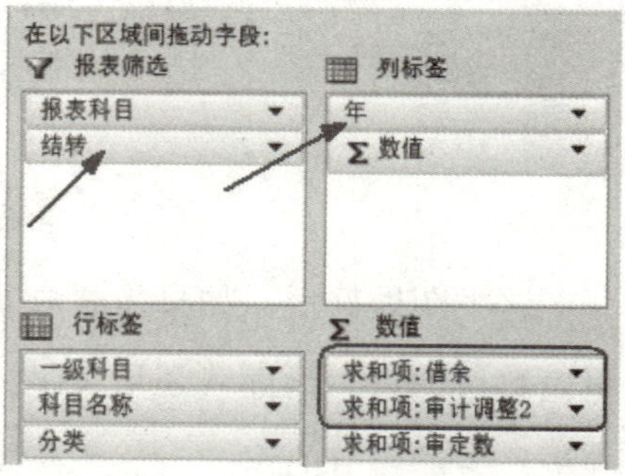

图 9-11　损益模板明细表 01

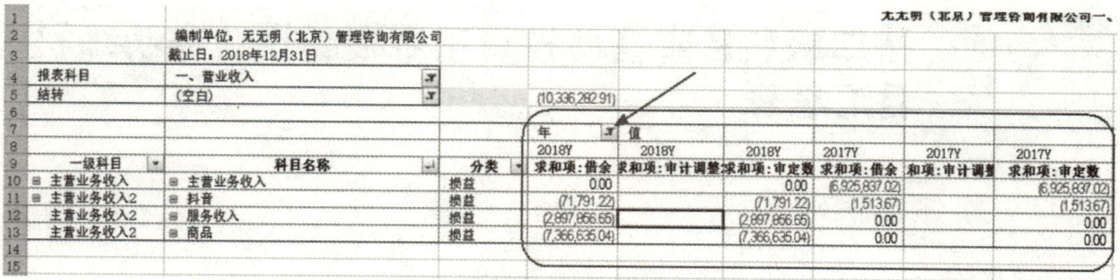

图 9-12　损益模板明细表 02

注意：箭头指的年份要筛除本期数和上期数，此处本期是指 2018 年度数据，上期指的是 2017 年度数据。本期数据要在前面，上期数据在后面。

结转筛选项选择空白，把损益结转的分录筛选掉。否则借余字段会显示 0。

9.2.4 计算明细科目本期数

在 M10 单元格录入函数组合 =IFERROR(IF(D10="","",IF(OR(COUNTIF($B$4,"* 收入 *")=1,COUNTIF($B$4,"* 益 *")=1),-D10,D10)),"")

这组函数比明细科目那组函数简单多了。

我们先捋一捋整体的逻辑，利润表中属于贷方发生额的科目只有营业收入、营业外收入、投资收益、公允价值变动损益、其他收益和资产处置收益 6 个科目，这 6 个科目中有 2 个科目含“收入”2 个字符，有 4 个科目含“益”1 个字符，所以如果 $B$4 单元格的报表科目名称中含有上述 3 个字符的时候，返回的负的 D 列的数值，否则返回的是非负的 D 列数值，只有一个 IF 函数，然后外面加一个如果报错，就为空置的外套，这个函数就做好了。

9.2.5 计算调整数

在 N10 录入函数组合 =IFERROR(IF(E10="","",IF(OR(COUNTIF($B$4,"* 收入 *")=1,COUNTIF($B$4,"* 益 *")=1),-E10,E10)),"")

这个函数和计算明细科目本期数的函数结构完全一样，取的是前面透视表本期“审计调整 2”列（E 列）的数据。

9.2.6 计算审定数

在 O10 录入函数组合 =IFERROR(IF(F10="","",IF(OR(COUNTIF($B$4,"* 收入 *")=1,COUNTIF($B$4,"* 益 *")=1),-F10,F10)),"")

这个函数和计算明细科目本期数的函数结构完全一样，取的是前面透视表“本期审定数列”（F 列）的数据。

9.2.7 计算上期数

在 P10 录入函数组合 =IFERROR(IF(I10="","",IF(OR(COUNTIF($B$4,"* 收入 *")=1,COUNTIF($B$4,"* 益 *")=1）,-I10,I10)),"")

这个函数和计算明细科目本期数的函数结构完全一样，取的是前面透视表上期审定数列（I 列）的数据。.

9.2.8　核对本期报表数与损益模板本期数

在 M6 录入函数 =IFERROR(SUMIFS('PL'!$D$4:$D$38,'PL'!$A$4:$A$38,$B$4),"")

这个函数的意思是根据 $B$4 的内容，返回 PL 表对应科目的数值。

在 O6 录入函数 =SUM(O10:O532)，计算出损益类明细科目的汇总数；

在 N6 录入函数 =M6-O6，如果 M6-N6=0, 说明本期发生额的报表数与损益明细汇总表合计数相同，说明这个明细表本期做对了。

9.2.9　核对上期报表数与损益模板本期数

在 P6 录入函数 =IFERROR(SUMIFS('PL '!$E$4:$E$38,'PL '!$A$4:$A$38,$B$4),"")

这个函数的意思是根据 $B$4 的内容，返回 PL 表对应科目的数值。

在 Q6 录入函数 =SUM(P10:P342)，计算出损益类明细科目的汇总数；在 P7 录入函数 =P6-Q6，如果 P6-Q6=0, 说明本期发生额的报表数与损益明细汇总表合计数相同，说明这个明细表上期数做对了。

9.2.10　整理损益模板

把透视表的数据列隐藏，只保留文本列。如图 9-13 所示。

	B	M	N	O	P	Q
1	无无明（北京）管理咨询有限公司一、营业收入明细表					
2	编制单位：无无明（北京）管理咨询有限公司		编制人：贾鑫源		日期：	2019-12-2 20:20
3	截止日：2018年12月31日		复核人：范宏伟		日期：	2019-12-2 20:20
4	一、营业收入					
5	（空白）	本期报表数	差异	本期合计数	上期报表数	上期合计数
6		10,336,282.91	0.00	10,336,282.91	6,927,350.69	6,927,350.69
7					-	
8						
9	科目名称	本期数	本期调整数	本期审定数	上期数	备注
10	⊟ 主营业务收入	0.00		0.00	6,925,837.02	
11	⊟ 抖音	71,791.22		71,791.22	1,513.67	
12	⊟ 服务收入	2,897,856.65		2,897,856.65	0.00	
13	⊟ 商品	7,366,635.04		7,366,635.04	0.00	

图 9-13　损益模板效果图

上面完成了损益模板的编制，模板编制好之后在 B4 单元格可以筛选任意损益类科目，这个损益模板都会显示出该科目的全部明细科目并且和报表核对。我自己实际用的时候还会编制一个 VBA 程序，一次性把所有科目明细表用 VBA 自动做出来，如果不是做审计工作就没有必要了，只要在 B4 筛选出相应的科目看账就可以了。

9.3　具体到每一笔分录的报表科目明细账

9.3.1　新建一个工作表，重命名为明细账

我们新建一个表格命名为明细账，如图 9-14 所示。

图 9-14　明细账

9.3.2　设置明细账透视表字段

怎样编制透视表可以参考第四章编制试算平衡表相关讲解，其实就是这一个透视表，数据也都来自序时账，但是遇到不同的用途，一定要像搭积木一样学会任意拖动字段，就能获得数据的分类汇总。

具体明细账透视表要比试算平衡表要简单得多，文本字段有三个：“年、摘要、编码”，数值字段也有三个，分别是“借方发生额、贷方发生额、审计调整 2”共 3 个字段。筛选也是三个字段，分别是“报表科目、一级科目、科目名称”三个字段，当然字段的设置可以根据自己的习惯任意设置，这个表的作用就是用来看具体科目明细的，可以具体到每一笔分录。拖动完成后如图 9-15、图 9-16 所示。

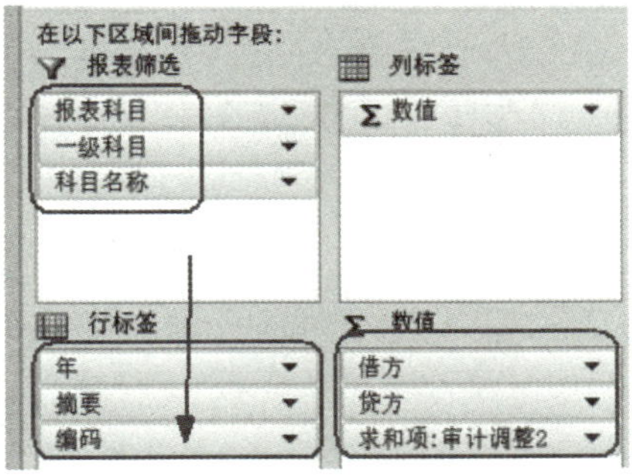

图 9-15　明细账字段图

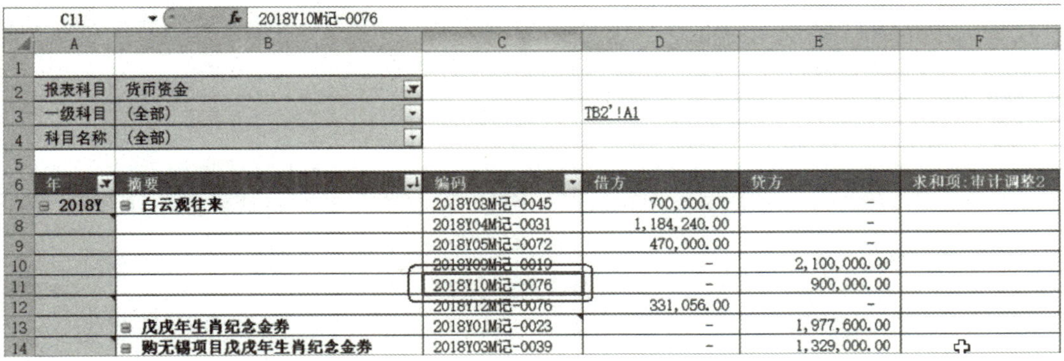

	A	B	C	D	E	F
1						
2	报表科目	货币资金				
3	一级科目	(全部)		TB2'!A1		
4	科目名称	(全部)				
5						
6	年	摘要	编码	借方	贷方	求和项:审计调整2
7	2018Y	白云观往来	2018Y03M记-0045	700,000.00	-	
8			2018Y04M记-0031	1,184,240.00	-	
9			2018Y05M记-0072	470,000.00	-	
10			2018Y09M记-0019	-	2,100,000.00	
11			2018Y10M记-0076	-	900,000.00	
12			2018Y12M记-0076	331,056.00	-	
13		戊戌年生肖纪念金券	2018Y01M记-0023	-	1,977,600.00	
14		购无锡项目戊戌年生肖纪念金券	2018Y03M记-0039	-	1,329,000.00	

图 9-16　明细账效果图

9.3.3 查看明细账

通过前两步的设置，这个简单的明细账已经做好了，需要看哪个科目就在 B2 处筛选即可，还可以筛选“一级科目、科目名称、年”等。实例中我选择的是“货币资金”，如果还想看到更具体会计分录，可以用鼠标选中编码列的编码，这个编码是一个会计分录号码，而且是这个序时账中的唯一的会计分录编码，选中之后按 Ctrl+E，可以调出会计分录。查看会计分录如图 9-17 所示。

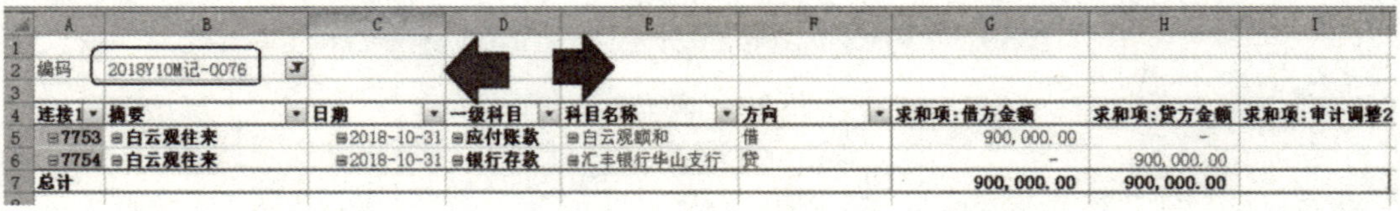

	A	B	C	D	E	F	G	H	I
1									
2	编码	2018Y10M记-0076							
3									
4	连接1	摘要	日期	一级科目	科目名称	方向	求和项:借方金额	求和项:贷方金额	求和项:审计调整2
5	7753	白云观往来	2018-10-31	应付账款	白云观颐和	借	900, 000. 00	-	
6	7754	白云观往来	2018-10-31	银行存款	汇丰银行华山支行	贷	-	900, 000. 00	
7	总计						900, 000. 00	900, 000. 00	

图 9-17　凭证查询效果图

这套表格用熟练了之后，可以做财务报表，可以看科目明细账，可以查询会计分录，妥妥的一个财务软件的功能都实现了，有兴趣再学习 Excel 图表，以图形的形式向大 Boss 汇报财务数据，想不让大 Boss 涨工资都难。

第 10 章

查询会计分录及 VBA 入门：高深的武功秘籍

终于来到了第十章，关于 VBA，这一套报表必须用到的 VBA 代码只有几行，本来讲 VBA 心里是很抗拒的，因为很多年以前我学过两年左右的编程，但是没有学会，我给自己做的总结是学习 CPA 刚刚好，但学编程脑子不太够用。这套报表中唯一的几行代码我也是找朋友帮忙写的，但是如果不讲的话，很多查看会计分录的功能可能就用不了，所以我决定不展开讲 VBA，只是讲一下这套报表涉及的几行代码，以及如何设置“宏”代码的运行。

10.1 查询会计分录透视表的编制

1. 新建一个工作表，重命名为 FIND

我们新建一个表格命名为 FIND，如图 10-1 所示。

图 10-1　FIND 透视表

2. 设置明 FIND 透视表字段

编制透视表可以参考第四章编制试算平衡表相关讲解，本书就是这一个透视表，数据也都来自序时账，但是遇到不同的用途，一定要像搭积木一样学会任意的拖动字段，就能获得想要的数据分类汇总。

具体 FIND 透视表要比试算平衡表要简单得多，文本字段有五个拖动到行标签框内，分别是：“连接 1、摘要、日期、一级科目、科目名称”；数值字段也有三个，分别是“借方发生额、贷方发生额、审计调整 2”共 3 个字段。筛选只有 1 个字段，是“编码字段”，这个“编码字段”的设置最好不要任意设置。如果这个编码字段不在筛选这个位置了，查询会计分录的功能就没法用了。这个表的作用就是用来看会计分录的，可以具体到每一笔分录。拖动完成后如图 10-2 所示。

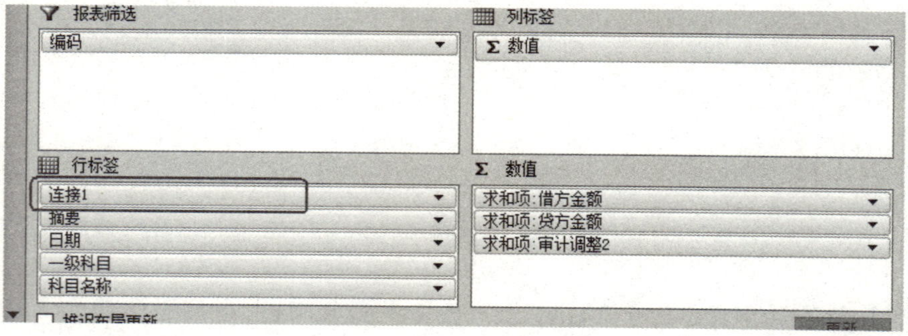

图 10-2　FIND 透视表字段图

行标签的“连接 1”读者们肯定不知道干什么用的，或者有什么意义，这个“连接 1”的作用就是防止透视表把同一科目的数据自动汇总，因为这个表是看分录用的，需要看到每一行的数据，所以在序时账的“连接 1”列会有一个从第一行开始的连续的阿拉伯数字，从 1 到序时账结尾的行数。这样查看会计分录的时候就可以每行都显示了。再看一眼图 10-3 所示。

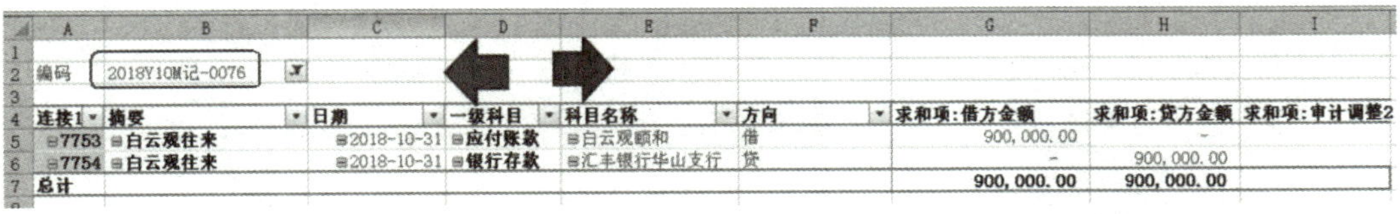

图 10-3　FIND 透视表效果图

10.2　编制 FIND 透视表代码

先把代码展示一下，其实很简单。

```
Sub 查看会计分录 ()
' 查看会计分录 宏
' 快捷键 : Ctrl+e
    Dim rng, sh
On Error Resume Next
rng = ActiveCell.Value
With Sheets("FIND").PivotTables(" 数据透视表 1").PivotFields(" 编码 ")
    .ClearAllFilters
    .CurrentPage = rng
    Sheets("FIND").Select
End With
End Sub
```

但是有代码恐惧症的读者也不必一定要把这段代码研究明白，只要把这段代码放到它该待的位置，查询功能就能实现。

1. 打开 VBE 编辑器

在键盘上 ALT+F11 键，选择插入模块。如图 10-4 所示。

2. 录入代码

打开的 VBE 编辑器就是图 10-4 的样子，插入一个通用模块用于存放代码。这段代码在这个表格中我是存放在常用操作的第一段代码，如图 10-5 所示。

如果拿到我的模板，可以直接看到这段代码；如果没有拿到，可以按照前面的代码实列手打上去。有了这段代码我们就可以从明细账里想看哪个凭证就看哪个凭证了。

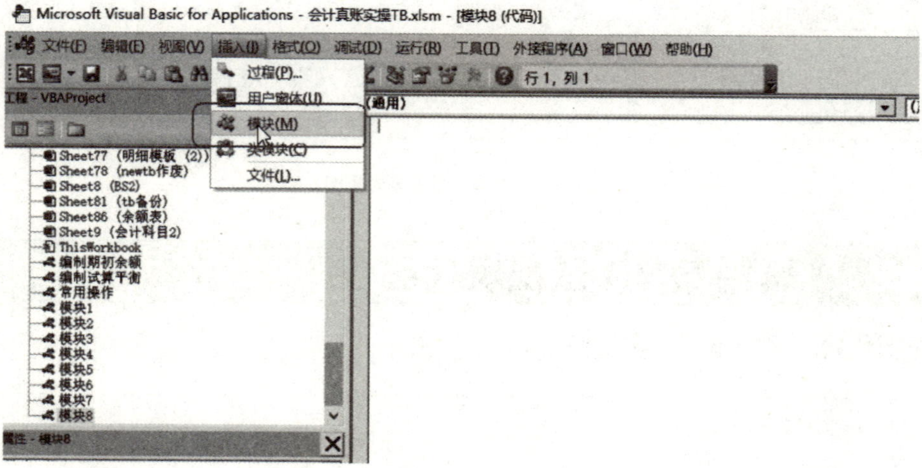

图 10-4 插入模块

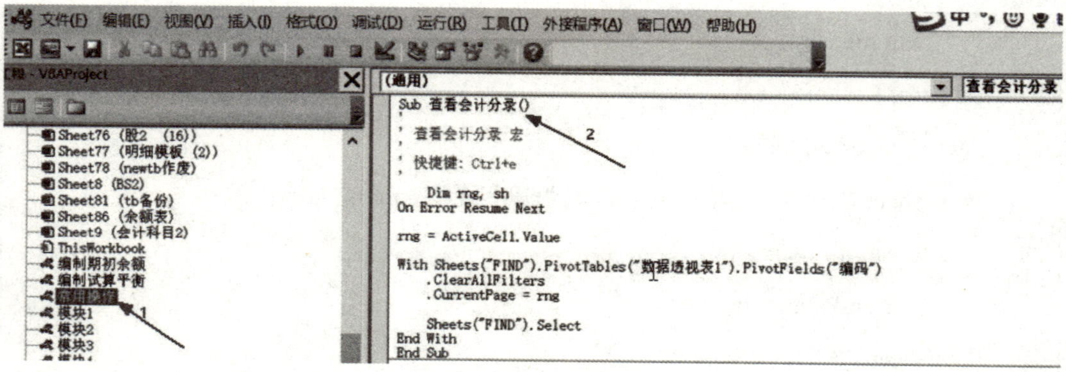

图 10-5 代码示意图

10.3 设置启用宏的工作簿

Excel 对于含有 VBA 代码的工作簿要求必须保存为启用宏的工作簿，否则编写的 VBA 代码可能丢失，所以录入完代码后，第一步一定要单击“文件 \ 另存为”，如图 10-6 所示。

10-6 另存操作图

第二步，打开快捷菜单。在保存类型处打开下拉菜单，选择 Excel 启用“宏”的工作簿，启用“宏”的工作簿会有一个黄底黑色的叹号。如图 10-7 所示。

第三步，保存启用“宏”的工作簿。将工作簿保存为启用宏的工作簿，单击保存。如图 10-8 所示。

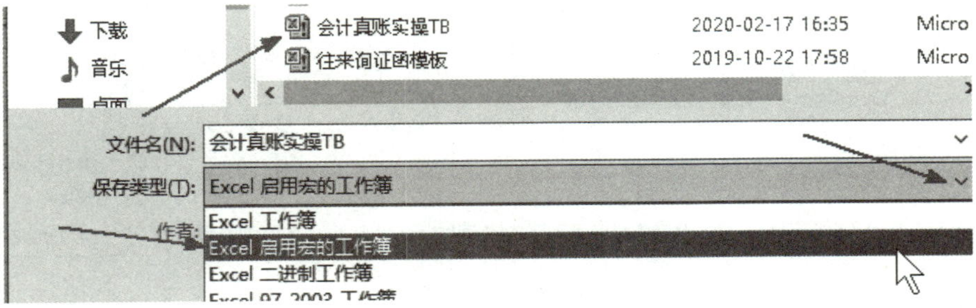

图 10-7　选择启用“宏”的工作簿

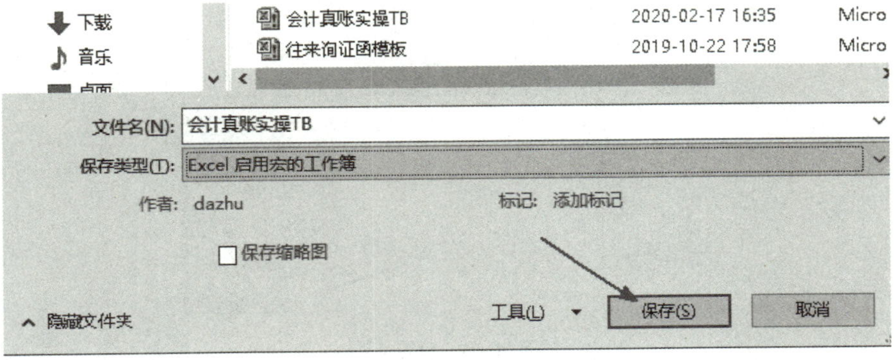

图 10-8　保存启用“宏”的工作簿

第四步，打开启用“宏”的工作簿的时候会有一个提示框，选择“不更新”。如图 10-9 所示。

第五步，有的版本还会问是否启用“宏”，一定要选择“启用”，否则查看凭证的功能实现不了。

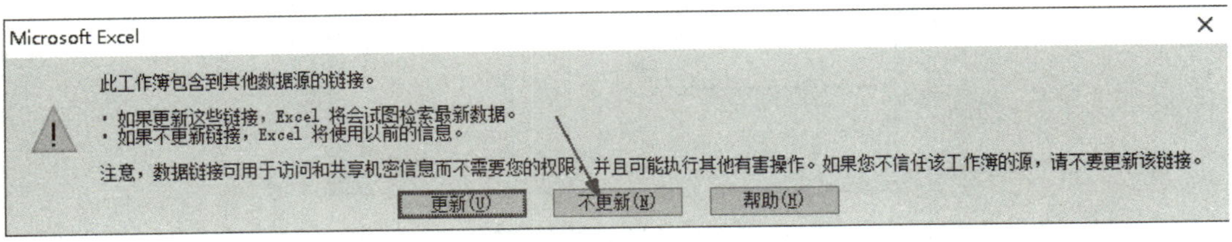

图 10-9　更新提示框

10.4　调用 VBA 查看会计分录

用快捷键调用“宏”看上去很厉害的样子，其实调用“宏”还可以用图片，我这里分别讲解一下用设置快捷键和设置图片调用“宏”的方法。

1. 设置快捷键

第一步，选择“视图 | 宏 | 查看宏”，如图 10-10 所示。

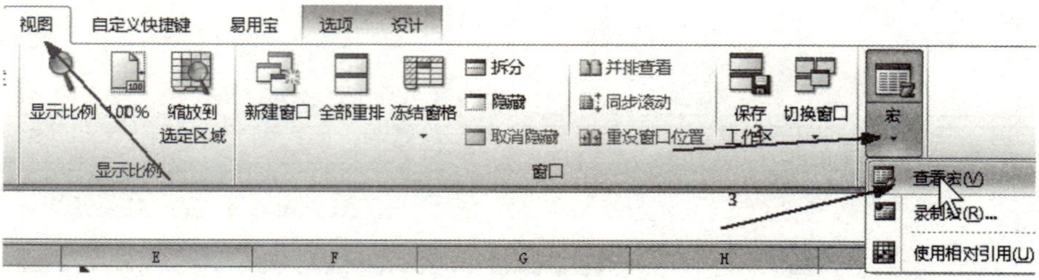

图 10-10 查看宏

第二步，打开查看宏对话框。

选中查看凭证宏，选择选项按钮，如图 10-11 所示。

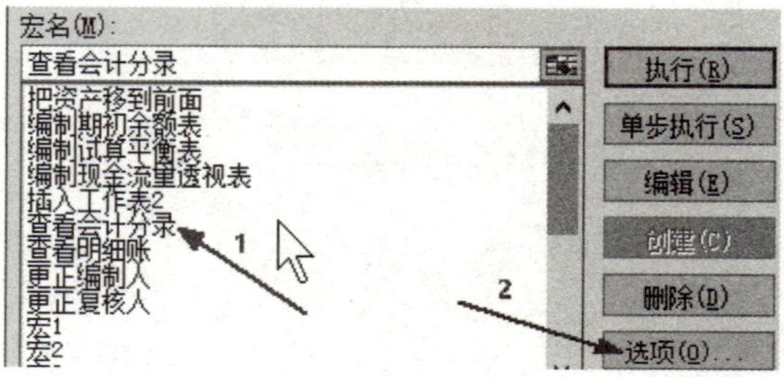

图 10-11 设置选项

第三步，打开一个新的对话框，设置快捷键。我这里把 Ctrl+E 设置成查看凭证的快捷键，注意快捷键不能与 Excel 自带的快捷键相冲突，如图 10-12 所示。

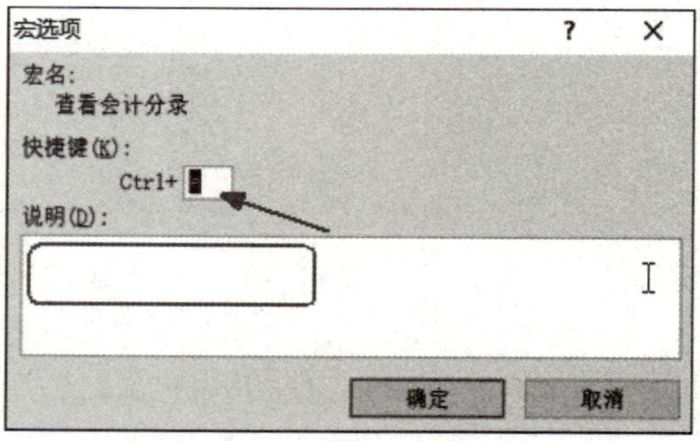

图 10-12 设置快捷键

至此，就可以在明细账中用 Ctrl+E 查看会计分录了。

2. 用图片调用“宏”查看会计分录

有的时候快捷太多了确实也记不住，除非每天都用的那种快捷键，所以我们还可以设置用图片加文字的办法调用“宏”。

第一步，插入一个箭头的图片，如图 10-13 所示。

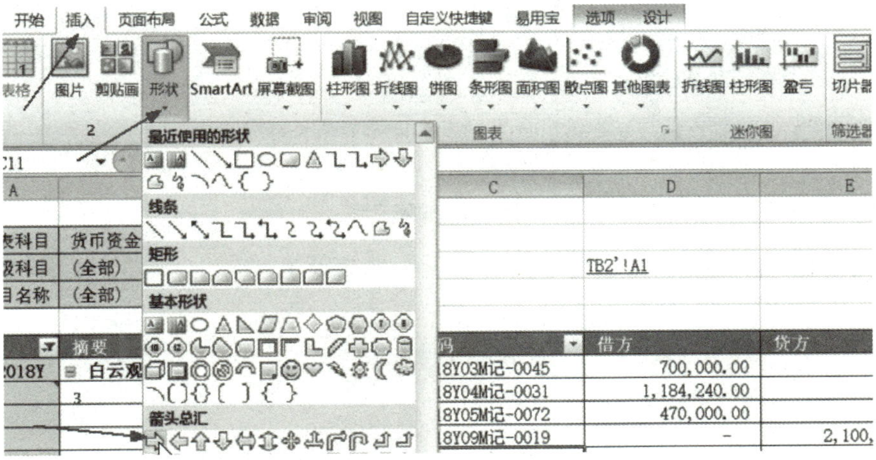

图 10-13　插入形状

第二步，编写图片文字。“查看会计分录”如图 10-14 所示。

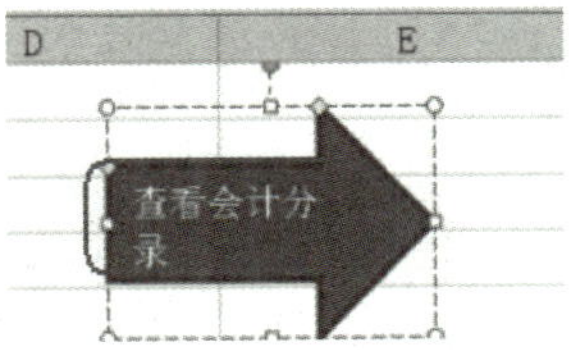

图 10-14　编写图片文字

第三步，打开指定宏菜单。在箭头图片上鼠标右键单击，打开下拉菜单，选择指定“宏”。如图 10-15 所示。

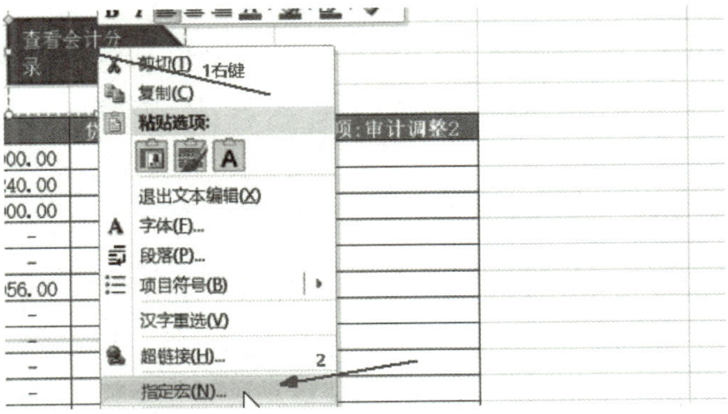

图 10-15　指定“宏”菜单

第四步，指定“宏”。打开指定“宏”菜单，选择查看会计分录“宏”，单击“确定”按钮，设置成功。如图 10-16 所示。

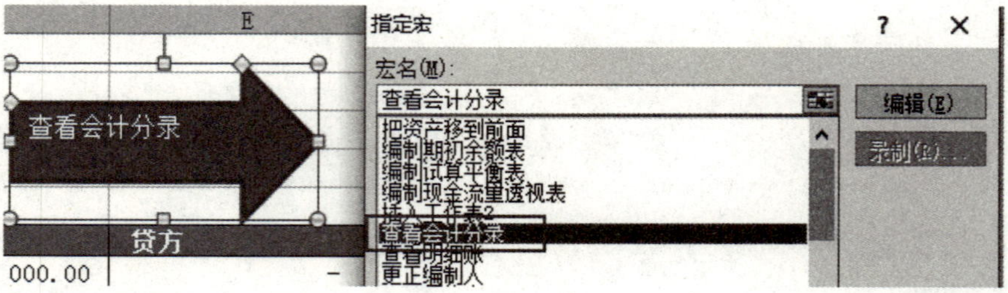

图 10-16　指定“宏”

至此，就可以在明细账中用 Ctrl+E 查看会计分录了。

第 11 章

Excel 基本操作：不会 Excel，一切免谈

Excel 基本操作，就是一块块砖，将这些基本操作的易错点，平时用到的小技巧等，练到熟练，就能盖起高楼大厦。好了，让我们开始这章的学习吧。

11.1 Excel 界面概述

本文首先介绍 Excel 界面各个部位的名称，熟悉 Excel 界面的各部位名称，方便后续理解，如图 11-1 所示。

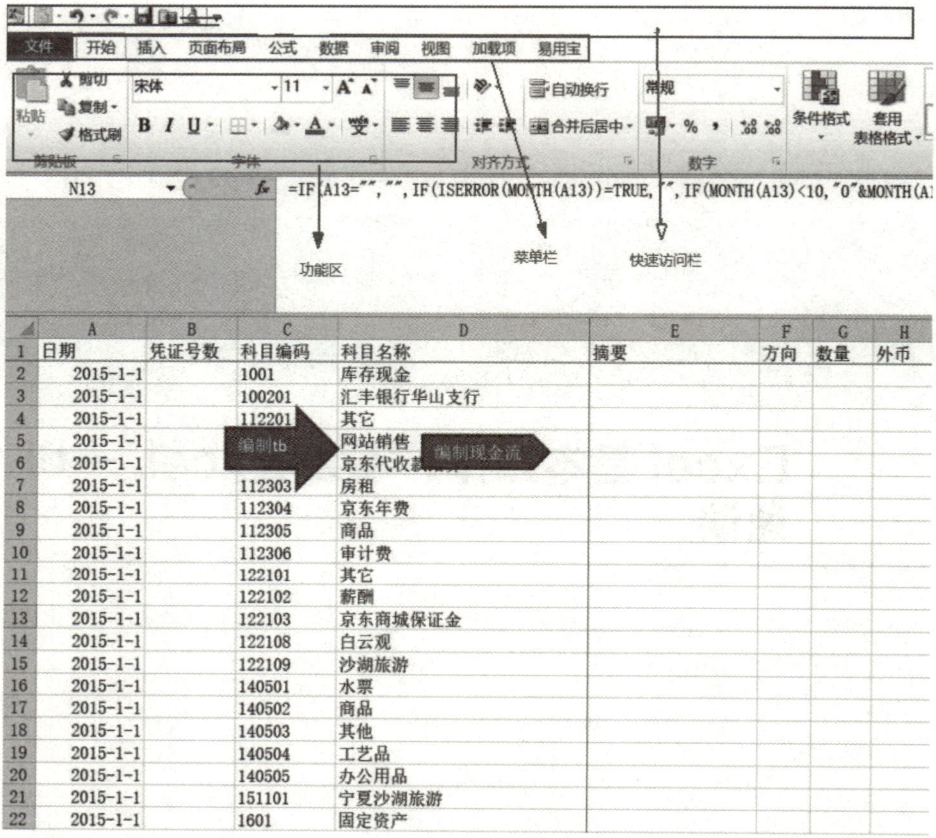

图 11-1　Excel 界面

本章节主要分享“快速访问工具栏”和“功能区”的设置，主要是为了读者在每次使用 Excel 时，快速找到需要的工具，形成自己操作习惯。

11.2 Excel 快速访问工具栏的设置

Excel 的快速访问工具栏是程序主界面标题栏左侧的区域，该区域可以放置一些常用的操作命令按钮。快速访问工具栏作为一个命令按钮的容器，其可以承载 Excel 所有的操作命令和按钮，以方便用户的操作，用户可以将命令按钮添加到快速访问工具栏以方便快速使用。

单击“自定义快速访问工具栏”按钮，快速访问工具栏。在弹出的菜单中选择需要，添加到“快速访问工具栏中”的命令单击将其勾选，此时，选择的命令将会被添加到快速访问工具栏中。或者单击其他命令，将读者自己需要的添加在这里，如图 11-2 所示。

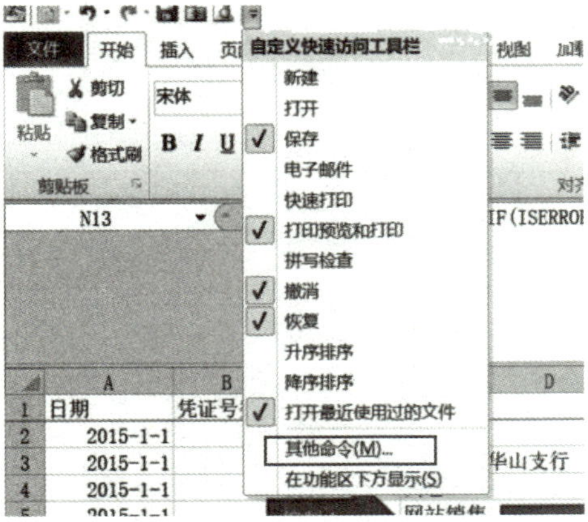

图 11-2　快速访问工具栏

添加的快速访问工具栏的工具有：保存、打印、撤回、打印预览、新建、筛选、排序、冻结窗口、折线图等，可以根据读者的需求自己添加，如图 11-3 所示。

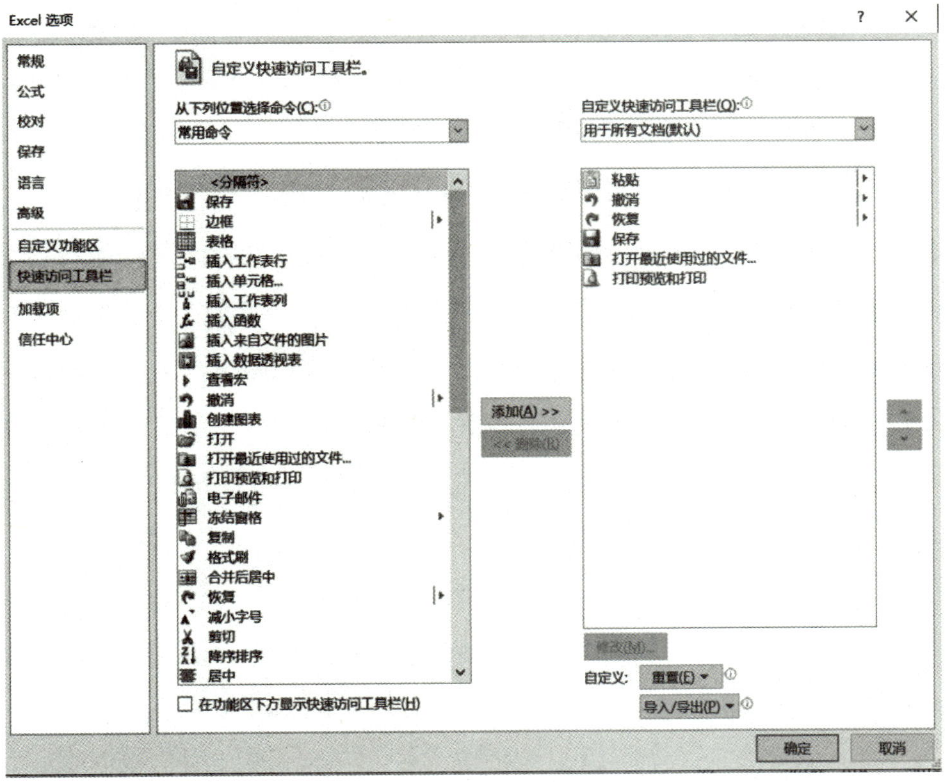

图 11-3　添加快速访问工具栏

11.3 Excel 功能区的自定义设置

当我们在使用 Excel 进行审计的时候，会常常用到一些工具，这些工具分布在不同的工具栏内，每次我们都要单击不同的工具栏去寻找各种工具按钮。

现在，怎样对我们的 Excel 功能菜单自定义，使其更加符合我们的工作特点，把我们所需要的常用的工具归集于一个工具卡选项中呢？以至于更加有利于我们的工作呢？这里为您介绍一个可以 DIY 的方法。

（1）打开 Excel，在功能区右键选择“自定义功能区”选项，如图 11-4 所示。

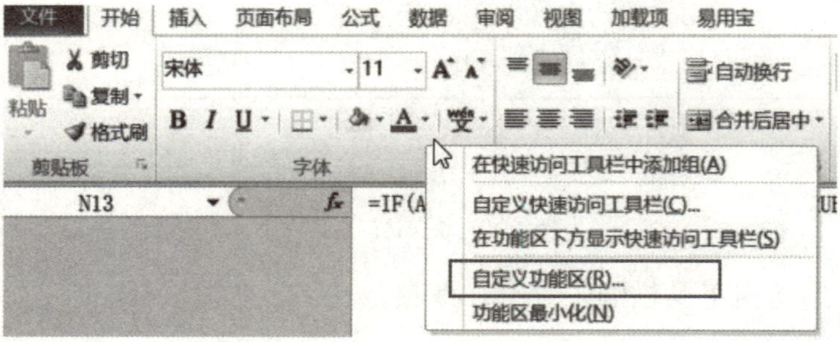

图 11-4　自定义功能区

（2）在右侧的“自定义功能区”列表中选择选项卡，鼠标单击“新建选项卡”按钮创建一个新的自定义选项卡；选择“自定义选项卡”，单击“重命名”按钮打开“重命名”对话框，在“显示名称”文本框中输入选项卡名称；选择“新建组(自定义)”选项，鼠标右击，选择关联菜单中的“重命名”命令。此时将打开“重命名”对话框，使用该对话框为组命名；再“从下列位置选择命令”下拉列表中选择“不在功能区中的命令”选项，此时其下面的列表显示不在功能区中的命令。选择需要的命令，单击“添加”按钮将其添加到右侧的自定义组中；继续向自定义组中添加需要的命令，完成命令添加后单击“确定”按钮关闭对话框。此时，功能区中将出现“我的工具”选项卡，在该选项卡中将有一个名为“个人常用”的组，组中将列出添加的所有命令，如图 11-5 所示。

提示：自定义功能区时，命令按钮必须添加到自定义组中。因此，不管是向自定义选项卡还是向功能区中已有的选项卡添加命令，都必须先在该选项卡中创建自定义组。用户添加的命令只能放在这个自定义组中。

图 11-5　添加自定义功能区

自定义功能区与设置快速访问工具栏的作用都是一致的，希望读者在工作时能够快速地找到需要的工具，节省寻找的时间，增加工作效率。我认为十分常用的放在快速访问工具栏，常用的放在自定义的功能区内，根据读者习惯，仅供参考。

11.4　Excel 的页面设置

Excel 的不同工作表可以有不同的页面设置，如纸张大小、打印方向和页边距等都可以设置的不同。本部分主要分享在打印前 Excel 的基础“页面设置”功能。

（1）打开 Excel，选择“打印预览”，单击“页面设置”窗口，主要在“页面方向”和“页面缩放”两个选项中，读者应当注意打印的效果，尽可能地调整好方向并保证缩放不影响阅读及打印，如图 11-6 所示。

（2）选择“页边距”选项卡，重点关注“居中方式”选项，尽量勾选□水平选项，保证居中，如图 11-7 所示。

图 11-6 打印预览

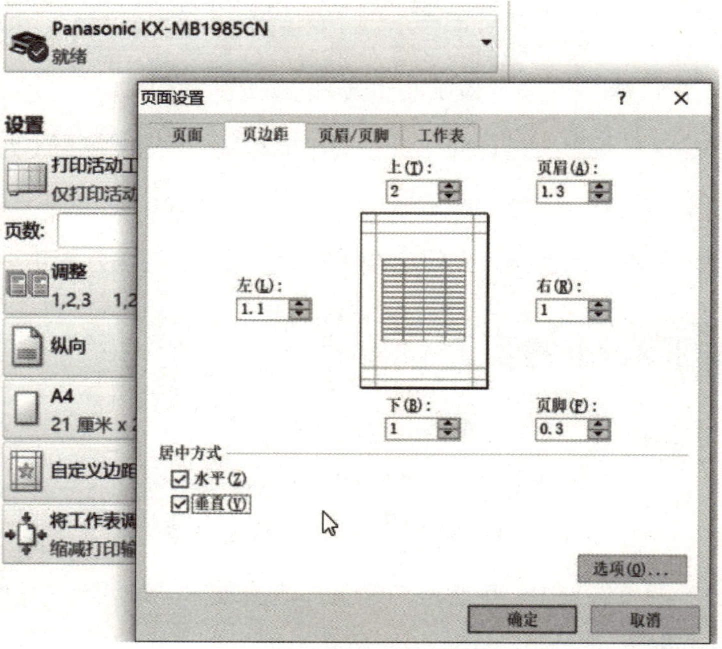

图 11-7 打印时页面设置

（3）选择“页眉页脚”选项卡，添加页眉页脚，在页脚下拉框选择“第 1 页，共？页”，如图 11-8 所示。

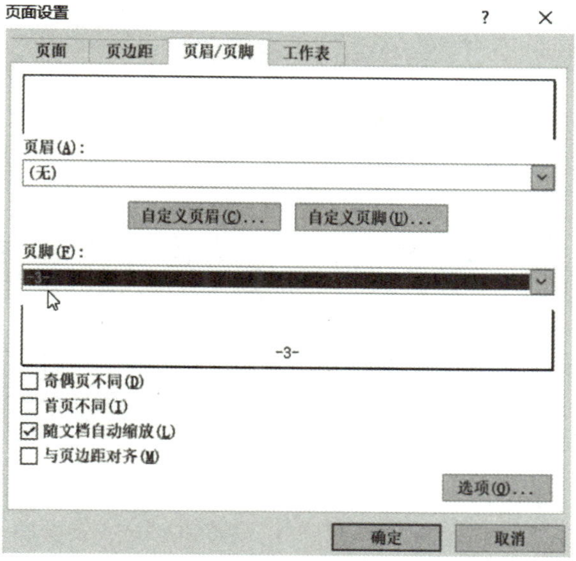

图 11-8　打印时自定义页脚

（4）选择“工作表”选项卡，选择打印标题、勾选单色打印、并在批注选项选择无、错误单元格打印为空白几个选项，这样打印出来的底稿不会出现无标题、打印出现各种颜色阴影、批注和错误符号，如图 11-9 所示。

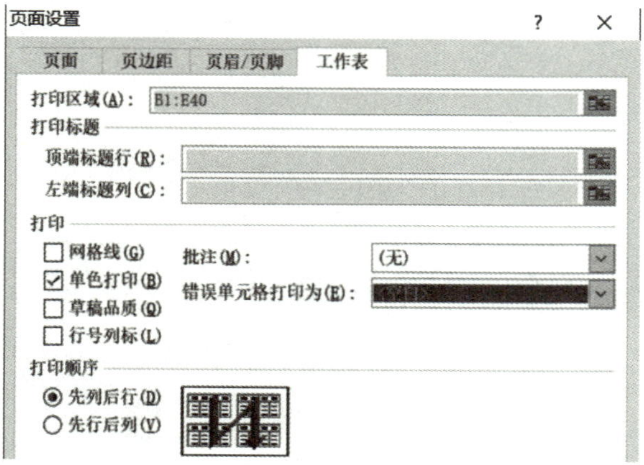

图 11-9　打印时工作表设置

11.5　Excel 快捷键

11.5.1　Ctrl+ 字母系列

（1）Ctrl+A：全选。随意单击有数据的区域中的一个单元格，同时单击 Ctrl+A，就能全选“数据区域”。

（2）Ctrl+B：加粗。随意单击一个有数据或文本的单元格，同时单击 Ctrl+B，就能实现加粗，如图 11-10 所示。

（3）Ctrl+C：复制。当选中需要复制的表格，同时单击 Ctrl+C，所选区域就会出现虚线，如图 11-11 所示。

	A	B
1	科目编号	
2	科目编号	项目
3	1001	现金
4	1002	银行存款
5	1123	**预付账款**
6	1151	预付账款
7	1125	预付账款

图 11-10　加粗

	A	B
1	科目编号	
2	科目编号	项目
3	1001	现金
4	1002	银行存款
5	1123	**预付账款**
6	1151	预付账款
7	1125	预付账款

图 11-11　复制

（4）Ctrl+D：复制公式。前一行的公式，在下一个单元格中直接复制公式；单击 C3, 同时单击 Ctrl+D，就能实现在 C3 中。如图 11-12 所示。

（5）Ctrl+E: 快速填充。

（6）Ctrl+F：查找。

（7）Ctrl+G：定位。实务中经常用到，实务中经常会用到快速填充相同文本的功能，就需要用到定位功能。

比如说拿到一个公司的序时账，需要填充日期和凭证字号中空白的部分，如图 11-13 所示。

C3　　fx　=A3+B3

	A	B	C
1	第一列	第二列	合计
2	1	2	3
3	4	5	9

图 11-12　复制公式

	A	B	C	D	G	H
1	日期	凭证字号	摘要	科目	制单人	审核人
2	2018-01-31	记-1	计提1月份7个人工资	660209 管	Administra	未审核
3			计提1月份7个人工资	221101 应付职工薪酬_应付工		
4			计提1月份7个人工资	221101 应付职工薪酬_应付工		
5			计提1月份7个人工资	224102 其他应付款_养老保险		
6			计提1月份7个人工资	224103 其他应付款_失业保险		
7			计提1月份7个人工资	224104 其他应付款_医疗保险		
8			计提1月份7个人工资	224105 其他应付款_住房公积		
9			计提1月份7个人工资	222101 应交税费_个人所得税		
10	2018-01-31	记-2	收入	100201 银	Administra	未审核
11			收入	100201 银行存款_建设银行广		
12			收入	100201 银行存款_建设银行广		
13			收入	100201 银行存款_建设银行广		
14			收入	600101 主营业务收入_咨询费		
15			收入	222102 应交税费_应交增值税		
16	2018-01-31	记-3	咨询费	640101 主	Administra	未审核
17			咨询费	100201 银行存款_建设银行广		

图 11-13　整理序时账 -1

选中需要填充的部分，同时单击 Ctrl+G。如图 11-14 所示。

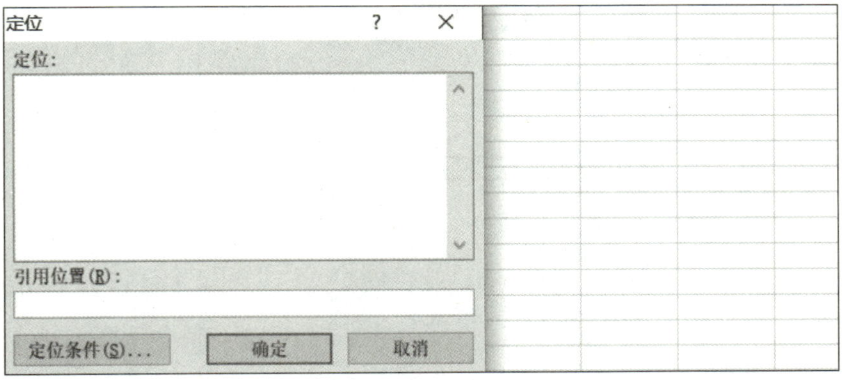

图 11-14　整理序时账 -2

选中“定位条件”然后单击定位条件中的“空值”，回车。在 A3 单元格中输入“=A2”然后同时单击“Ctrl+Enter”，如图 11-15、图 11-16 所示

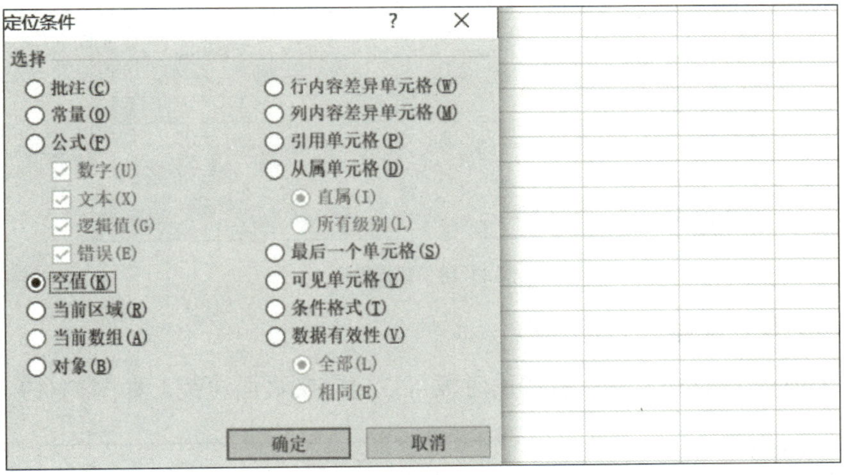

图 11-15　整理序时账 -3

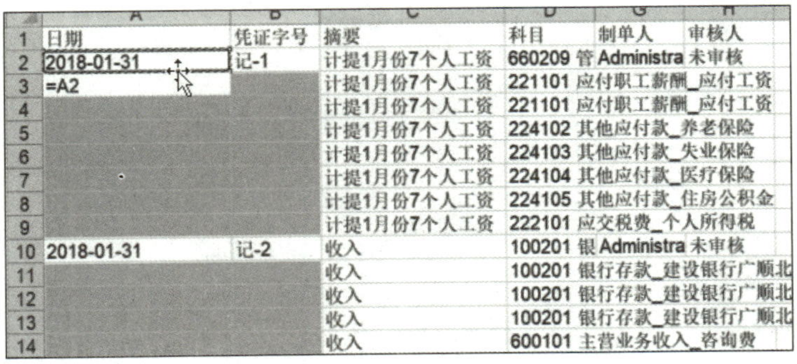

	A	B	C	D	G	H
1	日期	凭证字号	摘要	科目	制单人	审核人
2	2018-01-31	记-1	计提1月份7个人工资	660209 管	Administra	未审核
3	=A2		计提1月份7个人工资	221101 应付职工薪酬_应付工资		
4			计提1月份7个人工资	221101 应付职工薪酬_应付工资		
5			计提1月份7个人工资	224102 其他应付款_养老保险		
6			计提1月份7个人工资	224103 其他应付款_失业保险		
7			计提1月份7个人工资	224104 其他应付款_医疗保险		
8			计提1月份7个人工资	224105 其他应付款_住房公积金		
9			计提1月份7个人工资	222101 应交税费_个人所得税		
10	2018-01-31	记-2	收入	100201 银	Administra	未审核
11			收入	100201 银行存款_建设银行广顺北		
12			收入	100201 银行存款_建设银行广顺北		
13			收入	100201 银行存款_建设银行广顺北		
14			收入	600101 主营业务收入_咨询费		

图 11-16　整理序时账 -4

依此方法就能快速填充上与上一个单元格相同的内容，如图 11-17 所示。

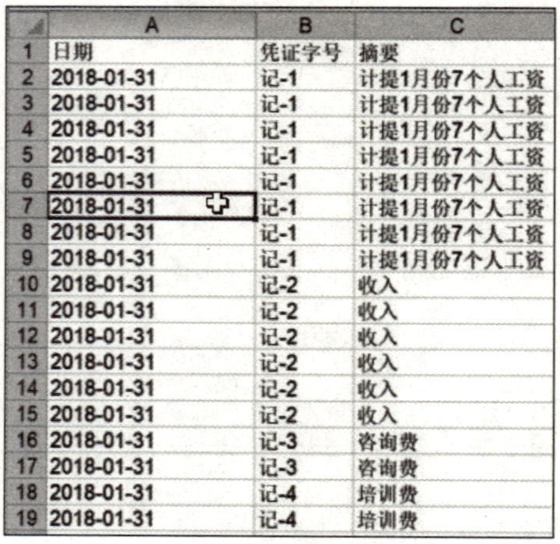

	A	B	C
1	日期	凭证字号	摘要
2	2018-01-31	记-1	计提1月份7个人工资
3	2018-01-31	记-1	计提1月份7个人工资
4	2018-01-31	记-1	计提1月份7个人工资
5	2018-01-31	记-1	计提1月份7个人工资
6	2018-01-31	记-1	计提1月份7个人工资
7	2018-01-31	记-1	计提1月份7个人工资
8	2018-01-31	记-1	计提1月份7个人工资
9	2018-01-31	记-1	计提1月份7个人工资
10	2018-01-31	记-2	收入
11	2018-01-31	记-2	收入
12	2018-01-31	记-2	收入
13	2018-01-31	记-2	收入
14	2018-01-31	记-2	收入
15	2018-01-31	记-2	收入
16	2018-01-31	记-3	咨询费
17	2018-01-31	记-3	咨询费
18	2018-01-31	记-4	培训费
19	2018-01-31	记-4	培训费

图 11-17　整理序时账 -5

（8）Ctrl+H：替换。如图 11-18 所示。

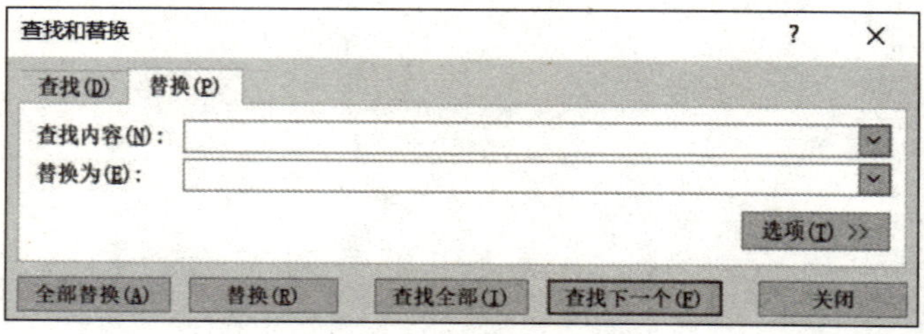

图 11-18　替换操作

（9）Ctrl+N：新建一个工作簿。

（10）Ctrl+P：打印。通常打印的时候可以自定义页面边距，如图 11-19 所示。

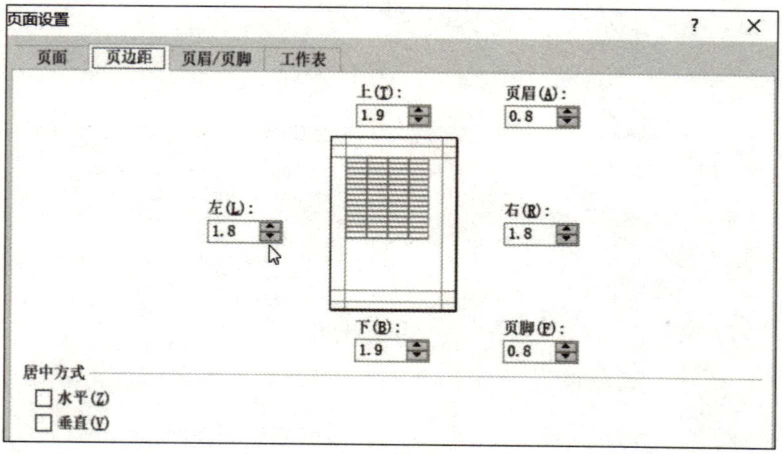

图 11-19　打印预览

（11）Ctrl+S：快速保存 Excel。

（12）Ctrl+V：粘贴。

（13）Ctrl+X：剪切。剪切的时候同样会出来虚线，如图 11-20 所示。

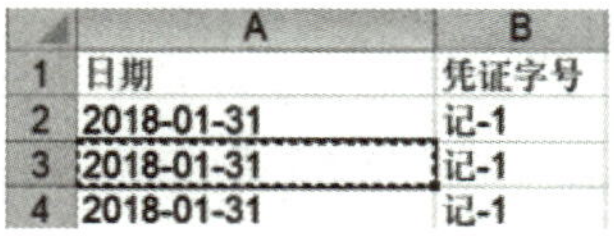

图 11-20　剪切

（14）Ctrl+Y：恢复上一步操作。

（15）Ctrl+Z：撤销，如果平时删除的东西多了，按 Ctrl+Z，那么刚刚删除的数据就又回来了。

11.5.2　Ctrl+ 数字系列

（1）Ctrl+1：设置单元格格式，如图 11-21 所示。

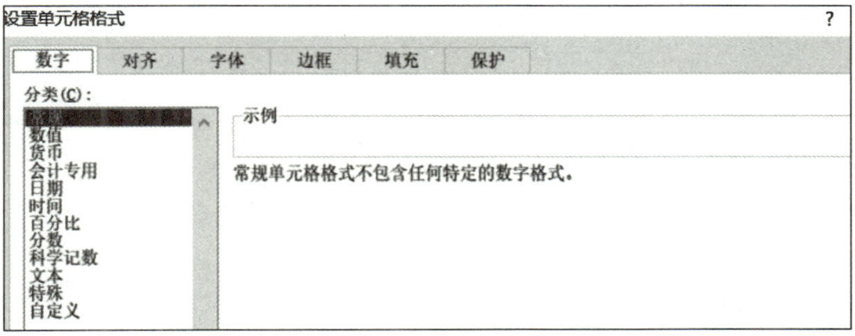

图 11-21　设置格式

（2）Ctrl+2：加粗。与 Ctrl+B 同等效果，如图 11-22 所示。

（3）Ctrl+3：倾斜。如图 11-23 所示。

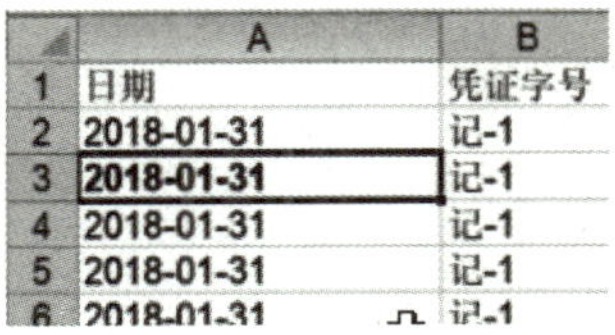

图 11-22　加粗

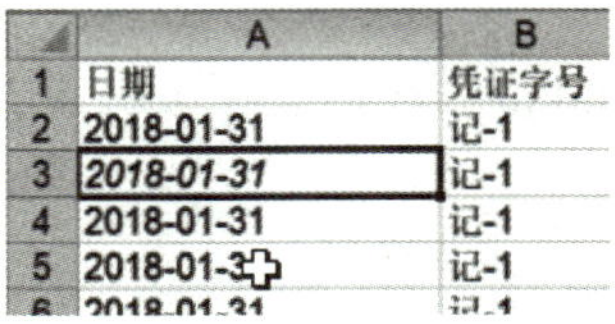

图 11-23　倾斜

（4）Ctrl+4：加下画线。如图 11-24 所示。

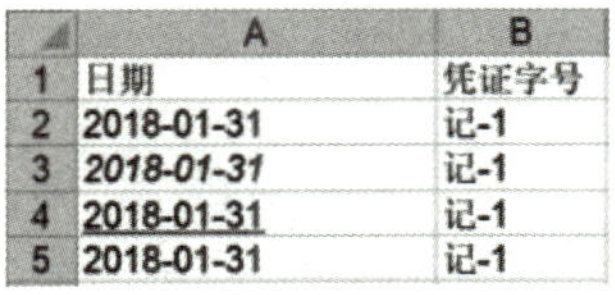

图 11-24　下画线

11.5.3 Ctrl+ 其他系列

（1）Ctrl+! ：用于调出数字格式对话框。

（2）Ctrl+ ↓：快速地返回某列最后一个单元格，也可以选中某个单元格后鼠标移动到单元格的下边框，当光标呈现十字箭头形状时双击即可。

（3）Ctrl+ ↑，快速地返回某列最上一个单元格，也可以选中某个单元格后鼠标移动到单元格的上边框，当光标呈现十字箭头形状时 双击即可。

（4）Ctrl+Home ：返回首行（标题）。

（5）Ctrl+- ：选中多行或多列后，按该快捷键可以删除多行或多列。

（6）Ctrl+Enter ：批量填充。

11.5.4 Ctrl+Shift+ 系列

（1）Ctrl+Shift+L ：调出或取消筛选。

（2）Ctrl+Shift++ ：选中多行或多列后，按该快捷键可以插入多行或多列。

（3）Ctrl+Shift+# ：将单元格格式设置为日期。

（4）Ctrl+Shift+ 向下箭头：向下选中直到第一个空单元格的连续的多个单元格。

（5）Ctrl+Shift+ 向右箭头：向右选中直到第一个空单元格的连续的多个单元格。

（7）Ctrl+Shift+A ：开启搜狗输入法的状态下进行截图。

（8）Ctrl+PgUp ：跳到相邻的上一张 Sheet。

（9）Ctrl+PgDn ：跳到相邻的下一张 Sheet。

11.5.5 其他快捷键

（1）Windows+D ：快速返回桌面。

（2）Alt+F4：关闭某个程序，比如关掉一张工作簿。

（3）F4：重复上一次操作。

（4）ALT+ “=”：求和，如图 11-25 所示。

（5）F4：绝对引用。

在 Excel 里使用函数公式时，有时候我们会想要锁定一些行列的数据不变，这时就需要使用“绝对引用”了，即需要在对应的行列字母和数字前添加“$”符 号。在函数语法复杂、修改内容较多时，一个个的手动添加 $ 符号绝对会把人逼 疯。此处“安利”一个简便操作，只需要将鼠标点在需要添加绝对引用的位置，然后按 键“F4”，便可以快速添加绝对引用符号啦。如图 11-26 所示。

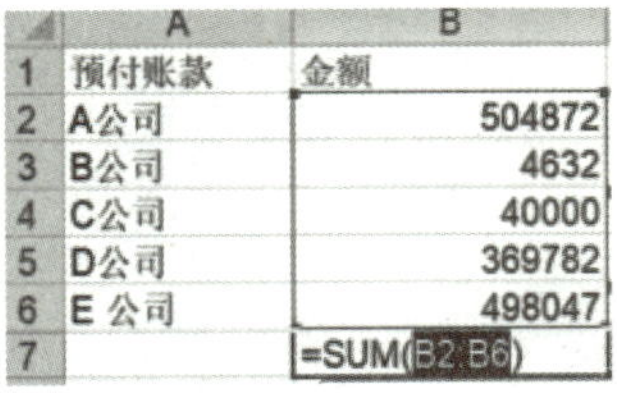

图 11-25　快速求和

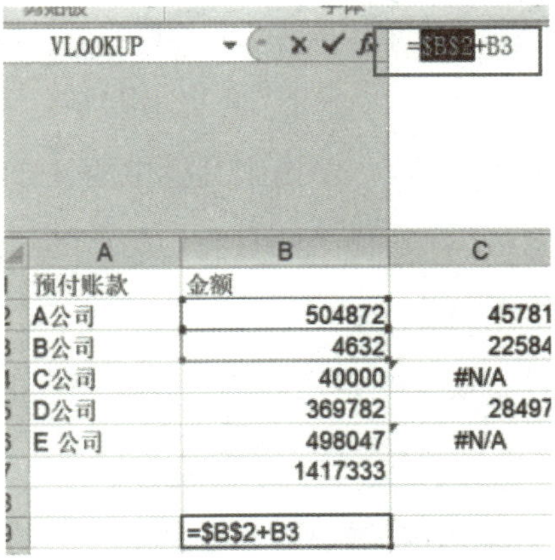

图 11-26　绝对引用

11.5.6　Excel 常用操作技巧

（1）锁定标题行。

利用冻结窗格命令可以灵活地冻结需要固定的行或者列，一行或者一列可以，多行或者多列同样也是可以的，今天就来介绍冻结一行和一列以及如何同时冻结 Excel 表中的多行和多列。

冻结单行或单列：选取第 1 列，单击“视图｜冻结窗格｜冻结首列”，冻结后再向下翻看时，标题行始终显示在最左面，如图 11-27 所示。

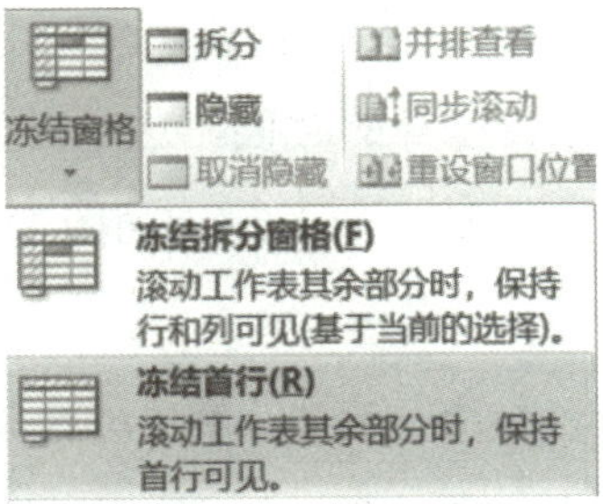

图 11-27　冻结首行

同时冻结多行或多列：比如同时冻结前一行和前一列，选中要冻结的点所在的单元格。这里选择 B2 单元格，选择的方法是要冻结的行和列交叉点的左下角的单元格，如图 11-28 所示。

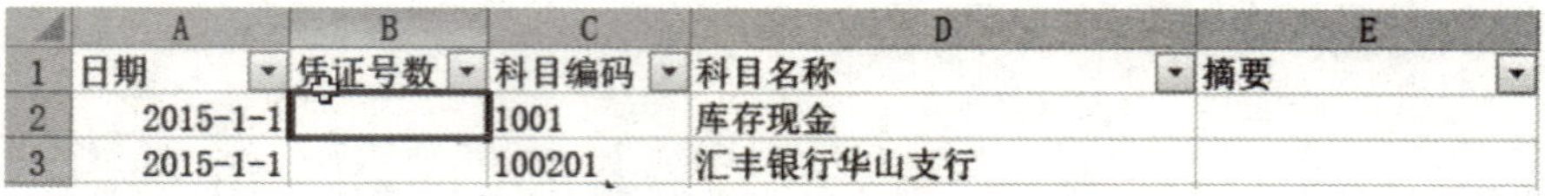

图 11-28 冻结多行或多列 -1

选择“视图”，单击工具栏中的“冻结窗格”按钮，在弹出的下拉菜单中选择“冻结拆分窗格”，这样，就有我们想要的结果，如图 11-29 所示。

（2）查找和替换。

平时日期中经常用到的日期有不同的显示方式，如图 11-30 所示。

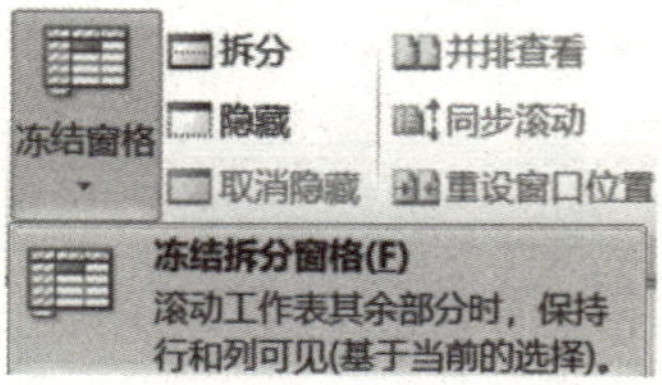

图 11-29 冻结多行或多列 -2

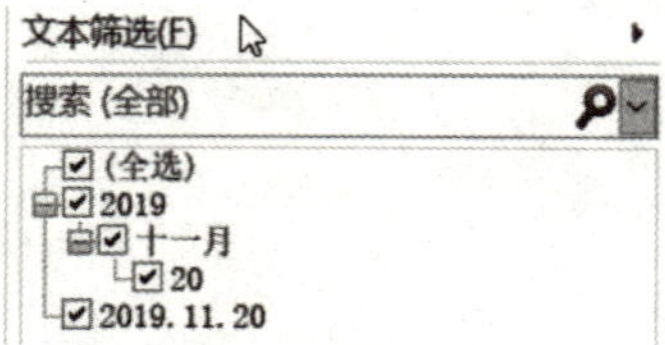

图 11-30 查找和替换

按 Ctrl+F, 替换“.”为“-”即可以实现功能。

（3）多个单元格同时输入。

选中多个单元格，在编辑栏中输入数据，然后按 Ctrl+Enter，如图 11-31 所示。

（4）快速关闭多个 Excel 工作簿。

按住 Shift 键不放，单击左上角的关闭按钮，可关闭所有已经打开的工作簿。

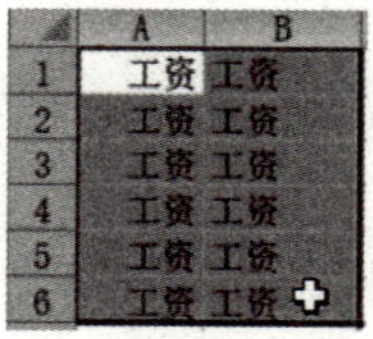

图 11-31 多单元格同时输入

（5）Excel 中合计数字与实际数字差一分钱。

财务中经常会碰到有 一分钱差异的时候，这个时候可以用这种方法解决。单击“文件 | 选项 | 高级”，如图 11-32 所示。

（6）超过 15 位数的录入。

在 Excel 中超过 15 位数字，就会出现 #，解决办法是先输入英文单引号然后在录入数字即可；或者在“开始”中找到“数字”，然后设置单元格格式中选择“文本”，如图 11-33 所示。

（7）删除值保留公式。

在开始菜单中找到“查找和选择 | 常量 | 删除”

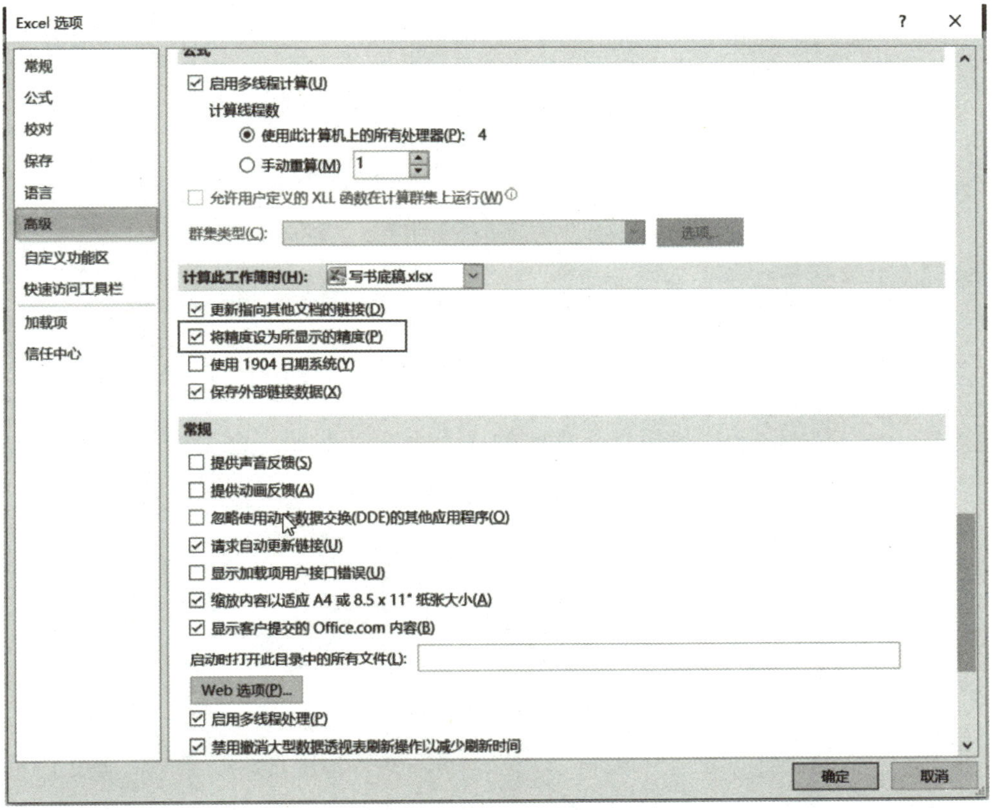

图 11-32　解决一分钱差异

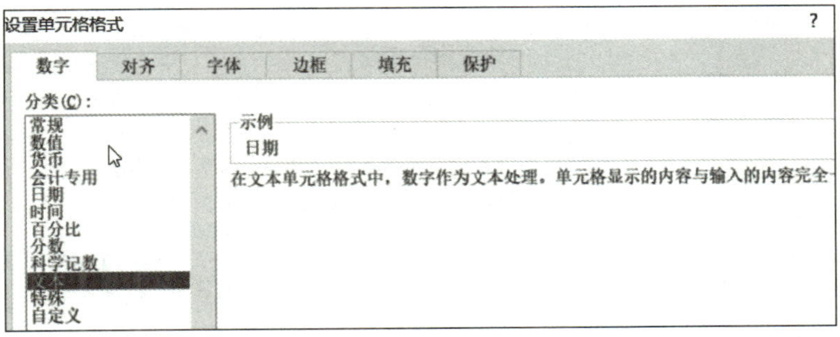

图 11-33　设置单元格格式

（8）在 Excel 中常见的错误值。

① #### 错误。

如果单元格的宽度小于其中包含的数字、日期或时间的宽度，或单元格的日期和时间公式产生了负值，将产生 #### 错误。

解决方法：只需增加列宽。

② #DIV/0！错误。

当使用 0 或者空白作为除数时，将产生错误值 #DIV/0！如图 11-34 所示。

	A	B	C
1	1	2	2
2	0	8	#DIV/0!
3			

图 11-34 #DIV/0！错误

解决办法：将除数改为非零的数值。

（9）利用邮件合并发询证函。

审计人员在发询证函的时候，可以用邮件合并的方式来做询证函。

步骤 1：写好 Excel 格式的“往来明细表”命名（例如：合肥鹏翎往来明细表）后保存在一个位置（例如：桌面），明细表基本格式参考如图 11-35 所示。

A	B	C	D	E
	编号	单位名称	金额	
	YFZK-1	北京清能创新科技有限公司	300,000.00	
	YFZK-2	高铁检测仪器（东莞）有限公司	200,000.00	
	YFZK-3	辽宁盘锦像塑机械厂	500,000.00	

图 11-35 往来明细表

步骤 2：打开“往来询证函模板”，把地址、电话、传真、联系人、截止时间和准备发出询证函单位名称即您正在审计的单位（以合肥鹏翎胶管有限责任公司为例），填好的截图如图 11-36 所示。

企业询证函

编号：

合肥鹏翎胶管有限责任公司（以下简称“本公司”）聘请的中兴财光华会计师事务所（特殊普通合伙）正在对本公司财务报表进行审计，按照中国注册会计师审计准则的要求，应当询证本公司与贵公司的往来账项等事项。下列信息出自本公司账面记录，如与贵公司记录相符，请在本函下端“信息证明无误”处签章证明；如有不符，请在“信息不符”处签章，并列明不符项目。如存在与本公司有关的未列入本函的其他项目，也请在“信息不符”处列出这些项目的金额及详细资料。回函请直接寄至中兴财光华会计师事务所（特殊普通合伙）。

回函地址：北京市西城区阜成门外大街 2 号万通新世界写字楼 A 座 24 层		邮编：100037
电话：	13716743613	传真：010-52598227
联系人：审计 五 部	范宏伟	项目组项目负责人：范宏伟

图 11-36 询证函模板

步骤 3：在填好后的界面上单击“邮件选项卡 | 开始邮件合并 | 电子邮件”，如图 11-37 所示。

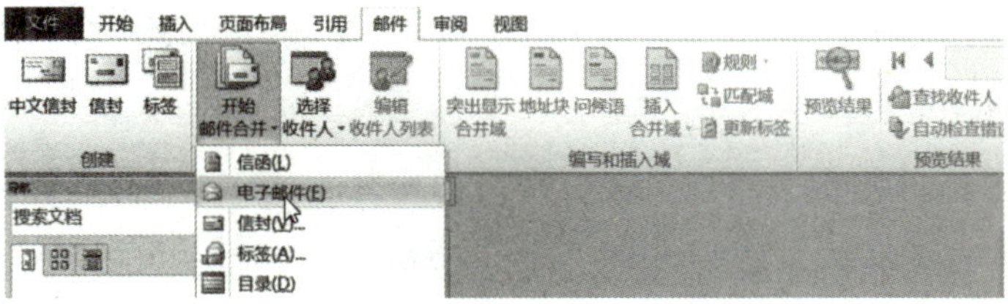

图 11-37　电子邮件

然后，依次单击“选择收件人 | 使用现有列表”，如图 11-38 所示。

图 11-38　使用现有列表

找到“合肥鹏翎往来明细表”所在的位置，如图 11-39 所示及 11-40 所示。

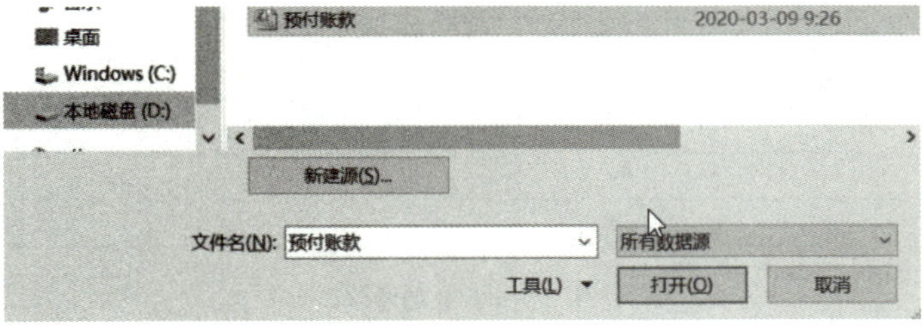

图 11-39　明细表位置

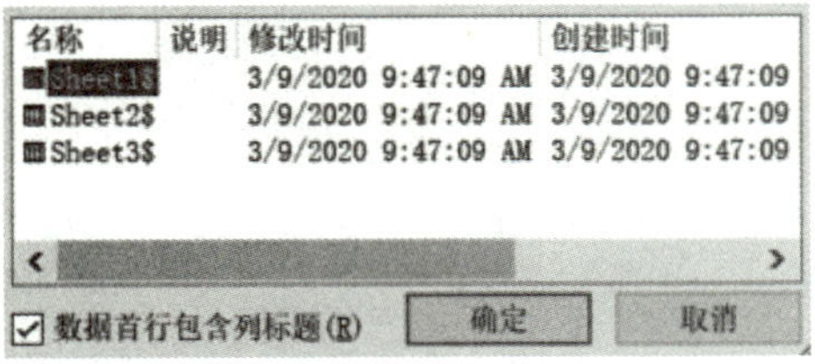

图 11-40　明细表位置

（1）活动鼠标点中右上方“编号”后，单击“插入合并域 | 编号”，如图 11-41 所示。

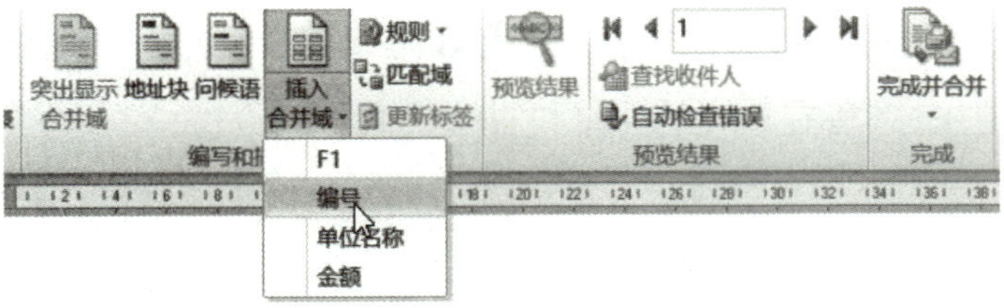

图 11-41　插入编号

（2）活动光标选中“编号”下一行左边横线后，单击“插入合并域｜单位名称”，截图与上图类似（可将单位名称加粗）。

（3）活动光标单击到表格中“预付贵公司金额”右侧的“本公司账面金额”里，之后单击“插入合并域—金额”，按下 ALT+F9 键，如图 11-42 所示。

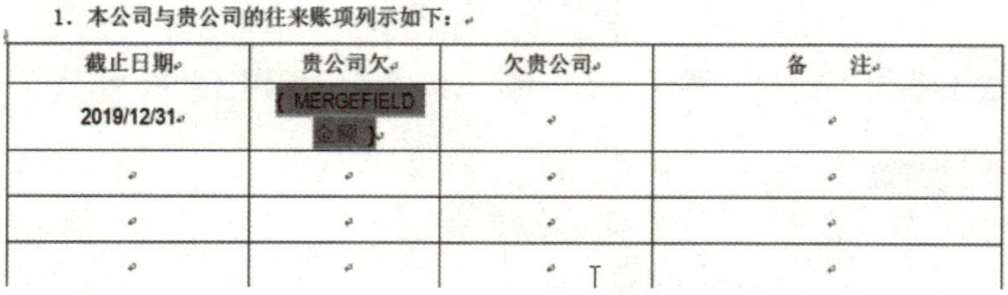
1．本公司与贵公司的往来账项列示如下：

截止日期	贵公司欠	欠贵公司	备　注
2019/12/31	{ MERGEFIELD 金额 }		

图 11-42　金额修改

（4）活动光标单击“金额”后“}”之前（转化到英文格式下）输入 \#,##0.00，再按 ALT+F9 后鼠标单击“预览结果”选项卡即出现如图 11-43 所示。

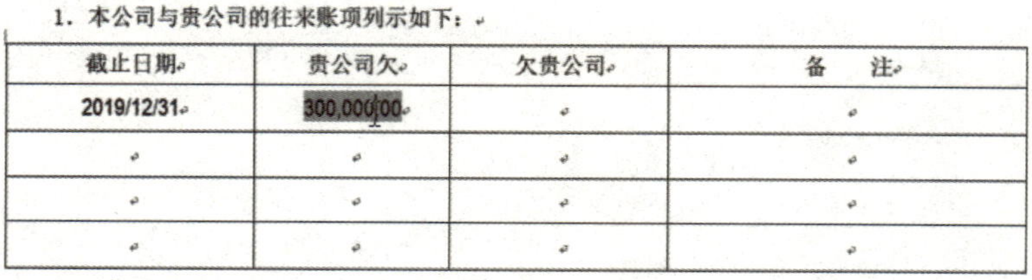
1．本公司与贵公司的往来账项列示如下：

截止日期	贵公司欠	欠贵公司	备　注
2019/12/31	300,000.00		

图 11-43　金额修改图

（5）注意此时金额处变成了数字，编辑光标在金额的前端。继续单击“插入”选项卡，插入币种符号（例如：￥），再单击“邮件｜完成并合并｜编辑单个文档”如图 11-14 所示。

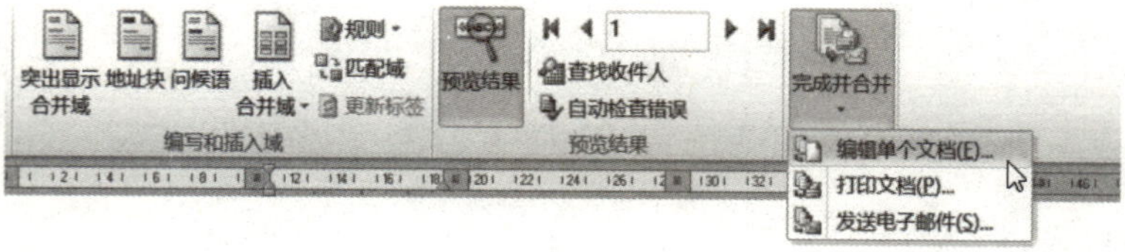

图 11-44　插入邮件合并

单击“确定”，等待 30 秒左右，把合并好的邮件保存到您喜欢的位置（模板不保存，以便下次使用）。所有预收的往来科目都被制作成一份份的询证函。需要询证本年交易额的用另外一个更全的模板，制作方法类似此方法。应付、应收等其他往来询证函制作方法也与此类似。银行询证函使用银行询证函的模板，方法同此。

11.5.7　透视表操作基础

1．什么样的表格才能做数据透视表

在制作数据透视表，需要注意以下几点：

（1）空字段名包括空列，无法制作数据透视表。

（2）相同的字段名，会自动添加序号，以示区别。

（3）字段所在行有合并单元格，等同于空字段，也无法创建数据透视表，所以不要合并单元格！不要合并单元格！不要合并单元格！重要的事情说三遍！

（4）如果有空行，会当成空值处理。

2．数据透视表如何做

数据透视表如何做，那么今天我们来做一个比较简单的透视表。

步骤 1：在“插入”中，选择“数据透视表”，如图 11-45 所示。

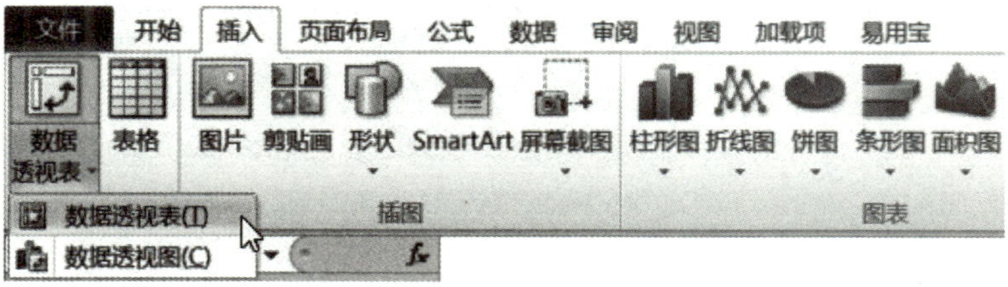

图 11-45　插入数据透视表

步骤 2：“数据透视表”中选择“创建数据透视表”，选择“创建一个新的工作表”单击“确定”。如图 11-46 所示。

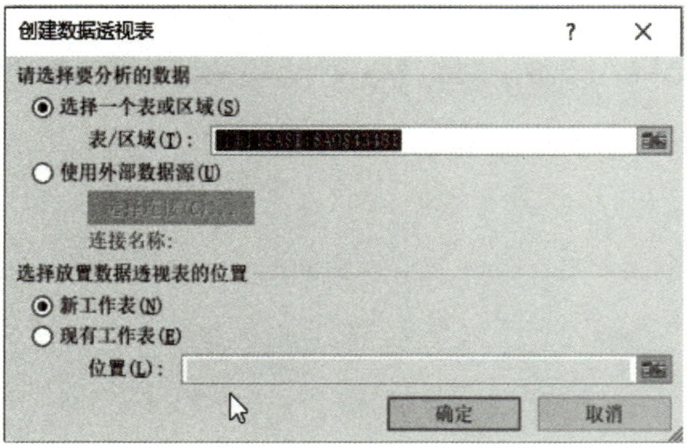

图 11-46　创建数据透视表

步骤 3：单击“确定”之后，会出来一个数据透视表字段列表，这个是用来成为一个数透视表必不可少的工具，如图 11-47、图 11-48 所示。

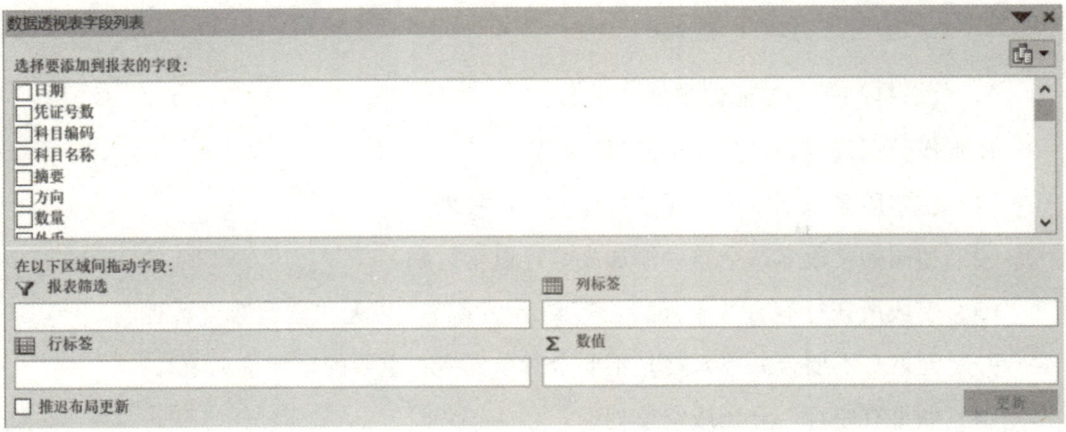

图 11-47　数据透视表列表

	A	B	C
1	科目名称	(全部)	
2			
3	行标签	求和项:借方金额	求和项:贷方金额
4		-	-
5	财务费用	24,772.27	24,772.27
6	存货	11,770,737.07	10,222,332.35
7	固定资产	868,143.20	293,710.80
8	管理费用	15,586,104.73	15,586,104.73

图 11-48　数据透视表

比较复杂的数据透视表参照第四章试算平衡表的计算过程，讲得非常详细。

11.5.8　高级筛选

说起高级筛选，我们先讲一下排序。排序功能较为简单，但这里提醒各位读者尽可能地使用这些程序确定顺序，并且根据大小顺序确定重要性并进一步开展审计程序。以序时账为例，排序获取到序时账的时候，比如，按照余额大小顺序排序或发生额（借方、贷方）按照大小顺序排序。

选取余额占比 75% 以上，发生额 70% 以上的客户，执行以下程序，包括但不限于：进行批量函证验证真实性、检查销售合同条款分析合理性、与前十大客户进 行对比分析应收账款借方对比、与银行存款借方进行银行流水比对，可见排序很重要。

步骤 1：首先全选出数据，单击“排序”，如图 11-49 所示。

	E	F	G	H	I	J	K	L
1	科目名称	供应商编号	供应商名称	摘要	借方本币	贷方本币	方向17	余额本币
2	预付账款	689	北京广渠律师事务所	付款单_2018.04.28	¥5,000.00	¥0.00	借	¥5,000.00
3	预付账款	689	北京广渠律师事务所	律师费	¥0.00	¥5,000.00	平	¥0.00
4	预付账款	689	北京广渠律师事务所	小计	¥5,000.00	¥5,000.00	平	¥0.00
5	预付账款	691	北京永汇宏科技有限公	付款单_2018.05.18	¥3,920.00	¥0.00	借	¥3,920.00
6	预付账款	691	北京永汇宏科技有限公	采购专用发票 北京永	¥0.00	¥3,920.00	平	¥0.00

图 11-49　选中数据

然后选择按原来的条件进行排序，如图 11-50 所示。

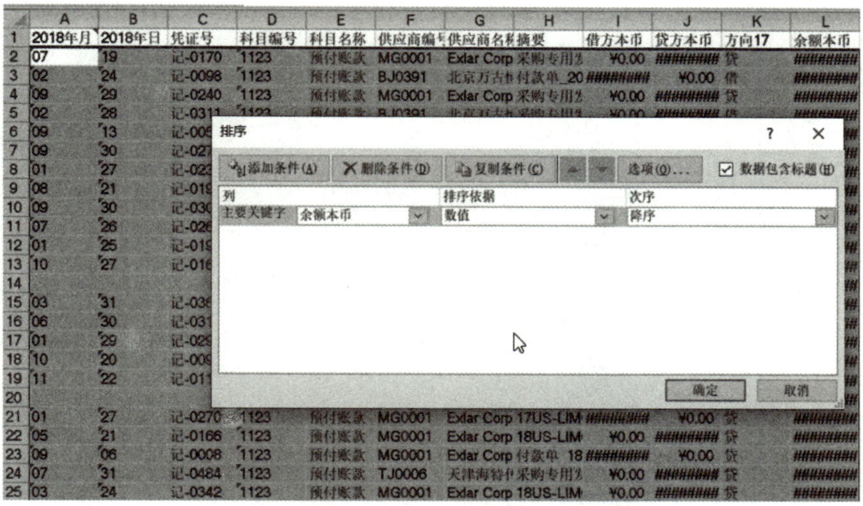

图 11-50　排序

那我们如何通过高级筛选功能选出我们想要的数据呢？

步骤 1：如果想要从 Excel 中的表格中挑选出包含“本年利润”的科目，我们就首先需要在会计真账实操中找到“序时”Sheet，然后在“一级科目”中选择“本年利润”。如图 11-51 所示。

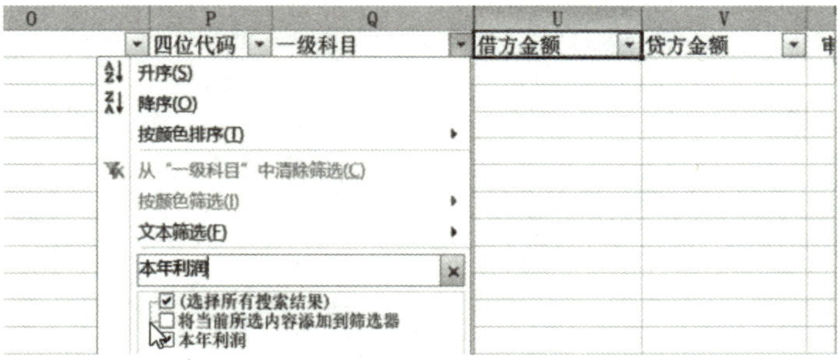

图 11-51　删选本年利润

步骤 2：下一步需要选择“编码”这一列，如图 11-52 所示。

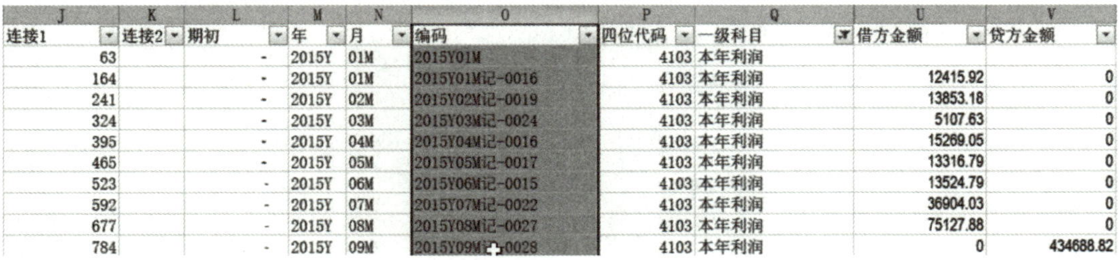

图 11-52　选中编码

步骤 3：将“编码”这一列选中、复制，然后粘贴到一个空白的 Sheet 中，如图 11-53 所示。

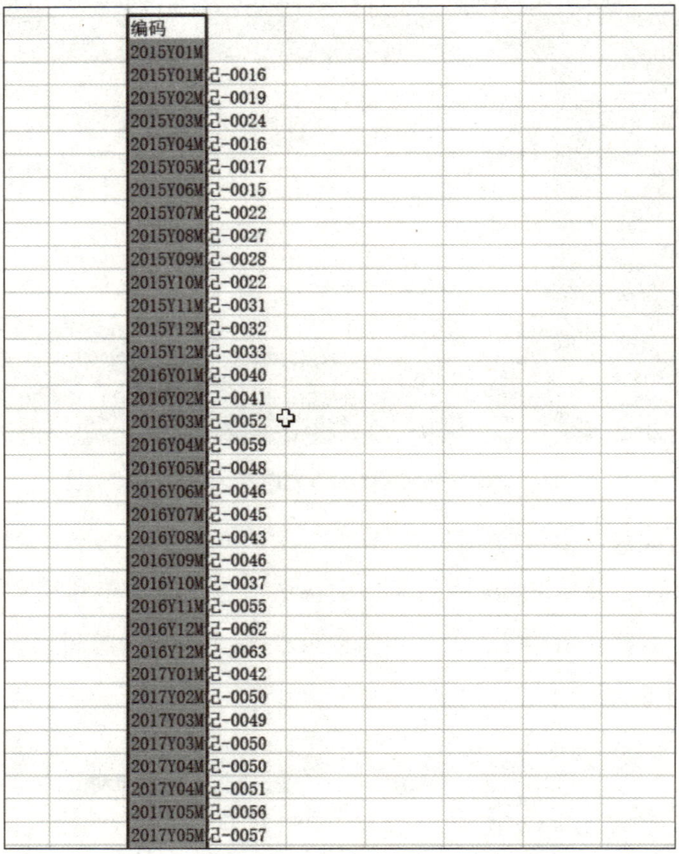

图 11-53　复制编码列

步骤 4：此时回到刚才的“序时”Sheet 中，然后单击“筛选”，选中“高级”，然后会出来高级筛选的条件选择，列表区域就是选中的全部数据，条件区域是刚才另外一个表中复制的编码列，如图 11-54 所示。

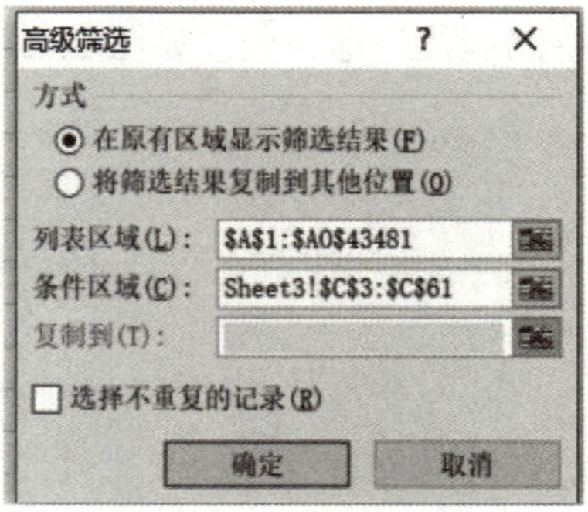

图 11-54　高级筛选列

步骤 5：单击“确定”，筛选出来的就是我们想要的所有包含本年利润科目的数据，如图 11-55 所示。

M	N	O	P	Q	R	S
	月	编码	四位代码	一级科目	结转	报表科目
15Y	01M	2015Y01M记-0016	4103	本年利润	损益结转	未分配利润
15Y	01M	2015Y01M记-0016	6001	主营业务收入	损益结转	一、营业收入
15Y	01M	2015Y01M记-0016	6401	主营业务成本	损益结转	减：营业成本
15Y	01M	2015Y01M记-0016	6403	税金及附加	损益结转	税金及附加
15Y	01M	2015Y01M记-0016	6602	管理费用	损益结转	管理费用
15Y	01M	2015Y01M记-0016	6602	管理费用	损益结转	管理费用
15Y	01M	2015Y01M记-0016	6602	管理费用	损益结转	管理费用
15Y	01M	2015Y01M记-0016	6602	管理费用	损益结转	管理费用
15Y	01M	2015Y01M记-0016	6602	管理费用	损益结转	管理费用
15Y	01M	2015Y01M记-0016	6601	销售费用	损益结转	销售费用
15Y	01M	2015Y01M记-0016	6601	销售费用	损益结转	销售费用
15Y	01M	2015Y01M记-0016	6602	管理费用	损益结转	管理费用
15Y	01M	2015Y01M记-0016	6602	管理费用	损益结转	管理费用
15Y	01M	2015Y01M记-0016	6602	管理费用	损益结转	管理费用
15Y	01M	2015Y01M记-0016	6602	管理费用	损益结转	管理费用
15Y	01M	2015Y01M记-0016	6602	管理费用	损益结转	管理费用
15Y	02M	2015Y02M记-0019	4103	本年利润	损益结转	未分配利润
15Y	02M	2015Y02M记-0019	6001	主营业务收入	损益结转	一、营业收入
15Y	02M	2015Y02M记-0019	6401	主营业务成本	损益结转	减：营业成本
15Y	02M	2015Y02M记-0019	6403	税金及附加	损益结转	税金及附加
15Y	02M	2015Y02M记-0019	6602	管理费用	损益结转	管理费用
15Y	02M	2015Y02M记-0019	6602	管理费用	损益结转	管理费用
15Y	02M	2015Y02M记-0019	6602	管理费用	损益结转	管理费用
15Y	02M	2015Y02M记-0019	6602	管理费用	损益结转	管理费用
15Y	02M	2015Y02M记-0019	6602	管理费用	损益结转	管理费用
15Y	02M	2015Y02M记-0019	6602	管理费用	损益结转	管理费用
15Y	02M	2015Y02M记-0019	6601	销售费用	损益结转	销售费用

图 11-55　高级筛选

第 12 章

常用函数：手中的筹码

财务函数可以进行一般的财务计算，有了这些基本的函数做支撑，就相当于是手中的筹码。前面的章节中多次涉及 SUMIFS 函数，接下来我们就需要来讲讲平时用到的函数。

12.1 值得关注的函数

12.1.1 VLOOKUP 函数

这个函数的目的是在表格区域按行查找内容的函数。在工作中，常常会出现比如说应收和预收同时挂账的问题，如果将应付和预付中相同的明细查找出来，就需要用到这个特别好用的函数 VLOOKUP 函数。

案例：检查应付和预付款项同时挂账。

步骤 1：我们要在 C2 中显示应付账款“A 公司”项目的金额，那么我们在 C2 中输入函数“VLOOKUP”函数，要寻找的参数是“A 公司”，因此第一个参数选择“A2”，如图 12-1 所示。

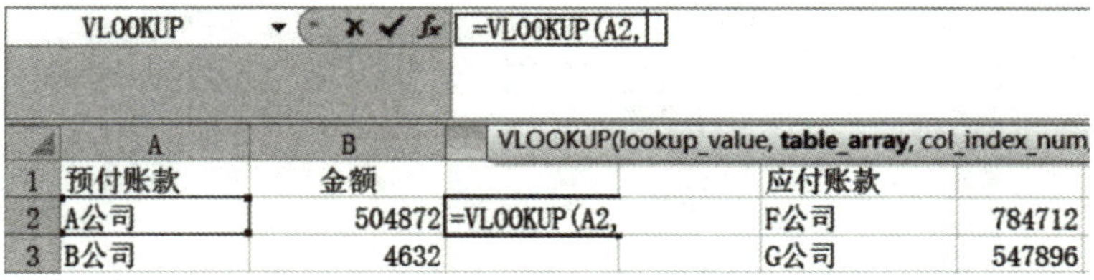

图 12-1　VLOOKUP 函数 -1

步骤 2：寻找区域，在应付账款中寻找对应 A 公司的金额，选取 E2 到 F2 区域的值，如图 12-2 所示。

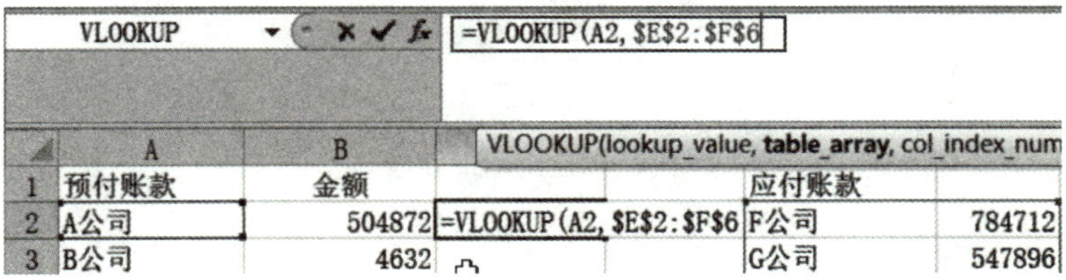

图 12-2　VLOOKUP 函数 -2

步骤 3：输入需要寻找数据的位置，因为我们想要找的应付账款中 A 公司的金额是多少，金额在第二列，所以输入 2，这个列数指的是该列数据在被寻找区内的列数，而不是 Excel 表格中的列数，如图 12-3 所示。

步骤 4：确定搜索精度。这是 VLOOKUP 需要的最后一个参数，意思是精确匹配还是模糊查找。0 或 FALSE 就表示精确查找，1 或 TRUE 时则表示模糊查找。如无特殊目的，要选择精确查找，如图 12-4 所示。

步骤 4：将公式下拉到下面，就会出现想要的结果，如图 12-5 所示。

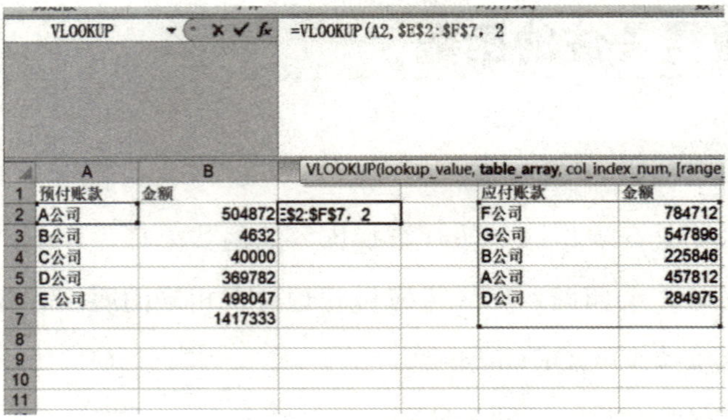

	A	B	C	D	E	F
1	预付账款	金额			应付账款	金额
2	A公司	504872	E$2:$F$7, 2		F公司	784712
3	B公司	4632			G公司	547896
4	C公司	40000			B公司	225846
5	D公司	369782			A公司	457812
6	E 公司	498047			D公司	284975
7		1417333				
8						
9						
10						
11						

图 12-3　VLOOKUP 函数 -3

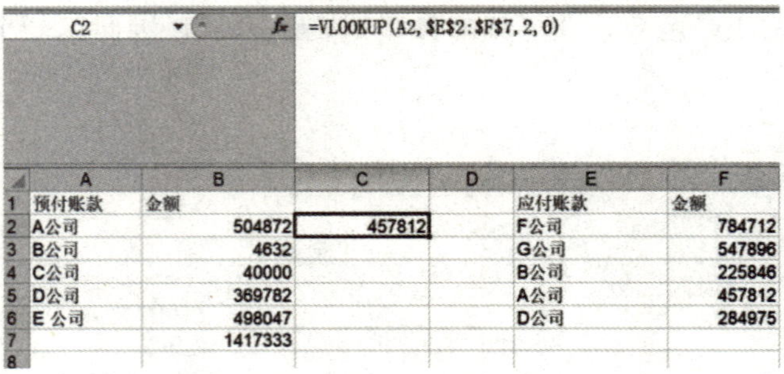

	A	B	C	D	E	F
1	预付账款	金额			应付账款	金额
2	A公司	504872	457812		F公司	784712
3	B公司	4632			G公司	547896
4	C公司	40000			B公司	225846
5	D公司	369782			A公司	457812
6	E 公司	498047			D公司	284975
7		1417333				
8						

图 12-4　VLOOKUP 函数 -4

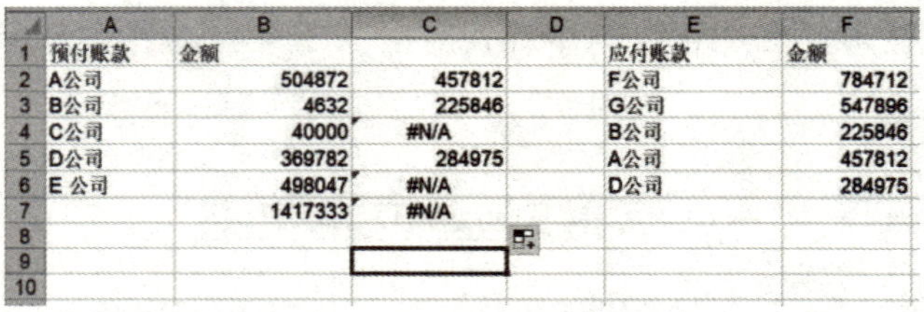

	A	B	C	D	E	F
1	预付账款	金额			应付账款	金额
2	A公司	504872	457812		F公司	784712
3	B公司	4632	225846		G公司	547896
4	C公司	40000	#N/A		B公司	225846
5	D公司	369782	284975		A公司	457812
6	E 公司	498047	#N/A		D公司	284975
7		1417333	#N/A			
8						
9						
10						

图 12-5　VLOOKUP 函数 -5

12.1.2　VALUE（ ）函数

在实务中，有些从财务软件上导出来的数据是文本型字符串，这样就没有办法进行计算。在遇到这种情况的时候，使用 VALUE() 函数，就可以实现将文本转换成数字型的字符串。

12.1.3　去除空格键函数 –trim（ ）

我们在导出 ERP 数据库中的数据时，由于 ERP 数据库中规定了字符的长度，所以在导出数据时，会造成有些字符后面有空格键字符，影响我们数据统计的准确性。为此，我们需要掌握一个可以除去文本以外空格键字符的函数

TRIM（TEXT）

说明：TRIM() 函数可以把文本前后两边的空格键去掉，函数的使用方法和函数 VALUE() 一样。

12.1.4　截取字符串函数 –right（ ）,left（ ）,mid（ ）

我们从 ERP 里导出数据之后，数据录入员所录入的数据不一定和我们想要的一模一样，但是其中可能包含了我们所要的信息。这样，我们就需要把其中的信息提取出来。我们可以截取字符串来帮助我们完成工作。

> 左截取字符串函数：left(text，number)
>
> 右截取字符串函数：right(text，number)
>
> 中间截取字符串函数：mid(text，start-num，number)
>
> TEXT 是函数操作的对象，也就是包含所要提取字符的文本。
>
> NUMBER 是要提取字符的数量。
>
> START-NUM 是指开始提取字符的起始位置。

12.1.5　SUMIFS 函数

对 SUMIFS 函数的讲解，请移步至第五章第一部分。

12.1.6　IF 函数

用 Excel 做分账龄的分析时候，用 IF 函数能比较快的分出账龄，不然成百上千的账龄，如果一个一个的分，那就将会太麻烦了。

对于应收账款和预付账款来说：

1 年以内的账龄分析公式：

=IF(L8=0,0,IF(L8 ＜ =J8,L8,T8))

输入公式，结果如图 12-6 所示。

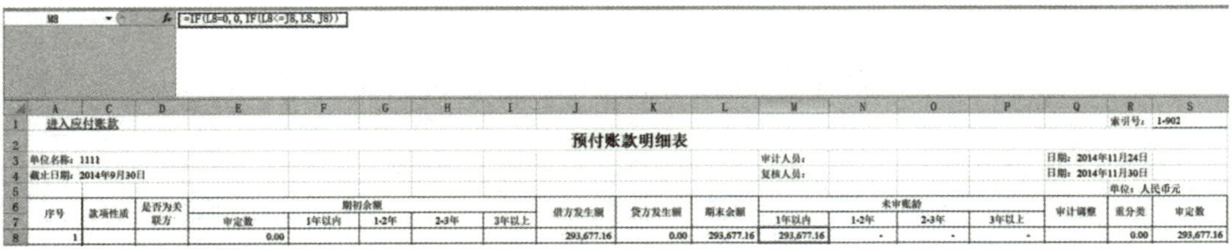
M8　=IF(L8=0, 0, IF(L8<=J8, L8, J8))

进入应付账款　索引号：1-902

预付账款明细表

单位名称：1111　审计人员：　日期：2014年11月24日

截止日期：2014年9月30日　复核人员：　日期：2014年11月30日

单位：人民币元

序号	款项性质	是否为关联方	期初余额					借方发生额	贷方发生额	期末余额	未审账龄				审计调整	重分类	审定数
			审定数	1年以内	1-2年	2-3年	3年以上				1年以内	1-2年	2-3年	3年以上			
1			0.00					293,677.16	0.00	293,677.16	293,677.16	-	-	-		0.00	293,677.16

图 12-6　1 年以内账龄分析公式

1~2 年的账龄分析公式如下：

=IF(L8=M8,0,IF(L8-M8>F8,F8,L8-M8))

输入公式，结果如图 12-7 所示。

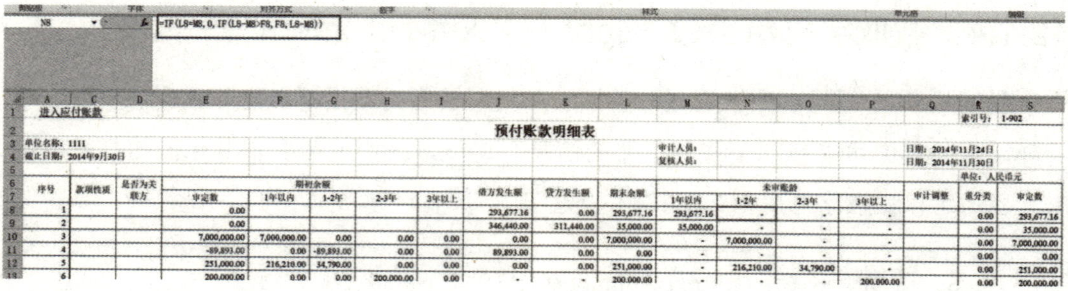

N8 =IF(L8=M8, 0, IF(L8-M8>F8, F8, L8-M8))

进入应付账款

预付账款明细表

索引号：1-902

单位名称：1111　审计人员：　日期：2014年11月24日

截止日期：2014年9月30日　复核人员：　日期：2014年11月30日

单位：人民币元

序号	款项性质	是否为关联方	期初余额 审定数	期初余额 1年以内	期初余额 1-2年	期初余额 2-3年	期初余额 3年以上	借方发生额	贷方发生额	期末余额	未审账龄 1年以内	未审账龄 1-2年	未审账龄 2-3年	未审账龄 3年以上	审计调整	重分类	审定数
1			0.00					293,677.16	0.00	293,677.16	293,677.16	-	-	-		0.00	293,677.16
2			0.00					346,440.00	311,440.00	35,000.00	35,000.00	-	-	-		0.00	35,000.00
3			7,000,000.00	7,000,000.00	0.00	0.00	0.00	0.00	0.00	7,000,000.00	-	7,000,000.00	-	-		0.00	7,000,000.00
4			-89,893.00	0.00	-89,893.00	0.00	0.00	89,893.00	0.00	0.00	-	-	-	-		0.00	0.00
5			251,000.00	216,210.00	34,790.00	0.00	0.00	0.00	0.00	251,000.00	-	216,210.00	34,790.00	-		0.00	251,000.00
6			200,000.00	0.00	0.00	200,000.00	0.00	-	-	200,000.00	-	-	-	200,000.00		0.00	200,000.00

图 12-7　1~2 年账龄分析公式

2~3 年的账龄分析公式如下：

=IF(L8-M8=N8,0,IF(L8-M8-N8>G8,G8,L8-M8-N8))

输入公式，结果如图 12-8 所示。

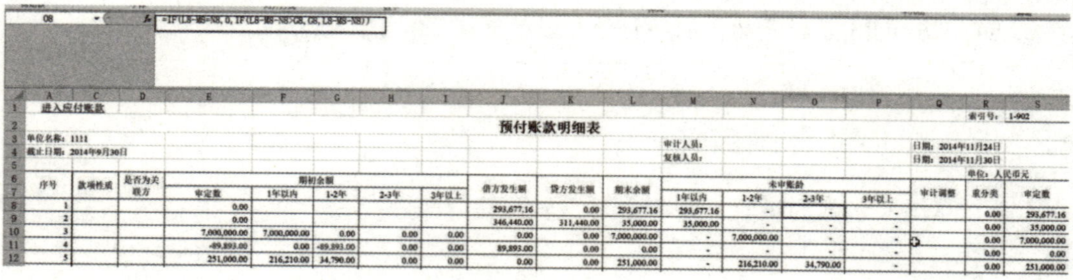

O8 =IF(L8-M8=N8, 0, IF(L8-M8-N8>G8, G8, L8-M8-N8))

进入应付账款

预付账款明细表

索引号：1-902

单位名称：1111　审计人员：　日期：2014年11月24日

截止日期：2014年9月30日　复核人员：　日期：2014年11月30日

单位：人民币元

序号	款项性质	是否为关联方	期初余额 审定数	期初余额 1年以内	期初余额 1-2年	期初余额 2-3年	期初余额 3年以上	借方发生额	贷方发生额	期末余额	未审账龄 1年以内	未审账龄 1-2年	未审账龄 2-3年	未审账龄 3年以上	审计调整	重分类	审定数
1			0.00					293,677.16	0.00	293,677.16	293,677.16	-	-	-		0.00	293,677.16
2			0.00					346,440.00	311,440.00	35,000.00	35,000.00	-	-	-		0.00	35,000.00
3			7,000,000.00	7,000,000.00	0.00	0.00	0.00	0.00	0.00	7,000,000.00	-	7,000,000.00	-	-		0.00	7,000,000.00
4			-89,893.00	0.00	-89,893.00	0.00	0.00	89,893.00	0.00	0.00	-	-	-	-		0.00	0.00
5			251,000.00	216,210.00	34,790.00	0.00	0.00	0.00	0.00	251,000.00	-	216,210.00	34,790.00	-		0.00	251,000.00

图 12-8　2~3 年账龄分析公式

3 年以上的账龄公式如下：

=L8-M8-N8-O8

输入公式，结果如图 12-9 所示。

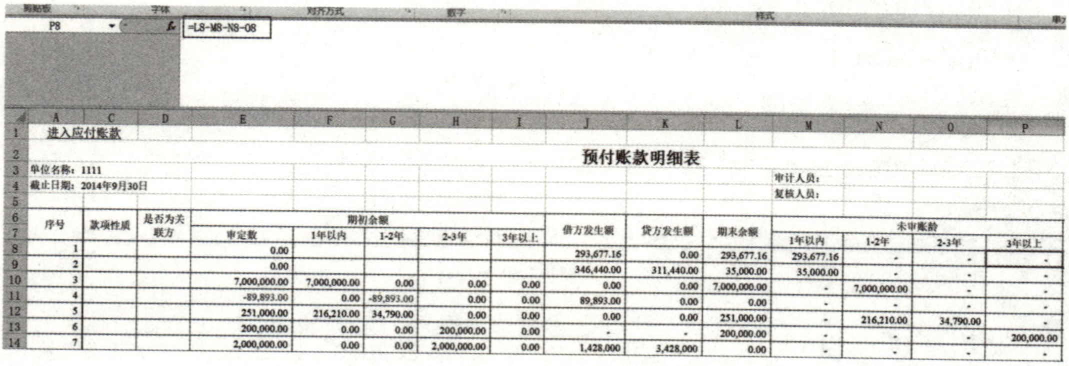

P8 =L8-M8-N8-O8

进入应付账款

预付账款明细表

单位名称：1111　审计人员：

截止日期：2014年9月30日　复核人员：

序号	款项性质	是否为关联方	期初余额 审定数	期初余额 1年以内	期初余额 1-2年	期初余额 2-3年	期初余额 3年以上	借方发生额	贷方发生额	期末余额	未审账龄 1年以内	未审账龄 1-2年	未审账龄 2-3年	未审账龄 3年以上
1			0.00					293,677.16	0.00	293,677.16	293,677.16	-	-	-
2			0.00					346,440.00	311,440.00	35,000.00	35,000.00	-	-	-
3			7,000,000.00	7,000,000.00	0.00	0.00	0.00	0.00	0.00	7,000,000.00	-	7,000,000.00	-	-
4			-89,893.00	0.00	-89,893.00	0.00	0.00	89,893.00	0.00	0.00	-	-	-	-
5			251,000.00	216,210.00	34,790.00	0.00	0.00	0.00	0.00	251,000.00	-	216,210.00	34,790.00	-
6			200,000.00	0.00	0.00	200,000.00	0.00	-	-	200,000.00	-	-	-	200,000.00
7			2,000,000.00	0.00	0.00	2,000,000.00	0.00	1,428,000	3,428,000	0.00	-	-	-	-

图 12-9　3 年以上账龄分析公式

12.1.7　COUNTIF 条件计和

在财务工作中经常会用到条件求和公式，这 COUNTIF 函数的语法格式如下：

```
=COUNTIF(range, criteria)
```

参数 range 表示条件区域——对单元格进行计数的区域。

参数 criteria 表示条件——条件的形式可以是数字、表达式或文本，甚至可以使用通配符。

COUNTIF（条件区域，条件）：比如说统计个数的时候，就会用到 COUNTIF 条件计和，如图 12-10 所示。

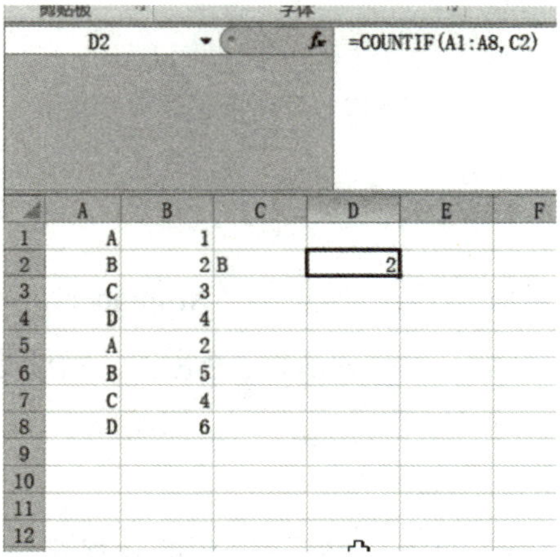

D2　=COUNTIF(A1:A8,C2)

	A	B	C	D	E	F
1	A	1				
2	B	2	B	2		
3	C	3				
4	D	4				
5	A	2				
6	B	5				
7	C	4				
8	D	6				
9						
10						
11						
12						

图 12-10　COUNTIF 条件计和

12.1.8　ROUND 函数

防止少一分钱的尴尬，作为一个财务，有不少人都是习惯性用设置单元格方法保留两位小数点，而忽略了 ROUND 函数。

将单元格设置为常规，读者会发现，原来金额后面有很多小数点。“求和”后会有一分钱的差异。

数据太多，不容易看出来，我用两个数据进行说明。

原来数据是常规格式，两个 1.3，设置单元格以后就变成两个 1，也就是我们实际看到的。这时就会出现 1+1=3 这种不可思议的错误，如图 12-11 所示。

但实际上是 1.3+1.3=2.6，而 2.6 四舍五入就变成 3，这样就会导致看到的跟实际不同。

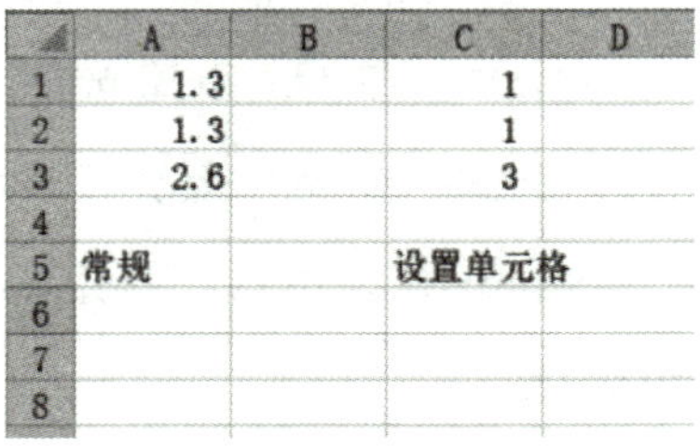

	A	B	C	D
1	1.3		1	
2	1.3		1	
3	2.6		3	
4				
5	常规		设置单元格	
6				
7				
8				

图 12-11　ROUND 函数 -1

如果这些数据是从其他用公式引用过来，可以直接在外面嵌套一个 ROUND 函数。如图 12-12 所示。

=ROUND(原来公式 ,0)

如果是直接输入的，可以增加一列辅助列，这样看到的跟计算就会保持一致。

=ROUND(A1,0)

	A	B	C	D	E
1	1.3		1		1
2	1.3		1		1
3	2.6		3		2
4					
5	常规		设置单元格		round
6					
7					
8					
9					

图 12-12　ROUND 函数 -2

12.1.9　MAX 函数、MIN 函数

功能：返回最大值和返回最小值；语法：MAX(number1, [number2], ...) Min(number1, [number2], ...) number1, number2, ...　Number1 是必需的，后续数字是可选的。

12.1.10　SUBTOTAL 函数

功能：常见的是在分类汇总中，针对筛选后的数据（与 SUM 函数区分），返 回列表或数据库中的分类汇总。

语法：SUBTOTAL(function_num,ref1,[ref2],...)

Function_num 必须。数字 1-11 或 101-111，用于指定要为分类汇总使用 的函数。

Ref1　必须。要对其进行分类汇总计算的第一个命名区域或引用。

Ref2,...　可选。要对其进行分类汇总计算的第 2 个至第 254 个命名区域或 引用。

12.1.11　AVERAGE 函数

功能：返回参数的平均值（算术平均值）。

语法：AVERAGE(number1, [number2], ...)

Number1 必须。要计算平均值的第一个数字、单元格引用或单元格区域。

Number2,... 可选。要计算平均值的其他数字、单元格引用或单元格区域，最多可包含 255 个。

12.1.12　日期与时间函数

读者们在工作中肯定对固定资产做过折旧的测算，这个时候就需要我们用到日期函数：DATE 函数、YEAR 函数、MONTH 函数、DAY 函数。

1．日期函数

> 功能
>
> DATE 函数：返回特定日期的序列号。
>
> YEAR 函数：返回日期对应的年份。
>
> MONTH 函数：返回日期对应的月份。
>
> DAY 函数：返回以序列号表示某日期的天数。
>
> 语　法：DATE(year,month,day) YEAR(serial_number)、month (serial_number)、day (serial_number) Serial_number 为一个日期值。

固定资产折旧测算到期日的时候，用一个公式：

=IF(G8=0,0,DATE(YEAR(G8),MONTH(G8)+K8,DAY(G8)-1))

输入公式如图 12-13 所示。

测算已计提月份的公式为：

=IF(G8=0,0,IF(L8>$D$5,DATEDIF(G8,MIN($D$5,L8),"m"),VALUE(DATEDIF(G8, MIN($D$5,L8)+1,” m”))))

输入公式如图 12-14 所示。

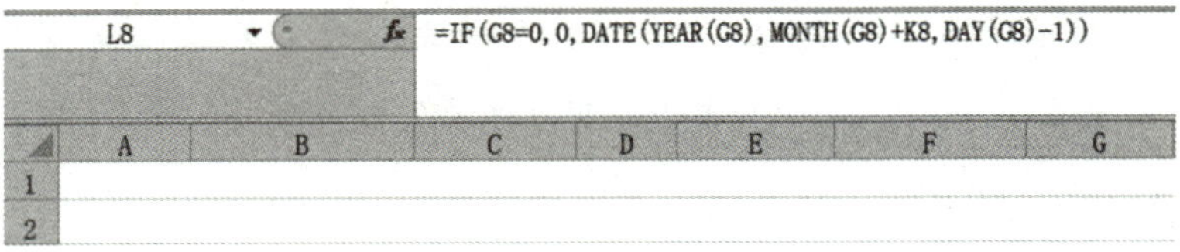

图 12-13　测算到期日函数

图 12-14　测算已计提月份函数

测算本期折旧月份的公式为：

=IF(L8<$B$5,0,IF(G8=0,0,IF(AND(G8<$B$5,L8>$D$5),VALUE(DATEDIF($B$5, $D$5,"m")+1),IF(AND(G8<$B$5,L8<=$D$5),VALUE(DATEDIF($B$5,L8,"m")+1),

IF(AND(G8>=$B$5,L8>$D$5),VALUE(DATEDIF(G8,$D$5,"m")),IF(AND(G8>=$B$5,L8<=$D$5),VALUE(DATEDIF(G8,L8,"m")+1),))))))

```
=IFERROR(IF(L8<$B$5,0,IF(G8>$B$5,DATEDIF(G8,$D$5,"M"),IF(L8<$D$5,DATEDIF($B$5,L8,"M")+1,DATEDIF($B$5,$D$5,"M")+1))),0)
```

图 12-15　测算本期折旧函数

2. DATEDIF 函数

功能：返回两个日期之间的年\月\日间隔数。

语法：DATEDIF(start_date,end_date,unit) Start_date 为一个日期，它代表时间段内的第一个日期或起始日期。（起始日期必须在 1900 年之后）End_date 为一个日期，它代表时间段内的最后一个日期或结束日期。

12.2 了解类的函数

投资预算函数主要是用于计算投资于收益，如对未来的收益进行预测，以供投资参考。

12.2.1 用 FV 函数预测投资效果

FV 函数可以基于固定利率及等额分期付款方式，返回某项投资的未来值，其语法结构为：FV(rate,nper,pmt,pv,type) 函数包含的参数的含义分别如下：

rate：表示各期利率。

nper: 表示总投资期。

pmt：表示各期应支付的金额。

pv：表示本金，即从该项投资开始计算时已经入账的款项。

type：用于指定各期的付款时间。

例子：一人将 10000 元存入账户，以后每月存入 2000 元，年利率为 2.35%，用 FV 函数计算存满 3 年时该账户的存款总额。公式如下：

C4=FV(B2/12,D2,-C2,-A2,0)

计算结果如图 12-16 所示。

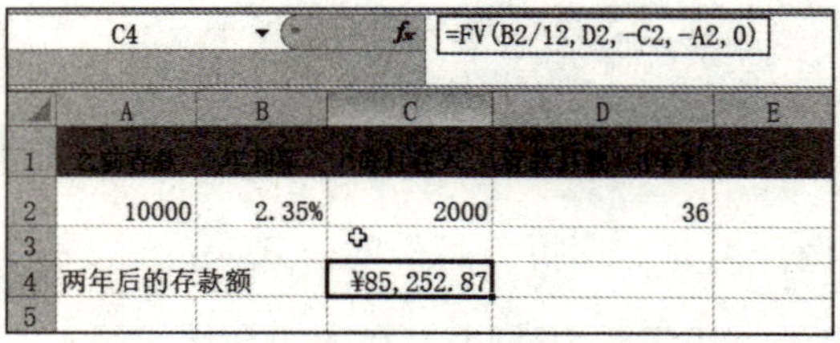

图　12-16

12.2.2　用 PV 函数计算投资现值

PV 函数用于返回投资的现值，其语法结构为 PV(rate,nper,pmt,fv,type)。PV 函数包含 5 个参数，其含义分别如下：

rate：表示各期利率。

nper：表示总投资期。

pmt：表示各期应支付的金额。

fv：表示最后一次支付希望得到的现金余额。

type：用于指定各期的付款时间是在期初还是期末。

例子：有一项资产，购买时需要缴付 80000 元，投资回报率为 5%。购买该保险后，可以在今后的 20 年内每月末领取 800 元，现用 PV 函数计算这笔保险投资是否值得购买。

B4=PV(A2/12,B2*12,-C2,0,0)

计算结果如图 12-15 所示。

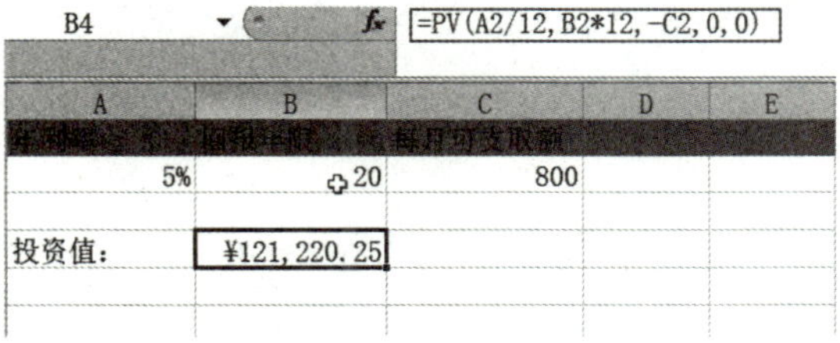

图 12-15　投资计算结果

计算出该保险金的回报金额为 ¥121,220.25，高于购买时需要缴付 80000 元，所以是值得购买的。